Männergroß

William MacLeod Raine

Writat

Diese Ausgabe erschien im Jahr 2023

ISBN: 9789359253961

Herausgegeben von
Writat
E-Mail: info@writat.com

Inhalt

KAPITEL I

IM GEFAHRENBEREICH

Sie stand auf der Spitze des Hügels und zeichnete sich als Silhouette vor einer tiefblauen Himmelslinie ab. Die Sonne versank bereits in einer Kluft der Ebene, die wie Wellen eines großen Landmeeres bis zum Horizont rollte. Das reflektierte Feuer spiegelte sich in ihren dunklen, stürmischen Augen. Seine langen, schrägen Strahlen waren ein Scheinwerferlicht für die große, schlanke Gestalt, gerade wie die eines Jungen.

Der Blick des Mädchens blieb auf einer Rauchfahne hängen, die träge aus einer Mulde der zerklüfteten Hügel aufstieg. Dieser schwebende Film erzählte von einem Lagerfeuer mit Büffelchips. Auf ihrer Stirn runzelte sie ein wenig besorgt die Stirn, denn ihre Fantasie konnte Einzelheiten dessen ausfüllen, was sich in der Coulée befand: die weißen Segeltuchdächer von Prärieschonern, ein paar Ochsen, die in der Nähe grasten, eine Gruppe dreister, profaner Whiskyschmuggler aus Montana und in den Wagen eine Ladung Alkohol, um die Bloods und Piegans in der Nähe von Fort Whoop-Up zu verführen.

Sleeping Dawn war ein impulsives Kind. Sie hatte die ganze Jugendfähigkeit zu leidenschaftlicher Empörung und nichts von der Weisheit des Alters, die das sehnsüchtige Verlangen der Stunde dämpft. Diese Whiskyhändler ruinierten ihr Volk. Mehr als sechzig Blackfeet-Tapfere waren im Laufe des Jahres bei Schlägereien untereinander unter Alkoholeinfluss getötet worden. Die Prärieindianer verkauften ihre Seelen für Feuerwasser. Wenn der Wahnsinn sie überkam, tauschten sie Pelze, Büffelroben, Ponys und sogar ihre Frauen und Töchter gegen eine Flasche Gift.

Im Abendlicht stand sie starr und verärgert da, eine kleine Faust geballt, die andere fest am Lauf des Gewehrs, das sie trug. Die Übel des Handels kamen ihr nahe. Fergus McRae trug immer noch die Schnittwunde von einem Messerstich, den er sich bei einer Schlägerei unter Alkoholeinfluss zugezogen hatte. Es war wahrscheinlich, dass er morgen die Spur der Wagenräder abschneiden und erneut auf der Suche nach Alkohol und Ärger sein würde. Das schnelle Aufflammen der Revolte drückte sich im Stampfen ihres mokassinierten Fußes aus.

Als die Dämmerung über die Ebene hereinbrach, bewegte sich Sleeping Dawn leichtfüßig und schnell auf das Lager in der Hügelmulde zu. Sie hatte kein bestimmtes Ziel, außer die Anlage zu erspähen und sich zu vergewissern, dass ihre Befürchtungen berechtigt waren. Aber im Hinterland ihres Bewusstseins rasten rebellische Gedanken. Diese Schmuggler standen völlig außerhalb des Gesetzes. Es war ihr gutes Recht, sie zu frustrieren, wenn sie konnte.

Lautlos umrundete sie den Hügelkamm oberhalb der Rinne und bewegte sich mit der vorsichtigen Sorgfalt, die sie als Kind in den Hütten des Stammes gelernt hatte, durch das Gras.

Drei Männer kauerten auf den Fersen im Schein eines Lagerfeuers am oberen Ende des Zuges. Ein vierter saß in einiger Entfernung von ihnen und nietete mit zwei Steinen einen Steigbügelriemen. Die Wagen waren in der Nähe des Taleingangs, etwa sechzig oder siebzig Meter vom Feuer entfernt, zurückgelassen worden. Wahrscheinlich waren die Fahrer, nachdem sie die Gespanne abgekoppelt hatten, tiefer in die Ausfahrt gezogen worden, an eine Stelle, die besser vor dem Wind geschützt war.

Während die Dunkelheit hereinbrach, lag die schlafende Morgenröte im Gras und blickte auf das Lager unten. Ihre ungebildete Seele kämpfte mit dem Problem, das sich zu formen begann. Diese Männer waren Wölfe, verzweifelte Männer, die einem schändlichen Geschäft nachgingen. Sie zahlten keine Abgaben an die britische Regierung. Sie hatte das von ihrem Vater gehört. Entgegen dem Gesetz brachten sie ihr abscheuliches Zeug mit und verkauften es sowohl an Rassen als auch an Stammesangehörige. Sie hatten überhaupt keine Rücksicht auf den schrecklichen Schaden, den sie den Eingeborenen zufügten. Ihr einziges Ziel war es, so schnell wie möglich reich zu werden, also übten sie ihr Geschäft offen und trotzig aus. Denn das Große Einsame Land war immer noch eine Wildnis, in der jeder sein eigenes Gesetz hatte.

Das Blut des Mädchens pochte schnell im rasenden Puls der Aufregung. In ihrem Kopf bildete sich ein Entschluss. Sie erkannte die Risiken und schätzte die Chancen kühl ein. Diese Männer würden auf jeden Schleicher in der Nähe des Lagers schießen, um ihn zu töten. Sie würden kein unnötiges Risiko eingehen, von einer Gruppe streunender Indianer überrascht zu werden. Aber die Nacht würde sich mit ihr anfreunden. Sie glaubte, dass sie tun konnte, was sie vorhatte, und problemlos in den Schutz der Hügelfalten entkommen konnte, bevor sie sie töten oder gefangen nehmen konnte.

Ein schattenhafter Hund am Rande des Lagers erhob sich und bellte. Das Mädchen wartete regungslos und angespannt, aber die Männer achteten kaum auf die Warnung. Der Mann, der am Steigbügelriemen arbeitete, erhob sich, allerdings unachtsam, das Gewehr in der Hand, und starrte in die Dunkelheit; Doch plötzlich drehte er sich auf dem Absatz um und schlenderte zurück zu seiner Arbeit als Sattler. Offensichtlich war der Hund es gewohnt, falsche Alarme auszulösen, wenn ein Kojote vorbeischlüpfte oder ein Stinktier neugierig in die Nähe schnüffelte .

Die schlafende Morgenröte folgte dem Gratkamm, bis er zur Mündung der Rinne abfiel . Sie schlich sich hinter den weißen Wagen, der dem Eingang am nächsten stand.

Eine Axt lag auf der Zunge. Sie hob es auf und blickte gleichzeitig zum Lagerfeuer. Bisher war sie völlig unbemerkt geblieben . Der Hund lag blinzelnd in den Flammen, seine Nase ruhte auf gekreuzten Pfoten.

Mit ihrem Jagdmesser riss das Mädchen die Leinwand von der Seite des Oberteils. Sie stand stabil da, einen Fuß auf einer Speiche, den anderen auf der Achse. Der Axtkopf schwang im Halbkreis. Es gab ein Krachen von Holz, einen schnellen Strahl spritzenden Alkohols. Wieder schwang die Axt glänzend über ihrem Kopf. Ein drittes und ein viertes Mal krachte es gegen die Dauben.

Ein Mann am Lagerfeuer sprang mit einem erschrockenen Fluch auf. "Was ist das?" forderte er scharf.

Aus den Schatten der Wagen schoss eine helle Gestalt hervor. Der Mann schnappte sich ein Gewehr und schoss. Ein zweites Mal schickte er ziellos eine Kugel in die Dunkelheit.

Die stille Nacht war plötzlich voller Geräusche. Schüsse, Rufe, das Bellen des Hundes, das Klatschen rennender Füße – all das hallte in einem wirren Durcheinander zu Sleeping Dawn.

Sie verschaffte sich einen Moment Pause von der Verfolgung, als die Händler bei den Wagen anhielten, um sich zu orientieren. Der erste der Schoner mit weißem Dach blieb unberührt. In dem, der dem Eingang zur Rinne am nächsten lag, befanden sich vier Whiskyfässer mit zerdrückten Dauben, deren Inhalt in den trockenen Boden sickerte.

An einem der Räder lag ein Gewehr. Das in Panik fliegende Mädchen hatte es zu spät vergessen.

Der Vandalismus des Angriffs verblüffte die Männer. Sie hätten einige Schüsse aus dem Schatten oder einen Sturzflug auf das Lager, um davonzulaufen und die Reitpferde davonzulaufen, ohne weiteres verstehen können. Selbst ein ernsthafter Versuch einer verirrten Bande von Blackfeet oder Crees , die Gruppe auszulöschen, war ein Unterfangen, das keiner Erklärung bedarf. Aber warum sollte jemand So eine törichte, verschwenderische Sache wie diese tun, deren Zerstörungskraft so wenig Sinn macht?

Sie verloren keine Zeit mit Spekulationen, sondern stürzten sich in die Dunkelheit und verfolgten sie.

KAPITEL II

DIE AMAZONE

Der Hund sprang ins Gras und drehte sich scharf nach rechts. Einer der Männer folgte ihm, die anderen schlugen andere Richtungen ein.

Der Hund rannte eine Schlucht hinauf, schnupperte im Kreis über den Boden und tauchte in einen trockenen Wasserlauf ein. Tom Morse war knapp ein Dutzend Schritte hinter ihm.

Das Jaulen des Hundes verriet Morse, dass sie ihrem Opfer nahe waren. Ein- oder zweimal meinte er, die vagen Umrisse einer fliegenden Gestalt zu erkennen, aber in den Nachtschatten verschwand er fast augenblicklich wieder.

Sie überquerten den langen Abhang eines niedrigen Hügels und nahmen den dahinter liegenden Abstieg. Der junge Flachlandbewohner hatte die Beine und den Wind eines Marathonläufers. Er verfügte über die perfekte körperliche Fitness eines Menschen, der ein sauberes, hartes Leben in der trockenen Luft des Hochlandes führt. Die Schnelligkeit und die Ausdauer des Flüchtlings verrieten ihm, dass er in der Spur einer Jugend stand, die zu feinen Fähigkeiten ausgebildet war.

Unerwartet, in der tieferen Dunkelheit einer kleinen Schlucht unterhalb des Hügelsporns, wandten sich die Gejagten dem Jäger zu. Morse bemerkte den Schimmer eines Messerstoßes, als er stürzte. Es war zu spät, seinen Tauchgang zu überprüfen. Eine Feuerflamme brannte durch seinen Unterarm. Die beiden gingen zusammen zu Boden und überschlugen sich immer wieder, während sie kämpften.

Erschrocken lockerte Morse seinen Griff. Durch das Gefühl des Fleisches, mit dem er so grob umging, hatte er herausgefunden, dass es sich um eine Frau handelte, mit der er kämpfte.

Sie nutzte sein Zögern, um sich loszureißen und wegzurollen.

Sie standen sich auf den Beinen gegenüber. Der Mann war erstaunt über die Wut der jungen Amazone. Ihre Augen waren wie glühende Kohlen und strahlten ihm Hass und Trotz entgegen. Unter dem Hautkittel, den sie trug, atmete sie unregelmäßig und tief. Keiner von ihnen sagte ein Wort, aber ihr Blick wich seinem nicht einen Millimeter nach.

Das Mädchen stürzte sich auf das Messer, das sie fallen gelassen hatte. Morse war sofort bei ihr. Sie versuchte, ihm ein Bein zu stellen, aber als sie auf dem Boden aufschlugen , war sie darunter.

Er versuchte, ihre Arme festzuhalten, aber sie kämpfte mit barbarischer Wut. Ihre harte kleine Faust schlug ein Dutzend Mal auf sein Gesicht, bevor er sie festhielt.

Geschmeidig wie ein Panther, ihr Körper verdrehte sich unter seinem. Zu spät warnte ihn das Aufblitzen weißer Zähne. Sie biss ihm mit der Unbekümmertheit einer Wilden in den Arm.

„Du kleiner Teufel!" er weinte zwischen zusammengebissenen Zähnen.

Er warf alle Skrupel beiseite und heftete ihre fliegenden Arme fest. Der schlanke, muskulöse Körper wand sich immer noch in vergeblichen Verrenkungen, bis er ihn fest zwischen die Knie klemmte, aus denen sich nicht einmal ein ungezähmter Cayuse befreien konnte.

Sie gab es auf zu kämpfen. Sie starrten einander wütend an und keuchten vor Anstrengung. Ihre Augen strahlten immer noch den Trotz aus, aber dahinter las er Angst, ein entsetztes und lähmendes Entsetzen. Für die weißen Händler entlang der Grenze war ein Mischlingsmädchen eine Squaw, und eine Squaw war Eigentum, genau wie ein Pferd oder ein Hund.

Zum ersten Mal sprach sie, und zwar auf Englisch. Ihre Stimme klang glockenklar und nicht im Kehlton der Stämme.

„Lass mich hoch!" Es war ein Imperativ, dringend, bedrohlich.

Er hielt sie immer noch im Schraubstock fest, sein Gesicht war nah an ihren flammenden   Augen.
„Du kleiner Teufel", sagte er noch einmal.

„Lass mich hoch!" sie wiederholte wild. „Lass mich hoch, das sage ich dir."

„Wie die Flammen werde ich es tun. Du hast es satt, mich eine Nacht lang zu beißen und zu erstochen." Er hatte den ganzen Tag keinen Alkohol getrunken, aber in seiner Stimme lag der Unterton von Trunkenheit.

Die Angst in ihr wuchs. „Wenn du mich nicht hoch lässt –"

„Du wirst was tun?" er spottete.

Ihr wütender Aufruhr überraschte ihn. Sie hatte ihn vom Platz genommen und stand auf, bevor er sie an den Schultern packte.

Das Mädchen senkte den Kopf, um sich loszureißen. Sie hätte den Stahlschellen genauso gut entkommen können wie dem Griff seiner braunen Finger.

„Du solltest mich besser gehen lassen!" Sie weinte. „Du weißt nicht, wer ich bin."

„Ist mir egal", warf er zurück. „Du bist ein Idiot , und du hast unsere Fässer zerschlagen. Das reicht mir."

„Ich bin kein Nitchie [1]", bestritt sie empört.

[Fußnote 1: Im Volksmund der Nordwestindianer hießen sie „ Nitchies ". (WMR)]

Der Selbsterhaltungstrieb regte sich in ihr. Sie hatte diesem Mann und seinen Gefährten in die Hände gespielt. Die Händler machten ihre eigenen Gesetze und legten ihre eigenen Standards fest. Der Wert einer Squaw der Blackfeet war nicht höher als der des Alkohols, den sie vernichtet hatte. Es wäre typisch für sie, sie als im Krieg erbeutete Habe zu behalten.

„Dann die Tochter eines Squaw-Mannes", sagte er, und in seiner Stimme lag die Verachtung des weißen Mannes für den Mischling.

„Ich bin Jessie McRae", sagte sie stolz.

Bei den Indianern trug sie ihren Stammesnamen „Schlafende Morgenröte", bei den Weißen benutzte sie jedoch immer den Namen, den ihr Adoptivvater ihr gegeben hatte. Es steigerte ihren Respekt vor ihr. Gerade jetzt brauchte sie dringend jedes Gramm, das auf der Waage wiegen würde.

„Tochter von Angus McRae?" fragte er erstaunt.

"Ja."

„Seine Frau ist eine Cree?"

„Seine Frau", korrigierte das Mädchen.

„Was machst du hier?"

„Vaters Lager ist in der Nähe. Er jagt Verstecke."

„Hat er dich geschickt, um unsere Whiskyfässer zu zerschlagen?"

„Angus McRae versteckt sich nie hinter einer Frau", sagte sie mit erhobenem Kinn.

Das stimmte. Morse wusste es, obwohl er McRae nie getroffen hatte. Sein Ruf als furchtloser Kämpfer, der so ehrlich und streng wie am Tag des Jüngsten Gerichts war, hatte sich im ganzen Nordland verbreitet. Wenn dieses Mädchen eine Tochter des alten Schotten wäre, könnte nicht einmal ein Whiskyhändler sie sicher in die Hände bekommen. Hinter Angus befand sich eine Gruppe von Büffeljägern, die mit ihm blutsverwandt waren und über die er halb patriarchalische Herrschaft innehatte.

"Warum hast du das getan?" forderte Morse.

Die Frage löste bei ihr einen Funken Mut aus. „Weil du mein Volk ruinierst – es mit deinem Feuerwasser vernichtest."

Er war völlig überrascht. „Heißt das, Sie haben aus diesem Grund unser Eigentum zerstört?"

Sie nickte mürrisch.

„Aber wir handeln nicht mit den Crees ", beharrte er.

Es lag ihr auf der Zunge, ihm zu sagen, dass sie zum Blackfoot-Stamm und nicht zu den Crees gehörte , aber auch hier war sie aus politischen Gründen alles andere als offenherzig. Bis sie sicher aus dem Wald war, sollte dieser Mann besser nicht wissen, dass sie nur eine Adoptivtochter von Angus McRae war. Sie bot einen weiteren Grund an, und zwar mit einem Anflug von Leidenschaft, den er als charakteristisches Merkmal von ihr erkennen sollte.

„Du machst meinem Bruder Fergus Ärger. Er schoss Akokotos (viele Pferde) ins Bein, als das Feuerwasser in ihm brannte. Er wurde von einem tapferen Piegan erstochen, der nicht wusste, was er tat. Fergus ist gut. Er hat etwas dagegen Sein eigenes Geschäft. Aber du stiehlst ihm das Gehirn. Dann läuft er wild. *Du warst es* , nicht Fergus, der Akokotos erschossen hat . Der Große Geist weiß, dass ihr Whiskyhändler und nicht meine armen Leute, die sich gegenseitig zerstören, die wahren Mörder seid ."

Ihre Logik war weiblich und persönlich, aus seiner Sicht völlig unfair. Darüber hinaus entsprach einer ihrer Vorwürfe nicht der wörtlichen Wahrheit.

„Wir haben Ihrem Bruder nie Whisky verkauft – nicht unserem Outfit. Es war vielleicht Jacksons. Jedenfalls hat ihn niemand gezwungen, ihn zu kaufen. Es stand ihm frei, ihn zu nehmen oder ihn stehen zu lassen."

„Ein Wolf muss das vergiftete Fleisch nicht in einer Falle fressen, aber er frisst und stirbt", erwiderte sie schnell und bitter.

Geschickt hatte sie ihn in die Defensive gedrängt. Ihre Worte hatten den Stachel von Stachelpfeilen.

„Wir reden hier nicht von Wölfen."

„Nein, aber von Blackfeet und Bloods and Sarcees ", platzte sie heraus, wieder mit diesem Anflug weiblicher Wildheit, der für eine Inderin oder deren Tochter so untypisch ist. „ Glaubst du, ich weiß nicht, wie ihr Amerikaner redet? Ein guter Indianer ist ein toter Indianer. Kein Wunder, dass wir euch alle hassen. Kein Wunder, dass die Stämme euch bis zum Tod bekämpfen."

Darauf hatte er keine Antwort. Es war wahr. Er war in einem Land der Indianerkriege aufgewachsen und hatte ohne Frage die allgemeine Ansicht akzeptiert, dass die Sioux, die Crows und die Cheyennes mit all ihren Blutsbrüdern eine Bedrohung für die Zivilisation darstellten. Den Fall der Eingeborenen hatte er nie studiert. Er wusste nicht, wie sehr gebrochene Versprechen und grausame Ungerechtigkeit dazu beigetragen hatten, die Stämme auf den Kriegspfad zu treiben. Nur wenige der eigentlichen Grenzbewohner waren sich des Unrechts der roten Männer bewusst.

Die Hände des jungen Mannes fielen von ihren Armen. Mit hartem Blick und grimmig musterte er sie von Kopf bis Fuß. Der kurze Rock und Kittel aus Wildleder, die Mokassins aus Büffelleder, alles staubig und reisefleckig, erzählten vom Leben in einem primitiven Land unter einfachsten und härtesten Bedingungen.

Dennoch war die Stimme klar und lebendig, die Worte gut ausgesprochen. Sie blühte wie eine Wüstenrose und besaß eine lebenswichtige Qualität, die in seiner Fantasie einen Funken entfachte.

Was für ein Mädchen war sie? Sie würde auf keinen Fall in die Ablage passen, die sein Verstand für indische Frauen geschaffen hatte. Sogar die Töchter der Boisbrulés hatten viel von der Schwerfälligkeit und Sturheit ihrer einheimischen Mütter. Jessie McRae war anmutig wie ein Rehkitz. Jede Drehung des dunklen Kopfes, jede Hebung der Hand drückte Geist und Elan aus. Sie musste, dachte er, fast vollständig von ihrem Vater geerbt haben, obwohl er in ihrer geschmeidigen Jugend wenig von McRaes schwerer geistiger und körperlicher Solidität finden konnte.

„Dein Bruder ist von den Métis[2]. Er ist kein Stammesangehöriger. Und er ist kein Kind. Er kann auf sich selbst aufpassen", sagte Morse schließlich.

[Fußnote 2: Die Mischlinge waren als „Métis" bekannt. Das Wort bedeutet natürlich Mischling. (WMR)]

Seine Wortwahl war unglücklich. Das galt für sie ebenso wie für Fergus. Oft wurde es verächtlich verwendet.

„Ja, und die Métis spielen keine Rolle", rief sie mit der Bitterkeit, die so seltsam in ihrer heißblütigen, vitalen Jugend lag. „Du kannst über ihn reiten, als wärst du der Herr über das unfruchtbare Land. Du kannst ihn für das Geld, das du verdienst, ruinieren, selbst wenn er ein Untertan der Großen Mutter und nicht deines Landes ist. Er ist nur eine Rasse – ein Mischling." "

Er war ein Mann der Tat. Er schob die Diskussion beiseite. „Wir werden zurück ins Lager ziehen ."

Sofort verrieten ihre Augen die Angst, die sie nicht in Worte fassen wollte. „Nein – nein! Ich werde nicht gehen."

Seine Lider wurden schmaler. Das Vorschieben seines hageren Kiefers ließ keinen Raum für Argumente. „Du wirst dorthin gehen, wo ich es sage."

Sie wusste, dass es so sein würde, wenn er sie an den Haaren ziehen würde. Weil es ihr so schlecht ging, zügelte sie ihren Stolz zu mürrischem Flehen.

„Bring mich nicht dorthin! Lass mich zu Vater gehen. Er wird mich auspeitschen. Ich werde ihn das für dich tun lassen. Ist das nicht genug? Wird dich das nicht befriedigen?"

In seinen braunen Augen glimmten rote Flecken wie Feuer. Wenn er sie zurück ins Lager der Händler bringen würde, müsste er um sie gegen Bully West kämpfen. Das war sicher. Es würden alle möglichen Komplikationen auftreten. Es würde Ärger mit McRae geben. Der Handel mit den Indianern der Firma seines Onkels, deren Teilhaber er bald werden sollte, würde durch den Schotten zerstört. Nein, er konnte sie nicht in der Coulee zurück ins Lager bringen . Es stand zu viel auf dem Spiel.

„Passt zu mir. Ich werde darauf eingehen. Er soll dich für den Narrentrick, den du uns gespielt hast, auspeitschen und unseren Verlust wiedergutmachen. Wo ist sein Lager?"

Aus der Entfernung eines Steinwurfs rief eine schwere, heisere Stimme: „Lo, Morse!"

Der junge Mann drehte sich zu dem Mädchen um, die Lippen zu einem schmalen, harten Strich geformt. „Bully West. Der Hund ist zurückgekehrt und bringt ihn hierher, schätze ich. Möchtest du ihn treffen?"

Sie kannte den Ruf von Bully West, der als Schläger und Wüstling berüchtigt war. Wer im ganzen Norden wusste es nicht? Ihr Herz flatterte als Zeichen der Verzweiflung.

„Ich – ich kann noch entkommen – das Tal hinauf", sagte sie flüsternd, ihre Augen vor Angst schnell.

Er lächelte grimmig. „Du meinst, *wir* können es."

"Ja."

„Gehen Sie auf die Spur."

Sie drehte sich um und ging voran in die Dunkelheit.

KAPITEL III

ANGUS McRAE TUT SEINE PFLICHT

Der harsche Schrei erklang erneut und mit ihm eine Salve von Flüchen, die die Nacht verpestete.

Die schlafende Dawn beschleunigte ihr Tempo. Der Charakter von Bully West wurde in diesem einzigen Ausbruch ausreichend beworben. Sie empfing ihn aufgedunsen, wölfisch, bösartig, einen Mann, dessen Gedanken durch schmutzige grüne Sümpfe reisten, die Fieber und Krankheiten hervorbrachten. So hart dieser junge Mann auch war, trotz ihres Hasses auf ihn und ihrer Zweifel darüber, was sich hinter seinen unergründlichen, rotbraunen Augen verbarg, würde sie hundertmal lieber Risiken mit ihm eingehen als mit Bully West. Er war mindestens ein Jugendlicher. Es bestand immer die Möglichkeit, dass er der Zärtlichkeit der Kindheit noch nicht ganz entkommen war.

Morse folgte ihr schweigend mit langen, unermüdlichen Schritten. Das Mädchen verwirrte ihn weiterhin. Sogar ihre Art zu gehen drückte ihre Persönlichkeit aus. In ihrem Gang war nichts von dem plattfüßigen indischen Schlurfen zu erkennen. Sie bewegte sich leicht und federnd, wie jemand es tut, der darin die Freude findet, reichlich Kraft in Anspruch zu nehmen.

Sie war natürlich halb Scotch. Das hat ihr geholfen, es zu erklären. Der Text eines alten Liedes summte durch seinen Kopf.

„ Ja, ich traf ein gewinnendes Mädchen, ein hübsches Mädchen war sie, wie sie jemals den Berghang erklommen oder über den Wald gestolpert war;
sie trug kein Gold, keine leuchtenden Juwelen, weder Seide noch seltenen Satin, sondern nur das Plaid, das eine Königin war könnte durchaus stolz sein, es zu tragen.

Jessie McRae trug nichts, was auch nur halb so malerisch war wie den Tartan. Ihre Kleidung war schmutzig und staubig. Aber sie konnten ihre göttliche, düstere Jugend nicht in den Schatten stellen. Sie war schlank wie ein Panther, und ihre Bewegungen hatten mehr als nur die Andeutung derselben geschmeidigen Anmut.

der Absurdität solcher Gedanken durchaus bewusst. Sie war eine gutaussehende Rasse. Lass es dabei sein. In Märchenbüchern gab es indische Prinzessinnen, aber im wirklichen Leben gab es nur Squaws.

Erst als sie die Gefahrenzone verlassen hatten, sprach er. „Wo ist das Lager deines Vaters?"

Sie zeigte nach Nordwesten. „Du brauchst keine Angst zu haben. Er wird dir den Schaden ersetzen, den ich angerichtet habe.“

Er blickte sie auf die ruhige, abschätzende Art an, die eine Besonderheit von ihm war, wie sie es zu lernen hatte.

„Ich habe keine Angst“, sagte er gedehnt. „Ich bekomme meinen Lohn – und du bekommst deinen.“

Farbe strömte in ihr dunkles Gesicht. Als sie sprach, klang verächtlicher Zorn in ihrer Stimme. „Es ist eine tolle Sache, ein Mann zu sein.“

„Magst du Langusten, oder?“

Mit leuchtenden Augen warf sie sich auf ihn. „Nein. Ich bitte einen Wolfer nicht um einen Gefallen.“

Sie spuckte ihm das Wort entgegen, als wäre es eine Rakete. Der Ausdruck war verächtlich und wurde nur verwendet, wenn von den schlechtesten Whiskyhändlern die Rede war. Er nahm es kühl auf, seine starken weißen Zähne blitzten zu einem spöttischen Lächeln auf.

„Dann wird dieser Wolfer keines anbieten, Miss McRae.“

Es war das letzte Wort, das zwischen ihnen gesprochen wurde, bis sie das Lager des Büffeljägers erreichten. Wenn er irgendwelche Bedenken verspürte, konnte sie nichts dergleichen in seinem braunen Gesicht und dem gleichmäßigen Schritt lesen, der sie direkt zur Strafe trug. Sie fragte sich, ob er wusste, wie gnadenlos der zwanzigjährige Fergus nach seiner Trunkenheit unter den Indianern verprügelt worden war und wie streng Angus in dem Clan, über den er herrschte, Gerechtigkeit übte. Glaubte er, sie sei eine gewöhnliche Squaw, die aus Disziplingründen von ihrem Besitzer ausgepeitscht wurde?

Sie stiegen auf einen Hügel und blickten auf ein Lager mit vielen Feuern in der Senke hinunter.

„Bist du es, Mädchen?“ rief eine Stimme.

Aus dem Schatten der Zelte kam ihnen ein großer bärtiger Mann entgegen. In seinen Wollsocken war er einen Meter achtzig groß. Seine Brust war tief und seine Schultern enorm breit. Nur wenige in den Einsamen Landen verfügten über die körperliche Stärke von Angus McRae.

Seine große Hand packte das Mädchen an der Schulter mit einem Griff, der einer Liebkosung gleichkam. Er hatte sich ein wenig Sorgen um sie gemacht und dies drückte sich in einem Vorwurf aus.

„Du solltest nach Einbruch der Dunkelheit nicht so lange auf deiner Straße bleiben, Jess. Das weißt du.“

„Ich weiß, Vater.“

Die blauen Augen unter den ergrauten Brauen des Jägers richteten sich auf Morse. Sie fragten, was er zu dieser Zeit und an diesem Ort mit seiner Tochter machte.

Der Montana-Händler beantwortete die unausgesprochene Frage mit einem Anflug von Ironie in seiner Stimme. „Ich fand Miss McRae herumlaufen und brachte sie nach Hause, wo sie in Sicherheit und gut versorgt wäre.“

Irgendetwas daran verstand Angus nicht. Nachts in den Einsamen Landen, zwischen tausend Bergtaschen und knappen Schubladen, wäre es nur eine millionste Chance, einen Mann und eine Frau unerwartet zusammenzubringen. Er drängte die Fragen nach Hause, denn er war nicht der Typ, der sich von der Verantwortung, die ihm als Familienvater oblag, abwandte.

Eine dicke, hüftlose Inderin erschien in der Zeltklappe, als die drei sich dem Licht näherten. Sie grunzte überrascht und zeigte zuerst auf Morse und dann auf das Mädchen.

Die Hände des Händlers waren mit Blut bedeckt, sein Hemdsärmel war damit durchnässt. Flecken davon waren auf die Kleidung und das Gesicht des Mädchens gespritzt.

Der Schotte sah sie an, und seine glattrasierte Oberlippe wurde gerade, sein ganzes Gesicht war ernst. „Was wird das bedeuten ?“ er hat gefragt.

Morse drehte sich zu dem Mädchen um, richtete seinen Blick fest auf sie und wartete.

„Nein, ich will die Wahrheit wissen “, fügte Angus harsch hinzu.

„Ich habe es geschafft – mit meinem Jagdmesser“, sagte die Tochter und blickte ihren Vater direkt an.

„Was ist das? Redest du über Verrückte , Mädchen?“

„Es ist die Wahrheit, Vater.“

Der Schotte warf dem Händler eine schnelle Frage zu, am Ende eine Drohung. „Warum sollte sie das tun? Warum? Wenn du meinem Mädchen auch nur ein einziges Wort sagen würdest –“

„Nein, Vater. Du verstehst das nicht. Ich fand ein Lager von Whiskyhändlern, stahl mich hinein und zerschmetterte vier bis fünf Fässer. Ich wollte davonlaufen, aber dieser Mann fing mich auf. Als er auf mich zustürmte, war ich es . “ Ich hatte Angst – also schlug ich mit meinem Messer auf ihn ein. Wir kämpften.“

„Du hast gekämpft“, wiederholte ihr Vater.

„Er wusste nicht, dass ich ein Mädchen war – zunächst nicht.“

Der Büffeljäger hat diesen Punkt überschritten. „Du bist zum Lager dieses Händlers gegangen und hast seine Waren ruiniert?“

"Ja."

"Warum?"

Das schlanke Mädchen blickte ihrem Richter standhaft und voller Besorgnis in   die   Augen.
„Fergus“, sagte sie mit leiser Stimme, „und meine Leute.“

„Was ist mit ihnen?“

„Diese Händler brechen das Gesetz. Sie verkaufen Alkohol an Fergus und an …“

„Gin, das ist wahr, ist es deine Aufgabe, einzudringen und das Eigentum anderer Leute zu zerstören ? Habe ich dich aus Angst vor dem Herrn erzogen, damit du mit deinem Dolch auf Männer einschlägst und mit ihnen kämpfst ?“ Ein wildes Glimmer ? Ich war viel lockerer mit dir. Nun, ich werde meine schmerzliche Pflicht tun, Mädchen .“ Die Augen des Schotten waren so hart und unerbittlich wie die eines hängenden Richters.

„Ja“, antwortete das Mädchen mit leiser Stimme. „Deshalb hat er mich nach Hause gebracht, anstatt mich in sein eigenes Lager zu bringen. Du sollst mich auspeitschen.“

Angus McRae war es nicht gewohnt, dass ihm das Gesetz und das Urteil aus der Hand genommen wurden. Stirnrunzelnd betrachtete er den jungen Mann unter den streng zusammengezogenen, schweren, ergrauten Augenbrauen. „Und wer bist du, der mir sagt, wie ich mein Land regieren soll?“ „ hoose ?“ verlangte er.

„Mein Name ist Morse – Tom Morse, Fort Benton, Montana, als mein Hut hängt . Ich habe den Vorschlag deines Mädchens aufgegriffen, dass du sie auspeitschen sollst, wenn ich nicht in unser Lager gehe, sondern sie hierher bringe Zahl mir Schadensersatz für das, was sie getan hat. Ich habe es nicht vorgeschlagen. Sie hat es getan.“

„Du hast ihm darauf dein Wort gegeben, Jess?“ fragte ihr Vater.

"Ja." Nach einem Moment brachte sie widerstrebend hervor: „Mit einer Pferdepeitsche.“

„Dann wird es so sein. Die McRaes weinen nicht nach einem Schnäppchen", sagte der mürrische alte Büffeljäger. „Aber zuerst schauen wir uns den Arm dieses jungen Mannes an. Hol Wasser und saubere Lappen, Jess."

Morse errötete unter der dunklen Bräune seiner Wangen. „Mit meinem Arm ist alles in Ordnung. Er bleibt bestehen, bis ich zurück im Lager bin."

„So etwas gibt es nicht, mein Junge. Wir werden es hier und jetzt verbinden. Wenn mein Mädchen dir den Arm schneidet, wird sie die Wunde verbinden."

„Das wird sie nicht. Ich lasse diesen Arm laufen ."

McRae schlug ihm eine schwere Faust in die Handfläche. „ Das zeige ich dir , Mannie ."

„Verdammt, was nützt der Scherz ? Ich werde warten, sage ich dir."

„Fluchen Sie nicht in meinem Lager, Mr. Morse, oder wie auch immer Sie heißen." Die blauen Augen des Schotten blitzten. „Das ist eine Sache, die ich nicht erlaube .

Ich lasse mir auch nicht von bartlosen Jungs sagen, was sie hier tun oder nicht tun werden. Deine Wunde wird gewaschen und verbunden, wenn ich dir zuerst die Hogtie anordnen muss. Also mach das Beste daraus." ."

Morse blickte ihn einen Moment lang an, dann gab er mit einem sardonischen Lachen nach. McRae hatte den vollen Anteil an der Hartnäckigkeit seiner Rasse.

„In Ordnung. Mir soll gut getan werden, ob es mir gefällt oder nicht. Mach es." Der Händler zog den Ärmel seines Hemdes zurück und streckte seinen muskulösen, blutbefleckten Arm aus. Eine hässliche Fleischwunde erstreckte sich vom Ellenbogen bis zum Handgelenk.

Jessie brachte ein Waschbecken, Wasser, ein Handtuch und saubere Lappen. Beim Schein einer Laterne in den Händen ihres Vaters wusch sie die Wunde und verband sie. Ihre Lippen zitterten. Seltsame kleine Feuerströme flossen durch ihre Adern, als ihre Fingerspitzen sein Fleisch berührten. Als sie einmal den Blick hob, begegneten sie ihm. Er las in ihnen eine konzentrierte Leidenschaft des Hasses.

Nicht einmal als sie den letzten Knoten im Verband gebunden hatte, sagte keiner von ihnen ein Wort. Sie trug das Handtuch und die Schüssel weg, während McRae die Laterne an einen Nagel in der Zeltstange hängte und eine silberbeschlagene Reitpeitsche aus dem Inneren holte. Es war eines, das er als Geschenk für seine Tochter gekauft hatte, als er das letzte Mal in Fort Benton war.

Das Mädchen kam zurück und stellte sich vor ihn. Ein Puls raste schnell in ihrer braunen Kehle. Die Augen verrieten die Angst ihrer Seele, aber sie trafen sich, ohne mit der Wimper zu zucken, denen des Büffeljägers.

Die Indianerin am Zelteingang machte keine Anstalten einzugreifen. Der Herr ihres Lebens hatte gesprochen. So wäre es.

Mit einem angestrengten kleinen Lachen trat Morse einen Schritt vor. „Ich schätze, ich werde nicht für mein Pfund Fleisch auffallen, Mr. McRae. Begleichen Sie den Schadensersatz für den verlorenen Alkohol, und ich gebe Schluss.“

Die Oberlippe des Schotten war eine gerade Linie der Entschlossenheit. „Ich verprügele das Mädchen nicht, um Ihnen zu gefallen, sondern weil es in der Bindung liegt und weil sie es verdient hat. Treten Sie zurück, Sir.“

Die Peitsche schwang auf und ab. Das Mädchen keuchte und zitterte. Eine Flamme feurigen Schmerzes lief durch ihren Körper bis zu den Zehen. Sie biss die Zähne zusammen, um einen Schrei zu unterdrücken. Bevor die Qual vorüber war, wand sich die Peitsche wieder um ihren schlanken Körper wie eine glühende Schlange. Es erklang mit unerbittlicher rhythmischer Regelmäßigkeit.

Ihr Stolz und ihr Mut brachen zusammen. Sie sank unter lautem Wehklagen und Flehen auf die Knie. Schließlich blieb McRae stehen.

Bis auf die unregelmäßigen schluchzenden Atemzüge des Mädchens herrschte Stille. Die Inderin hockte neben dem gefolterten jungen Ding und wiegte den dunklen Kopf, den sie eng an ihre Brust drückte, während sie ein Schlaflied in der Muttersprache sang.

McRae drehte sich mit bleichen Lippen zu seinem unwillkommenen Gast um. „Du bist kein Trottel Ich bin es leid , den Weg zu gehen , Mann. Bringen Sie Ihren Chef morgen früh vorbei und ich werde eine Einigung erzielen .

Morse wusste, dass er entlassen wurde. Er drehte sich um und ging in die Dunkelheit hinter den Lagerfeuern. Unbemerkt wartete er dort in einer Mulde und lauschte. Denn mit der Zeit drang zu ihm das leise Weinen und danach das Murmeln von Stimmen. Er wusste, dass die dicke und formlose Squaw Mutterliebe aus ihrem eigenen Herzen in das blutende Herz des Mädchens schüttete .

Irgendwie tröstete ihn das. Er hatte das seltsame Gefühl, an einer schrecklichen Tat beteiligt gewesen zu sein. Doch alles, was geschehen war, war die Auspeitschung eines indischen Mädchens. Er versuchte, das schwache Mitgefühl in seinem Herzen wegzulachen.

Aber die Wahrheit war, dass er in seinem Innern einen wilden Strom des Leids für sie ausstrahlte.

KAPITEL IV

DIE WOLFS

Als Tom Morse das Lager erreichte , traf er Bully West, der in berauschender Wut umherstapfte. Der Kerl war ein Riese von einem Mann, fast muskelbepackt in seiner enormen Statur. Seine Schultern waren abgerundet durch das schwere Bündel verknoteter Sehnen, das sie trugen. Seine Beine waren vom vielen Reiten gebeugt. Er prahlte damit, dass er einen Silberdollar-Double in seiner Handfläche biegen konnte. Männer hatten gesehen, wie er die Heckstange eines Wagens zu einem Knoten verdrehte. Nüchtern war er ein mürrischer, herrschsüchtiger Rohling mit den Instinkten eines Tyrannen. Im Alkoholgenuss wurde für ihn die geringste Meinungsverschiedenheit zum Grund für Streit.

Die meisten Männer machten einen weiten Bogen um ihn und nahmen um des Friedens willen Spott und Beleidigungen in Kauf, die das Blut zum Kochen brachten.

„Wo warst du die ganze Zeit?" er knurrte.

„ Pflügen Sie über die Ebenen."

„Hast du mich nicht rufen gehört ?"

„Rufst du an? Ich war ziemlich weit vom Lager entfernt. Bin auf Angus McRaes Büffeljagdausrüstung gestoßen. Er will uns morgen sehen."

"Wozu?"

„Irgendwas mit dem Geschäft heute Abend. Scheint zu wissen, wer es getan hat.
Bietet an, mit dem, was wir verloren haben, zufrieden zu sein."

Bully West stoppte in seinem Schritt, die Füße gespreizt, den Kopf nach vorne   gerichtet.
"Was ist das?"

„Wie ich schon sagte. Wir werden ihn morgen wegen einer Einigung anrufen, du und ich."

„Hat McRae unsere Fässer kaputt gemacht?"

„Er weiß etwas darüber. Ich hatte keine Zeit, lange mit ihm zu reden. Ich bin sofort zurückgeeilt, um es dir zu sagen."

„Er kann hierher kommen, wenn er mich sehen will", verkündete West.

Dies erforderte keine Antwort und Tom gab keine Antwort. Er ging zu der Stelle, wo die Ochsen aufgestellt waren, und vergewisserte sich, dass die Pflöcke noch fest waren. Dann rollte er seine Decke um sich und blickte hinauf in einen Himmel voller Sterne. Normalerweise schlief er ein, sobald sein Kopf die Sitzfläche des Sattels berührte, den er als Kissen benutzte. Aber heute Nacht lag er stundenlang wach. Er konnte das Mädchen, das er kennengelernt und das er zur Strafe mitgenommen hatte, nicht aus seinen Gedanken verbannen. Ein Dutzend Bilder von ihr tauchten vor ihm auf, allesamt mentale Schnappschüsse, die er aus seiner Erfahrung in der Nacht gerissen hatte. Jetzt kämpfte er darum, sie festzuhalten, seine Knie klammerten sich an ihren sich windenden, muskulösen Oberkörper. Wieder hielt er sie an den starken, samtweichen Armen fest, während ihre Augen ihn voller Wut und Trotz anstrahlten. Oder ihre stechenden Worte prasselten auf ihn ein, als sie mit geschmeidiger Leichtigkeit die Hügel hinaufstieg. Am lebhaftesten waren die Erlebnisse im Lager ihres Vaters, besonders die, als sie unter der Folter der Peitsche stand.

Kein Wunder, dass sie ihn für das hasste, was er ihr angetan hatte.

Er schüttelte sich in eine bequemere Position und begann, Sterne zu zählen.... Fünfundneunzig, sechsundneunzig, siebenundneunzig.... Welchen Sinn hatte es überhaupt, die Affäre zu betonen? Sie war nur ein Mischling. In zehn Jahren würde sie fett, formlos, schmutzig und abstoßend sein. Ihre Unterhaltung würde auf Grunzen reduziert werden. Der Blick, den er auf ihre Mutter geworfen hatte, war aufschlussreich.

Wo war er?... Einhundertelf, zwölf, dreizehn.... Frauen hatten in seinem Leben kaum eine Rolle gespielt. Er hatte im Wind und in der Sonne im Freien gelebt, die meiste Zeit im Sattel. Er war gesetzlos, aber sein Blut war sauber. Er hatte immer eine gleichgültige Verachtung gegenüber einem Squaw-Mann empfunden. Ein Amerikaner deklassierte sich, wenn er sich auf so etwas einließ, auch wenn er die Verbindung durch irgendeine Form der Ehe legalisierte. Trotz ihres großartigen körperlichen Erbes an Gesundheit und Vitalität, trotz des schnellen und leidenschaftlichen Geistes, der sie prägte, war sie das Produkt ihrer Umgebung und ihrer Abstammung und wurde ihr ganzes Leben lang der Barbarei ausgesetzt. Der Mann, der sich mit ihr paarte, würde auf ihr Niveau herabgezogen werden.

Zweihundertdrei, vier, fünf.... Wie brav sie gewesen war! Sie hatte es wie ein Vollblut gespielt und sogar ihrem Vater gesagt, dass er sie mit der Pferdepeitsche bestrafen würde. Er hatte noch nie ein so prächtiges und so temperamentvolles Geschöpf gesehen. Squaw hin oder her, er zog seinen Hut vor ihr.

Als Morse aufwachte, war die Sonne bereits über den Hügel gestiegen.

„Komm und hol es dir!" Barney, der Koch, schrie ihn an.

Bully West hatte seine Meinung geändert, nicht zum Lager des Büffeljägers zu gehen.

„ Du und Brad bleiben hier, Barney, während ich und Tom weg sind", gab er den Befehl. „Und Sie werden scharf nach Plünderern Ausschau halten. Wenn jemand auftaucht, bei dem Sie Zweifel haben, stecken Sie ihn ein und stellen Sie hinterher Fragen. Verstehen Sie ?"

„Ich verstehe", antwortete Barney, ein kleiner Mann mit schiefen Augen und einem böswilligen Grinsen. „Und genau das werden wir tun, Boss."

Lange bevor die Händler es erreichten, machte das Lager der Büffeljäger durch den Gestank nach verwesendem Tiermaterial auf seine Anwesenheit aufmerksam. Hunderte Häute waren am Boden befestigt. Männer und Frauen kratzten auf den Fersen hockend Fettstückchen von der trocknenden Haut. Schon stand ein Zug von fünfzig Red-River- Wagen[3] für den Heimweg bereit, beladen mit Gewändern, die mit Rohlederstreifen zusammengebunden waren, um den Stößen über die Ebene standzuhalten. Nicht weit entfernt bereiteten andere Frauen Pemmikanen aus gebratenem Büffelfleisch und Fett zu, zerstampften sie und verpackten sie mit heißem Fett in Hautbeutel. Dieses Lebensmittel war ein Grundnahrungsmittel für den Winter und hatte auch einen Marktwert für den Handel mit der Hudson's Bay Company, die jedes Jahr Tausende von Säcken zu ihren nördlichen Posten am Peace River und am Mackenzie River verschiffte.

[Fußnote 3: Der Karren von Red River war ein primitives zweirädriges Gefährt, komplett aus Holz, ohne Nägel oder Metallreifen. Gezogen wurde es meist von einem Ochsen. (WMR)]

Die Kinder und ihr Lachen verliehen dem Lager eine häusliche Note. Einige der braunen, halbnackten Jugendlichen, deren Haut in der warmen Sonne glänzte, waren bei der Arbeit und erledigten Gelegenheitsarbeiten. Andere, die zu jung zum Apportieren und Tragen waren, spielten mit einem Wurf Welpen oder mit einem Wolfsjungen, das gefangen und gezähmt worden war.

Die ganze geschäftige Szene war charakteristisch für Zeit und Ort. Zwanzig solcher Trupps, jede mit ihren Red-River-Karren und ihren Ochsen, ihren Hunden, ihren Frauen und Kindern, reisten jeden Frühling in die Ebene, um den Bison zu jagen. Sie töteten Tausende und Abertausende von ihnen, denn es brauchte mehrere Tiere, um einen Sack Pemmikan herzustellen, der 150 Pfund wog. Die Verschwendung war enorm, da nur die erlesensten Fleischstücke verwendet wurden.

Die Zahl der Büffel nahm bereits ab. Riesige Horden zogen noch immer durch die Ebenen. Sie könnten zu Dutzenden und Hunderten getötet werden. Aber das Ende war nahe. Es ist mehrere Jahre her, seit Colonel Dodge berichtete, dass er seine Gruppe von Eisenbahnbauern zwei Tage lang angehalten hatte, um eine Herde von über einer halben Million Bisons passieren zu lassen. Ein solcher Anblick war nicht mehr möglich. Der Druck der Jäger hatte das Wild in nördliche und südliche Herden aufgeteilt. Innerhalb von vier oder fünf Jahren sollte das Gemetzel so groß sein, dass nur noch wenige Büffelgruppen übrig blieben.

Die Bedeutung dieser Ausrottung lag größtenteils in ihrer Anwendung auf die Indianer. Die Ebenenstämme wurden von den Büffeln ernährt, bekleidet, bewaffnet und untergebracht. Sogar die Kanus der Seeindianer wurden aus Büffelfellen gefertigt. Der Ausfall der Versorgung machte die Eingeborenen von Kriegern zu Bettlern.

McRae trat den Händlern entgegen, die Ärmel seines Hemdes bis zu den Ellbogen seiner muskulösen braunen Arme hochgekrempelt. Er strich sich über einen großen roten Bart und nickte schroff. Es lag nicht in seiner mürrischen, ehrlichen Natur, so zu tun, als wäre er froh, sie zu sehen, wenn das nicht der Fall war.

„Nun, ich bin hier", knurrte West und mischte ein paar Flüche als notwendige Folge seiner Rede ein. „Worum geht es, McRae? Was wissen Sie über die Zertrümmerung unserer Fässer?"

„Ich werde jeden angemessenen Schaden begleichen", sagte der Jäger.

Bully West runzelte die Stirn. Er spreizte absichtlich seine Beine, verschränkte die Arme und spuckte Tabaksaft auf ein sauberes Fell, das in der Sonne trocknete. „Warten Sie noch einen Moment. Der Schaden wird ausreichen. Machen Sie sich darüber keine Sorgen. Aber zunächst einmal möchte ich wissen, wer unser Lager überfallen hat. Dann schätze ich, dass ich ihn verprügeln werde, bis er völlig erschöpft ist." "

Unter dichten, ergrauten Brauen blickte McRae ihn lange an. Beide waren aufgrund ihrer Persönlichkeit und ihres Körperbaus herausragende Persönlichkeiten. Die eine war eine konstruktive Kraft, die andere destruktiv. Wests lange, mit Haaren bedeckte Arme und die so knorrigen und verknoteten Muskeln an Rücken und Schultern erinnerten an den Gorilla, dass sie ihm fast ein deformiertes Aussehen verliehen. Obwohl er groß und breit war, war der Schotte der Kleinere. Aber die genutzte und kontrollierte Kraft drückte sich in jeder Bewegung des Körpers aus. Darüber hinaus verrieten die blauen Augen, die direkt und hart aus dem rötlichen Gesicht blickten, die Koordination zwischen Geist und Materie.

Angus McRae war dieses seltene Produkt, ein ehrlicher, freimütiger Mann. Er versuchte, allen gerecht zu werden, mit denen er zu tun hatte. Ein Teil von Wests Forderung sei gerechtfertigt, überlegte er. Der Händler hatte ein Recht darauf, alle Sachverhalte zu erfahren. Aber der alte Trapper aus der Hudson's Bay hatte große Zurückhaltung, es ihnen zu sagen. Sein Instinkt, Jessie zu beschützen, war stark.

„Ich habe Ihnen die Mühe erspart, Mr. West. Der schuldige Yin stammte von meiner eigenen Familie. Ihr junger Mann wird Ihnen sagen, dass ich die nötige Pferdepeitsche gemacht habe .“

Der große Trailboss blickte seinen Helfer finster an. Er würde sich zu gegebener Zeit mit Morse einigen. Jetzt hatte er andere Geschäfte zu erledigen.

„Komm rein, McRae. Wer war da? Es wird nichts passieren , bis ich das weiß“, knurrte er.

"Meine Tochter."

West warf ihm einen bösen Blick zu, diesmal aus reiner Obszönität.

"Was?"

„Meine Tochter Jessie.“

„ Gottmächtiger , willst du mir sagen, dass es ein Mädchen war?“ Er warf seinen Kopf in brüllendes homerisches Gelächter zurück. „Haben Sie jemals den Takt davon gehört? Eine verdammt kleine Indianer-Squaw , die Bully West ihre Streiche spielt ! Wenn sie mir gehörte , würde ich sie dafür zurückkitzeln.“

Die Augen im Granitgesicht des Schotten blitzten. „Mann, kannst du niemals zwei drei Worte ohne Schimpfwörter sagen? Das ist ein gottesfürchtiges Lager . Hier ist kein Platz für diejenigen, die seinen Namen missbrauchen .“

„ Sie hat sie mit ihren eigenen Händen zerschmettert – meinst du das? Ich gebe ihr zu, dass sie ein mutiger kleiner Teufel ist , auch wenn sie ein Kleiner ist .“

McRae tadelte ihn steif. „Denken Sie bitte daran, dass Sie von meiner Tochter sprechen, Mr. West. Ich lasse keine derartigen Ausdrücke über sie zu. Sie sind hier, um eine geschäftliche Angelegenheit zu regeln. Worauf beziffern Sie den Schaden?“

Sie einigten sich auf einen Preis, der in bei Whoop-Up gelieferten Häuten zu zahlen war. West drehte sich um und ging rittlings zu der Stelle, wo er und Morse ihre Pferde zurückgelassen hatten. Unterwegs begegnete er einem Mädchen, einem geschmeidigen, düsteren jungen Wesen, indischbraun, mit der Bräune hunderter Sommersonnen und Winde auf dem Oval ihres erhobenen Kinns. Sie trug ein Paket Säcke zu dem Ort, an dem der Pemmikan hergestellt wurde.

Wests Augen wurden schmal. Sie wanderten an ihrem schlanken Körper auf und ab. Sie freuten sich über sie.

Nach einem verächtlichen Blick, der Morse ignorierte, blickte das Mädchen wütend auf den Mann, der ihr den Weg versperrte. Langsam brannte das Blut in ihren Wangen. Denn in den glühenden Augen des Händlers lag etwas, das jedes bescheidene Mädchen beleidigt hätte.

„Du Jessie McRae?" fragte er, als ihm plötzlich eine Idee kam.

"Ja."

„Du hast meine Whiskyfässer zerschlagen?"

„Mein Vater hat es dir gesagt. Wenn er es sagt, ist das nicht genug?"

Er schlug sich gewaltig abgelenkt mit einer gewaltigen Hand auf den Oberschenkel. „Du verdammtes kleines ‚High- Steppin' -Stutfohlen! Warum? Was zum Teufel habe ich dir jemals angetan?"

Angus McRae schritt mit leuchtenden Augen vorwärts. Er hatte eine Cree-Frau geheiratet und ihrem Vater sieben Ponys, einen Meter Tabak und eine Flasche Whisky für sie bezahlt. Seine eigenen zweifäustigen Söhne waren Métis. Der Indianer war in ihnen deutlicher zu erkennen als der Kelte. Ihr Vater akzeptierte die Tatsache ohne Groll. Aber in seinem Herzen herrschte ein merkwürdiges Gefühl wegen des kleinen Mädchens, das er adoptiert hatte. Ihr leichter, federnder Schritt, das Heben der Kehle und die Furchtlosigkeit ihres Blicks, ihr Instinkt für die Reinheit von Geist und Körper trugen ihn vierzig Jahre zurück in das Land der Heide, zu einer Erinnerung an die Tochter des Gutsherrn, die er hatte verehrt mit der hoffnungslosen Verehrung eines rothaarigen Gillies . Es war die einzige Romanze seines Lebens gewesen, und irgendwie hatte sie sich in seiner Liebe zu dem Mischlingsmädchen wiedergeboren. Für ihn schien es ein Widerspruch zur Natur zu sein, dass Jessie mit den plattfüßigen Squaws verwandt sein sollte, die Sklaven ihrer Herren waren. Er konnte sein Herz nicht mit der Erkenntnis in Einklang bringen, dass sie gemischter Abstammung war. Sie war zu fein, zu zierlich, von zu freiem und herrischem Geist.

„Ihre Pferde sind den Hügel hinauf, Mr. West", sagte er spitz.

Es ist zweifelhaft, ob der Händler davon gehört hat. Er konnte seine begehrenswerten Augen nicht von dem Mädchen abwenden.

„Ist sie eine Halb- oder Viertelrasse?" fragte er McRae.

„Das ist ihre und meine Sache, Sir. Würden Sie bitte die Straße nehmen ?“ Der Jäger sprach leise und hielt sich zurück, um einen Ausbruch zu vermeiden. Aber seine Stimme hatte eine Schärfe.

„Bei Gott, sie ist eine tolle Sache“, sagte West laut vor sich hin, als ob das Mädchen nicht anwesend gewesen wäre.

„Wirst du meine Tochter von deinem Gerede abhalten , Mann?“ warnte der Schotte.

„Was ist los mit dir?“ Wests mürrische, unverschämte Augen richteten sich auf den Büffeljäger. „Ein Nitchie ist ein Nitchie . Ich rede klar. Aber ich möchte auch vernünftig sein. Ich mag eine Frau nicht weniger, weil sie den Teufel in sich hat. Bully West weiß, wie man sie zähmt, damit sie draußen fressen seine Hand. Ich habe Gefallen an deinem Mädchen gefunden. Das stimmt, McRae.

„Du kannst ins Zelt gehen, Jessie“, sagte der Vater des Mädchens zu ihr. Es fiel ihm schwer, sein Temperament im Zaum zu halten.

„Warte einen Moment.“ Der große Händler streckte seinen Arm aus, um den Weg zu versperren. „Übertrete deine Zügel nicht , McRae. Ich mache dir einen Vorschlag. Ich suche eine Frau, und dieses Mädchen von deiner Rasse passt zu mir. Gib sie mir und ich.“ „Ich nenne das Ganze quadratisch. Fairer kann ich es nicht sagen, oder?“

Der schroffe Jäger blickte den großen missgebildeten Grenzräuber voller Abscheu an. „Mann, du machst mir einen Mistkerl “, sagte er. „Habe diese Dummheit hinter dir und bin weg. Das Mädchen ist nichts für dich oder so etwas wie dich.“

„Höllenangeln, das bist du nicht Steh da _ Du sagst mir doch, dass eine Cree-Rasse zu gut für Bully West ist, oder?“, brüllte der große Whiskey-Läufer.

„Hundertmal zu gut für dich. Ich würde das Mädchen lieber tot in ihrem Sarg sehen, als dass ihr Leben von dir ruiniert wird“, antwortete McRae absolut ernst.

„Du verstehst mich nicht richtig, Mac“, antwortete der Schmuggler und schluckte seine Wut herunter. „Ich kenne alte religiöse Vorstellungen. Wir werden vor einem Himmelspiloten aufstehen und dafür sorgen, dass es richtig gemacht wird. Mein Ziel ist es, dieses Mädchen gut zu behandeln.“

Jessie hatte sich auf Befehl ihres Vaters abgewandt. Jetzt wandte sie sich schnell dem Händler zu, ihre Augen blitzten. „Mir wäre es lieber, wenn Vater mir ein Messer ins Herz rammt, als mich mit einem Wolf heiraten zu lassen!“ sie weinte leidenschaftlich.

Seine Augen, unbeeinträchtigt von Anstand, verengten sich, um sich an der braunen, unreifen Schönheit ihrer Jugend zu erfreuen.

„ Das ist so?" er spottete. „Nun, es kommt die Zeit , in der du auf deine hübschen Knie niederkniest und mich anflehst, dich nicht zu verlassen. Ich und du werden es in diesen Tagen sein. Entscheide dich dafür."

„Niemals! Niemals! Ich würde zuerst sterben!" sie explodierte.

Bully West zeigte mit einem freudlosen Grinsen seine gebrochenen, tabakverschmierten Zähne. „Das werden wir sehen, Liebling."

„March, Mädchen. Deine Mutter wird dich brauchen ", sagte McRae scharf.

Das Mädchen sah West an, dann Morse. Der Verachtung dieses Blicks nach hätte sie eine Königin und sie das Gesindel des Landes sein können. Sie ging zum Zelt. Sie blickte kein einziges Mal zurück.

„Sie haben Ihre Antwort sowohl von ihr als auch von mir erhalten. Damit ist Schluss", sagte McRae entschieden.

Der Zorn des Händlers entlud sich in einem Knistern obszöner Flüche. Sie garnierten die Fragen, die er knurrte. „Was ist los mit mir? Warum bin ich nicht gut genug für deinen Mischlingswurf?"

Es war ein Funke zum Schießpulver. Die Eide, die Beleidigung, die ganze entwürdigende Episode führten dazu, dass McRae seine Selbstbeherrschung aufgab, die er sich selbst auferlegt hatte. Er machte einen Schritt nach vorne. Mit einem weiten Schwung der geballten Faust schlug er dem Schmuggler aufs Ohr. Überrascht drehte sich West gegen das Rad eines Karrens.

Der Kopf des Mannes sank zwischen seine Schultern und stieß nach vorne. Ein Geräusch, das von einem wütenden Grizzly stammen könnte, grollte aus der haarigen Kehle. Seine Hand griff nach einem Revolver.

Morse sprang wie eine geduckte Katze. Beide Hände packten Wests Arm. Der alte Jäger war kaum einen Augenblick hinter ihm. Seine Finger schlossen sich um das Handgelenk direkt über der Waffe.

„Hände weg", befahl er Morse. „Das ist nicht dein Streit."

Die Augen des Jugendlichen trafen auf die leuchtend blauen des Schotten. Seine Finger lockerten ihren Griff. Er trat zurück.

Die beiden großen Männer strengten sich an. Einer kämpfte mit aller Kraft darum, ihm den Arm abzudrehen, bis die Sehnen und Sehnen spannten; die andere dient dazu, dies zu verhindern und das Handgelenk zu befreien. Es war ein Test der reinen Stärke.

Jeder arbeitete, atmete tief, seine ganze Energie konzentrierte sich auf die koordinierte Anstrengung jedes einzelnen Muskels. Sie kämpften schweigend, bis auf das knurrende Grunzen des Whiskey-Lieferanten.

Langsam, zunächst fast unmerklich, begann sich das Handgelenk von McRae abzuwenden. Auf Wests Gesicht bildeten sich Schweißperlen. Er kämpfte wütend darum, sich zu behaupten. Aber der Arm drehte sich unaufhaltsam.

Der Händler stöhnte. Als sich die Schnüre spannten und quälende Schmerzen den Arm hinauffuhren, krümmte sich der riesige Körper des Mannes. Der Revolver fiel ihm aus den gelähmten Fingern. Seine zitternden Knie gaben nach und gaben nach.

McRaes Finger lockerten sich, als der Mann nach unten glitt und die Stierhalskehle packte. Sein Griff wurde fester. West kämpfte erbittert darum, es zu brechen. Er hätte sich genauso schnell aus der Klemme eines Schraubstocks befreien können.

Der Schotte schüttelte ihn, bis ihm das Gesicht schwarz wurde, dann warf er ihn wegtaumelnd.

„Hau ab , du gelber Wolf!" er brüllte. „Oder Fegs ! Ich werde jeden Knochen in deinem massigen Körper brechen. Oot aus meinem Lager, ihr beiden!"

West schnappte würgend nach Luft, ebenso wie ein Wels am Ufer. Er stützte sich auf das Wagenrad, bis er stehen konnte. Die Hilfe von Morse wischte er mit einem stotternden Fluch beiseite. Sein Blick ließ den Mann, der ihn geschlagen hatte, nie los. Er knurrte, wie ein ausgepeitschter Wolf. Die Metapher des Jägers war treffend gewesen. Die schreckliche Lust zu töten war in sein verzerrtes, grinsendes Gesicht eingeprägt, aber der Wille allein reichte vorerst nicht aus.

McRaes Fuß befand sich auf dem Revolver. Sein Sohn Fergus, ein dunkelhäutiger, gutaussehender Junge, war herbeigekommen und stand ruhig hinter seinem Vater. Andere Jäger kamen auf ihren Häuptling zu.

Der indische Händler schwor einen wütenden Racheschwur. Morse versuchte ihn wegzuführen.

„ Eines Tages werde ich dein Squaw-Mädchen in Ordnung bringen, McRae, und dann helfe Gott ihr", drohte er.

Der Tyrann machte einen Satz und rittlings davon.

Morse, ein sardonisches Grinsen auf seinem hageren Gesicht, folgte ihm über den Hügel.

KAPITEL V

Morse springt in Schwierigkeiten

„Hast mich runtergeworfen, nicht wahr?" knurrte West aus dem Mundwinkel. „Ich wusste die ganze Zeit, dass sie es getan hat und hat es mir nie verraten. Eine verdammt tolle Art, eine Freundin zu behandeln."

Tom Morse sagte nichts. Er machte im Geiste Vorbehalte gegen das Wort „Freund", wollte sie aber nicht äußern. Seine düsteren Augen beobachteten, wie der große Mann grausam mit dem Spatenstich herumruderte und den Bronco ruderte, als er in die Luft flog. Für West war es ein Vergnügen, ein Tier zu quälen, wenn kein Mensch zur Hand war, obwohl er Frauen und sogar Männer als Opfer bevorzugte.

„ Was meinte er, als er sagte, du könntest mir sagen, wie er sich mit ihr abgefunden hat?" er knurrte.

„Er hat sie letzte Nacht ausgepeitscht, als ich sie zurück ins Lager brachte."

„Du hast sie zurück ins Lager gebracht, oder? Warum hast du sie nicht zu mir gebracht? Wer ist überhaupt für diese Truppe verantwortlich, junger Mann, mein Junge?"

„McRae ist ein zu großer Mann, als dass wir ihm widerstehen könnten. Zu einflussreich bei den Mischlingen. Ich dachte, es wäre sicherer, sie direkt zu ihm nach Hause zu bringen." Die Stimme des jüngeren Mannes war sanft und versöhnlich.

„ *Das hast du* gedacht!" Wests Schimpfwörter verpesteten die klare, frische Morgenluft. „Ich muss dich bald kennenlernen. Das kann ich sehen. Denke, weil du der Neffe von CN Morse bist, kannst du mir deine komischen Geschäfte andrehen. Ich zeige es dir."

Das rötliche Licht glitzerte einen Moment lang in Morses Augen, aber er sagte nichts. Obwohl er jung war, hatte er die Fähigkeit zum Schweigen. West hatte kein Gespür für Atmosphären, aber er spürte die Kraft dieses jungen Mannes. Es kam ihm nicht wirklich in den Sinn, mit ihm zu streiten. Zum einen würde er bald Teilhaber der Firma CN Morse & Company in Fort Benton werden, einem der größten Handelsunternehmen des Landes. West konnte es sich nicht leisten, mit den Morse-Interessen zu brechen.

Mit ihrer verringerten Ladung drängten die Händler nach Norden. Ihr Ziel war Whoop-Up, am Zusammenfluss von Belly und St. Mary's River. Diese Festung war zu einem Treffpunkt für alle Händler im Umkreis von Hunderten von Kilometern geworden und ein Versorgungspunkt für viele kleine Posten, die entlang der Flüsse des Nordens verstreut waren.

An jede Dreierwagenladung waren zwölf Ochsen angehängt. Vier Teams hatten Fort Benton gemeinsam verlassen, aber zwei von ihnen waren nach Osten in Richtung Wood Mountain abgebogen, bevor die Gruppe das Assiniboine-Land verlassen hatte. West war über Lonesome Prairie zu den Sweet Grass Hills und von dort über die Grenze nach Kanada vorgedrungen.

Unter den besten Bedingungen war West kein angenehmer Reisebegleiter. Jetzt war er in einem Zustand ständiger, mürrischer Verärgerung. Zum ersten Mal in seinem Leben wurde er öffentlich niedergeschlagen. Praktischerweise war er aus dem Büffellager geworfen worden, gerade als wäre er ein betrunkener Mischling und nicht einer, dessen Kneipenschlägereien Sagen über die Grenze wären.

Seine Eitelkeit war berüchtigt, und er war eklatant empört worden. Er würde nie zufrieden sein, bis er einen Weg gefunden hätte, sich zu rächen. Mehr als einmal brach seine brodelnde Wut gegen den jungen Mann aus, der Zeuge seiner Niederlage gewesen war. Im Großen und Ganzen hielt er seine Wut mürrisch unterdrückt. Wenn Tom Morse von der Affäre mit McRae erzählen wollte, könnte er das Ansehen des großen Mannes schmälern. West wollte das nicht.

Die Truppe überquerte den Milk River, umrundete den Pakoghkee Lake und wandte sich nach Westen in Richtung der Porcupine Hills. Barney war als Trapper auf dem Land gewesen und wusste, wo es das beste Gras gab. Vielerorts war das Futter knapp. Es war in der Nähe der großen Büffelherden abgeholzt worden, die durch die Ebenen zogen. Die meisten Seen waren durch den Bison verschmutzt, so dass ihr Führer, wann immer möglich, Lager an fließendem Wasser aufsuchte. Die Teams zogen entlang des Belly River durch die Sandhügel.

Tom Morse war ein Spitzenschütze und erledigte die Jagd für die Party. Am Abend bevor der Zug Whoop-Up erreichte, verließ er das Lager, um eine Antilope zu fangen, da es ihnen an frischem Fleisch mangelte. Er kletterte auf einen kleinen Hügel mit Blick auf den Bach. Seine scharfen Augen schweiften über das Panorama und blieben bei einem Anblick hängen, den er noch nie zuvor gesehen hatte und den er nie vergessen würde.

Eine große Büffelherde war zum Flussübergang gekommen. Sie schwammen im Bach gegen eine starke Strömung, ihre Körper tief im Wasser und so eng aneinander gedrängt, dass er fast von einem zottigen Kopf zum anderen hätte springen können. Keine fünfzig Meter von ihm entfernt kletterten sie an Land und trotteten in der dunstigen Dämmerung davon. Irgendetwas hatte ihnen Angst gemacht und sie gerieten in Panik. Selbst der Fluss hatte ihre Flucht nicht aufgehalten. Die Erde bebte unter ihren Schritten, als sie ihren Schritt fanden.

Dieser wilde Flug in die zunehmende Dunkelheit war symbolisch, dachte Morse. Die riesigen Herden verschwanden und kehrten nie wieder zurück. Galoppierten sie in das glückliche Jagdrevier, für das die Indianer gebetet hatten? Was würde aus ihrer Flucht werden? Wie würden die Sioux, die Blackfeet und die Piegans leben, wenn die Ebenen sie nicht mehr kannten? Würden die Einsamen Länder noch trostloser werden, als sie jetzt sind?

„Das frage ich mich", murmelte er laut.

Es ist sicher, dass er keine Vorstellung davon hatte, dass das Imperium bald von ihm selbst und Männern seines Schlags in der Wüste aufgebaut werden würde. Er hätte sich nicht einmal annähernd ein Bild von den endlosen Weizenfeldern vorstellen können, die sich über die Ebenen erstrecken würden, von den Bauern, die zu Hunderttausenden in den Norden strömten, von den Städten, die sich in den Sandhügeln als Denkmal erheben würden der rastlose Fortschrittsdrang des Menschen und seine unbeugsame Hoffnung. Die Verwandlung dieser *Terra incognita* in eine der größten Kornkammern der Welt hatte sich noch kein Mensch vorstellen können .

Der Rauch des Lagerfeuers der Händler kräuselte sich und verschwand zu dünnen Filmschleier, bevor die Sonne über den Hügeln am Horizont erschien. Die Bullenteams hatten ihren stetigen Vorwärtsdrang aufgenommen, während die Wachteln noch zu und von ihren morgendlichen Wasserlöchern flogen.

„Up-Up bis Mittag", sagte Barney voraus.

„Ja, bis Mittag", stimmte Tom Morse zu. „Rechtzeitig für ein wirklich sicheres Abendessen mit Kartoffeln, Bohnen und Grünzeug."

„Wetten Sie , Ihre Stiefel, eine verdammte Soße", fügte Brad Stearns hinzu, ein dünner, faltiger kleiner Mann, dessen ledriges Gesicht und leuchtende Augen dem Eingriff der Zeit trotzten. Er war kahl, bis auf einen grauen Haarkranz über den Schläfen und ein paar lange Locken, die sorgfältig über seinen glänzenden Scheitel gelegt waren. Aber niemand hätte ihn ansehen und ihn alt nennen können.

Sie sollten enttäuscht werden.

Die Teams erreichten die staubige Straße, die an der Festung endete, und stapften unter der knisternden Begleitung der langen Bullenpeitschen entlang.

„Bald", rief Morse Stearns zu.

Der kleine Mann nickte. „ Vielleicht gibt es grüne Maiskolben. Wetten Sie auf den Preis für das Abendessen, das sie machen."

„Du hast eine Wette abgeschlossen, Papa."

Stearns hielt die Anführer auf. „Was ist das? Hören Sie."

Das Geräusch von Schüssen drang zu ihnen herüber, unterbrochen von leisen, fernen Schreien. Die Schüsse fielen nicht in Form einer Salve. Sie waren sporadisch, verstummten, tauchten wieder auf und gaben einem fernen Crescendo nach.

„Indianer", sagte Stearns. „Auf die Schnelle, sieht so aus. Crees und Blackfeet vielleicht, aber man kann es nie sagen. Wirf lieber von der Spur ab und vertiefe dich."

West war aufgeritten. Er nickte. „Bis wir wissen, wo wir sind. Macht euch an die Arbeit, Jungs."

Sie stellten die Wagen im Halbkreis aneinandergereiht auf, die Ochsen darin zusammengepfercht, teilweise geschützt durch einen kleinen Pappelhain im hinteren Teil.

Nachdem dies geschehen war, gab West weitere Befehle. „Wir müssen herausfinden, was los ist . Die Chancen stehen gut, dass es nichts anderes ist als ein paar Mutige mit einer Ladung Redeye an Bord, Tom, du und Brad, kundschaftet alles aus und schaut es euch an. Seid nicht zu mutig. Bald werden Sie herausfinden, was der Aufruhr ist, schnell zurückschlagen und Bericht erstatten, verstehen Sie? Der große Wolfer gab uns kurz die Anweisungen. Es gab im Grenzland keinen kompetenteren Wagenchef als ihn.

Stearns und Morse ritten zur Festung. Sie wichen von der Straße ab und folgten dem Flussufer, um das dort gewachsene Gebüsch auszunutzen. Sie gingen langsam und vorsichtig vor, denn im indischen Land ging man kein unnötiges Risiko ein. Von der Spitze einer kleinen Anhöhe, abgeschirmt von einem Weidenbüschel, blickten die beiden auf ein bereits entschiedenes Schlachtfeld hinab. Kugeln und Pfeile flogen immer noch, aber das trotzige, triumphale Kriegsgeschrei einer Gruppe bemalter Krieger, die sich langsam auf sie zubewegte, zeigte, dass der Tag gewonnen und verloren war. Eine kleinere Gruppe Indianer zog sich in Richtung des Sumpfes auf der linken Straßenseite zurück. Zwei oder drei tote Krieger lagen in der grasbewachsenen Senke zwischen den Feinden.

„Ich habe es erraten, erster Riss", sagte Brad. „ Crees und Blackfeet. Sie mischen es auf jeden Fall, wann immer sie zusammenkommen. Die Crees Diesmal habe ich sie auf jeden Fall überholt .

Es war eine alte Geschichte. Aus den nördlichen Wäldern waren die Crees hergekommen, um in der Festung Handel zu treiben. Sie hatten eine Gruppe Blackfoot getroffen, die aus dem gleichen Grund aus der Ebene angereist war. Berauscht von schlechtem Alkohol hatten sich die Erbfeinde wie üblich auf den Boden draußen zurückgezogen, um sich zu einigen, während die Händler der Festung die Tore verschlossen hatten und die Schlacht durch die Schießscharten der Palisaden beobachteten.

„Ich schätze, wir blasen besser ins Lager zurück", schlug der alte Präriebewohner vor.
„Mr. Cree hat vielleicht das Gefühl , dass ihm die Haferflocken zu viel werden. Für ihn sehen die Weißen genauso aus wie die Schwarzfüße."

"Sehen." Morse zeigte auf eine Senke in der Senke.

Ein Indianer humpelte durch das Unterholz und nutzte jede Deckung, die er finden konnte. Er wurde verwundet. Sein Bein schleifte und er konnte sich kaum bewegen.

„Er wird bald ein guter Indianer sein", sagte Stearns und rieb sich den kahlen Kopf, der in der Sonne glänzte. „Keine Chance auf der Welt für ihn. Sie werden ihn erwischen, sobald sie die Rinne erreichen . Sehen Sie. Sie machen Halt , um die Kopfhaut dieses anderen Kerls einzusammeln."

Morse hatte die Situation auf einen Blick erkannt. Das ging ihn nichts an. Es wurde stillschweigend vereinbart, dass die Händler sich nicht in die Stammesstreitigkeiten der Eingeborenen einmischen sollten. Aber die Worte des alten Brad, „guter Indianer", hatten ihn zu dem Bild eines braunen, schlanken Mädchens zurückgeführt, das empört darüber strahlte, dass die Amerikaner ihre Rasse so behandelten, als wären nur tote Indianer gute Indianer. Er konnte später nie mehr sagen, was die rationale Quelle seines Impulses war.

Bei der Berührung des Zügels, der flach an seinem Hals lag, legte das Kuhpony, auf dem er ritt, die Ohren an, drehte sich wie ein Lichtstrahl und sprang in einen Handgalopp. Es fegte den Hang hinunter und entlang der Schneise und nahm mit jedem Sprung an Geschwindigkeit zu.

Der Reiter stieß ein „Hi- yi - yi " aus, um die Aufmerksamkeit des verwundeten Tapferen auf sich zu ziehen. Gleichzeitig erblickten der hinkende Flüchtling und die Crees den fliegenden Reiter, der sich in die Feuerzone gedrängt hatte.

Ein Pfeil pfiff an Morse vorbei. Er sah, wie eine Kugel einen Schwall Erde unter den Bauch seines Pferdes schleuderte. Die Crees befanden sich in der Nähe ihrer Beute. Sie kamen im Laufschritt näher. Tom wusste, dass es fast so weit sein würde. Er verlangsamte die Geschwindigkeit etwas, befreite einen Fuß vom Steigbügel und versteifte ihn so, dass er Gewicht tragen konnte.

Der verwundete Indianer ging in die Hocke, begann parallel zum Pferd zu laufen und sprang genau im richtigen Moment auf. Seine Hand packte den Ärmel seines Retters, während sein flacher Fuß gleichzeitig auf den Stiefel des weißen Mannes fiel. Einen Moment lang war sein Bein über den Hintern des Ponys geschwungen und er hatte sich auf dem Rücken des Tieres niedergelassen.

Es war so nah dran, dass ein rennender Cree den Schwanz des Broncos packte und von seinen Füßen gerissen wurde, bevor er seinen Griff loslassen konnte.

Als das Kuhpony den Hang hinaufstürzte, sah Morse die Silhouette von Brad Stearns vor der Skyline des Gipfels. Sein Hut war verschwunden und sein kahler Kopf glänzte in der Sonne. Er feuerte Kugeln aus seinem Gewehr auf die Crees ab, die seinem Begleiter den Hügel hinaufstürmten.

Stearns schwang sein Pferd und sprang in den Galopp. Seite an Seite mit Morse ging er in einem Schauer aus Pfeilen und Geschossen über die Stirn hinweg.

„Heilige Makrele, Junge! Was frisst dich?“ er schrie. „ Hast du überhaupt keinen Verstand? Wüsstest du nichts Besseres, als dich sofort in Schwierigkeiten zu stürzen ?“

„Uns geht es jetzt gut“, sagte der jüngere Mann. „Sie können uns nicht fangen.“

Die Crees waren zu Fuß und würden außer Reichweite sein, wenn sie den Hügel erreichten.

„ Hm ! Sie werden in unser Lager kommen und Kain aufziehen. Warum nicht? Was haben wir mit ihren skalpierenden Gesellen zu tun ? Das ist nicht nachbarschaftlich.“

„West wird es nicht mögen“, gab Morse zu.

„Er wird einen Katzenanfall bekommen. Was willst du mit deinem Freund machen, der fast seine Kopfhaut verliert? Wenn ich Bully kenne — und du kannst ein Silberfuchsfell gegen einen Meter Tabak wetten.“ das tue ich — er wird ihm keine frohe Hand geben. Nicht keine.

Morse wusste nicht, was er mit ihm vorhatte. Er hatte sich von einem Impuls zu einer weltfremden Tat treiben lassen. Es tat ihm schon halb leid, aber er war hartnäckig genug, es durchzuziehen, nachdem er damit begonnen hatte.

Als er die Situation erkannte, explodierte Bully West in schwefelhaltiger Sprache . Er kündigte seine Entschlossenheit an, den Verwundeten sofort nach ihrer Ankunft den Crees zu übergeben .

„Nein", sagte Morse leise.

"Nicht, was?"

„Das werde ich nicht dulden. Sie würden ihn ermorden."

„Geht es mich etwas an – oder dich?"

„Ich mache es zu meinem."

Die Blicke der beiden Männer kreuzten sich, wie es bei Rapieren der Fall ist, und spürten ihre Stärke in ihrem Rücken. Der verwundete Indianer, groß und schlank, stand kerzengerade da und blickte mal auf den einen, mal auf den anderen. Sein Gesicht war unbeweglich und ausdruckslos. Es verriet keinerlei Anzeichen der inneren Gefühle.

„Zeig deine alten Karten, Morse", sagte West. „Was hast du vor? Ich werde den Crees sagen, dass sie ihn mitnehmen sollen, wenn sie ihn wollen. Du wirst es alleine machen, wenn du mit einem Sechser in die Luft gehst."

Der junge Mann wandte sich an den Indianer, den er gerettet hatte. Er deutete mit der Hand auf das Pferd, von dem sie gerade abgestiegen waren. "Hoch!" er bestellte.

Der indische Jugendliche verstand den Punkt sofort. Ohne die Steigbügel zu benutzen , sprang er leicht wie ein Berglöwe in den Sattel. Seine nackten Absätze gruben sich in die Seiten des Tieres, das weg war, als wäre es aus einer Waffe geschossen worden.

Pferd und Reiter umgingen die Pappeln und verschwanden in einer Senke dahinter.

KAPITEL VI

„ETWAS ÜBER DIESE KERLE"

West warf Morse einen bösen Blick zu, sein schweres Kinn vorgestreckt und die O-Beine weit gespreizt. „Du bist lange genug mit mir am Seil gerannt, junger Kerl. Hier stürzt man hart."

Der jüngere Mann sagte nichts. Er sah aufmerksam zu. Sollte es eine Schießerei sein? Oder wollte der große Tyrann ihn misshandeln? Wahrscheinlich Letzteres. West war auf seinen Ruf als hartnäckiger Kämpfer eitel.

„Ich werde dich verprügeln und dich dann den Crees übergeben ", verkündete der wütende Mann.

„Das kannst du nicht tun, West. Er ist ein weißer Mann, genau wie du", protestierte
Stearns.

„Dieser Einwurf von früher, Brad?" West, außer sich vor Wut, warf sich auf den kleinen Mann und schritt drohend ein oder zwei Schritte vorwärts.

„Du hast es gesagt", antwortete der Oldtimer und fiel zurück. „Und kommen Sie nicht näher . Ich werde wahrscheinlich Angst bekommen, und Sie sollten nicht vergessen, dass ich hinter einem Sechsschützen genauso groß bin wie Sie."

„Da kommen sie – wie ein Bienenschwarm ! " schrie Barney.

Die Händler vergaßen für den Moment ihren Streit über die Notwendigkeit eines gemeinsamen Handelns. West schnappte sich ein Gewehr und warf eine Kugel vor dem nächsten Indianer ab. Die Warnung ließ die Crees scheitern. Sie berieten sich lange und einer von ihnen machte das Friedenszeichen.

In Taubenenglisch brachte er ihre Forderungen zum Ausdruck.

„Er ist weg – sofort angezündet – und hat einen unserer Broncs gestohlen. Sie können das Lager durchsuchen, wenn Sie Lust dazu haben", antwortete West.

Der Gesandte berichtete. Es gab ein weiteres langes Pow-Wow.

Brad, der hinter einem Wagenrad selbstgefällig Tabak kaute, kommentierte laut. „Sie können sich nicht entscheiden, ob sie kommen und uns massakrieren sollen oder nicht. Sie haben eine wirklich gesunde Angst vor unseren Waffen. Geben Sie ihnen nicht ein bisschen die Schuld."

Einige der Crees waren mit Pfeil und Bogen bewaffnet, andere mit Gewehren. Doch die den Indianern der nördlichen Stämme verkauften Handelswaffen waren von schlechter Qualität.[4]

[Fußnote 4: Diese Steinschlossmusketen waren ungenau. Sie würden nicht weit kommen. Ihre Besitzer waren ständig in Gefahr, bei Explosionen Finger oder eine Hand abzureißen . Der Preis für diese billigen Schusswaffen richtete sich nach ihrer Länge. Der Kolben wurde auf den Boden gelegt und die Waffe aufrecht gehalten. Daneben lagen flach ausgebreitete Felle bis zur Schnauze aufgestapelt. Der Händler tauschte das Gewehr gegen die Pelze. (WMR)]

Die Weißen hingegen waren mit den neuesten repetierenden Winchesters bewaffnet. Im Kampf mit ihnen waren die Eingeborenen schrecklich im Nachteil.

Die Crees haben das erkannt. Eine zweiköpfige Delegation trat vor, um das Lager zu durchsuchen. West zeigte auf die Spuren des Pferdes, auf dem ihr Stammesfeind davongeritten war.

Sie grunzten: „Ugh! Ugh! Ugh!"

So anmaßend er auch war, West war ein embryonaler Diplomat. Er füllte einen Wassereimer mit Whisky und reichte ihn zusammen mit einem Blechbecher dem runzligen alten Tapferen, der ihm am nächsten stand.

„Für unsere Freunde, die Crees ", sagte er. „Sagen Sie Ihrem Chef, dass mein junger Mann es nicht verstanden hat. Er dachte, er würde einen Cree vor den Blackfeet retten."

„Ugh! Ugh!" Die Indianer schlurften mit ihrer Beute davon.

Es wurde noch mehr geredet, aber die gutturalen Proteste verstummten vor der Versuchung des Alkohols. Die Tapferen tranken, schleuderten tapfer ein paar Schüsse auf die Wagen und machten sich dann sofort auf den Weg.

Die Händler erneuerten ihren Streit nicht. Wests Gründe, die Morse-Familie nicht gegen sich aufzubringen, waren nach wie vor überzeugend. Er unterdrückte seinen Wunsch, den jungen Mann zu bestrafen, und gab mürrisch den Befehl, die Teams zusammenzustellen.

Es war Nachmittag, als die Ochsen zum Whoop-Up joggten. Bei dem Posten handelte es sich um eine Palisadenfestung, die in einem etwa zweihundert Meter langen Quadrat aus zusammengefügten Pappelstämmen errichtet worden war. Die Gebäude auf beiden Seiten des Platzes waren nach innen gerichtet. Zum Schutz vor Indianern waren Schießscharten in die Bastionen geschnitten worden.

In den großen Geschäften gab es einen großen Vorrat an Decken, Perlen, Proviant, Gewehren und Kleidung. Die angrenzenden Räume waren jetzt halb leer, aber im Frühjahr würden sie bis zum Dach mit Tausenden von Büffelroben und -fellen gefüllt sein, die Jäger aus abgelegenen Siedlungen mitgebracht hatten. Später wurden diese nach Fort Benton transportiert und von dort den Missouri hinunter nach St. Louis und an andere Orte geschickt.

Als Morse sich umsah, übersah er etwas Bekanntes.

„Wo ist der Alkohol?" er hat gefragt.

„Sch- sch !" warnte den Angestellten, mit dem er sprach. „Haben Sie es noch nicht gehört? Es kommt ein Haufen Polizisten aus Winnipeg ins Land. Der Deckel ist dicht." Sein entferntes Auge senkte sich zu seiner Wange und zwinkerte klug. „Wenn Sie Whisky mitgebracht haben, sollten Sie ihn besser aus der Festung holen und vergraben."

„Das ist Sache von West. Ich würde keiner Polizei raten, sich mit einer Ladung von ihm herumzuschlagen."

„Das sagst du nicht." Die Stimme des Angestellten war voller Sarkasmus. „Nun, ich werde einfach eine kleine Wette mit Ihnen abschließen. Wenn die North-West Mounted anfangen, Bully West zu verhaften oder seine Schnapsfässer zu leeren, werden sie ihre Arbeit sofort erledigen. Sie werden los -Getter, diese Rotröcke sind es.

„Rotröcke? Keine Soldaten, oder?"

„Nun, das tun sie und das tun sie auch nicht . Sie werden in Unternehmen ausgebildet. Aber sie können jeden verhaften , den sie wollen, und ihre Beamten können versuchen, Leute zu verurteilen. Sie spielen auch keine Favoriten . Sobald sie von dieser Verwechslung zwischen den Crees und den Blackfeet hören, werden sie sofort nach dem „Warum" fragen , und wenn sie herausfinden, wer ihnen den Alkohol gegeben hat, wird jemand bis zum Hals in Schwierigkeiten sein und schreien helfen."

West hatte im Flüsterton mit Reddy Madden, dem Besitzer des Lokals, gesprochen. Er ging zur Tür.

„Nicht auflegen , Brad. Wir reisen erst einmal weiter", rief er Stearns zu.

Die Ochsen trotteten aus dem Gehege und schwenkten nach links. Ein Führer ritt neben West und Morse. Es handelte sich um Harvey Gosse, einen Whiskyhändler, den beide kannten. Der Mann war ein langer, lockerer Kerl mit einem scharfen Auge und der vollen, herabhängenden Unterlippe der Unentschlossenheit. Es war ein Jahr her, seit einer der Fort-Benton-Männer das letzte Mal im Land gewesen war. Gosse erzählte ihnen von der Veränderung, die darin stattfand.

„Das Geschäft ist nicht mehr das, was es war, und das ist nicht einmal die Hälfte", beklagte sich der schmächtige Reiter bedauernd. „Das wird nie wieder so sein. Diese Rotröcke hier ruinieren den Handel. Schielen Sie einen Bock mit schielenden Augen an, flüstern Sie ihm Rum zu, und einer von diesen Kerlen springt Ihnen rittlings auf den Hals. " sofort."

„Wie viele von diesen – wie nennen Sie sie denn , berittene Polizisten? – nun, wie viele davon gibt es im Land?" fragte West.

„Nicht so viele. Ich schätze, soweit ich gehört habe, etwa hundert."

West schnaubte verächtlich. „Und du lässt dich von dieser Handvoll zarter Füße büffeln! Zum Teufel! Hat keiner von euch Mut?"

Gosse fuhr langsam mit seiner braunen Hand über sein unrasiertes Kinn. „Ich schätze, du würdest sie nicht Tenderfeet nennen, wenn du dich mit ihnen triffst , Bully. Diese Typen haben etwas an sich – ich weiß nicht , was es genau ist –, aber es gibt sicher etwas, das einem Kerl sagt, er solle sie nicht zu sehr anstupsen . "

„Schnell beim Shooting?" wollte der große Händler wissen.

„Nein, das ist es nicht . Sie ziehen kaum jemals eine Waffe. Sie kommen scherzhaft leise und ruhig herein und sagen dir, dass es bald vorbei sein wird. Und so ist es bei jedem Schritt ."

„ Hmp !" West strahlte prahlerische Ungläubigkeit aus. „Ich schätze, sie sind noch keinem Mannsgroßen begegnet."

Der schmächtige Whiskey-Läufer führte den Zug durch gewundene Züge in die Hügel hinter dem Posten. Oberhalb einer kleinen Schlucht, an deren Spitze, wurden die Teams angehalten und entladen. Die Fässer wurden bergab ins Unterholz gerollt, wo sie außer Sichtweite lagen. Von hier aus würden sie nach Bedarf verteilt.

„Ihr Jungs werdet abwechselnd aufpassen, bis ich die Ladung verkauft habe", verkündete West. „Vereinbaren Sie das untereinander . Tom, ich lasse Sie die Schreibweise des anderen festlegen. Das Einzige ist, dass einer von Ihnen die ganze Zeit hier sein muss, verstehen Sie?"

Morse übernahm die erste Wache und wurde von Stearns gefolgt, der wiederum Barney Platz machte. Die Tage wuchsen zu einer Woche. Manchmal erschien West mit einem Käufer in einem Karren oder mit einem Packpferd. Dann würde das zwischengespeicherte Feuerwasser um ein oder zwei Fässer verringert.

Es war ein faules, verschlafenes Leben. Eine strenge Wache war nicht nötig. Niemand außer ihnen selbst und ein paar verschwiegenen Händlern wusste, wo der Whisky war. Morse entdeckte bei sich eine übermäßige Schlaffähigkeit. Er warf sich auf das warme, sonnengetrocknete Gras und schlief fast augenblicklich ein . Wenn die Sonnenstrahlen zu heiß wurden, war es leicht, sich in den Schatten der Schublade zu wälzen. Er konnte stundenlang auf dem Rücken liegen, nachdem er aufgewacht war, und zusehen, wie sich Wolkenstränge ausdehnten und davonschwebten, während er an nichts dachte oder seinen Gedanken freien Lauf ließ.

Er hatte noch nie ein Mädchen gehabt, um das unter seinen Mitmenschen gebräuchliche Wort zu verwenden. Sein Lebensplan würde, so nahm er an, nach und nach auch Frauen einschließen, aber bisher hatte er in einer Männerwelt gelebt, in einem Universum aus Raum, Sonnenschein und wehendem Wind, unter primitiven Bedingungen, die für starke Muskeln und einen darauf trainierten, reinen Geist sorgten Treffen Sie Grenznotfälle. Aber jetzt entdeckte er zu seinem Ekel in seinen Träumen Bilder eines schlanken, dunklen Mädchens, pfeilgerade, mit Augen, die für ihn nur Verachtung und Abscheu verrieten. Das Seltsame daran war, dass eine seltsame, jubelnde Erregung durch seine Adern kribbelte, wenn sein Gehirn mit ihr beschäftigt war.

Eines Tages passierte etwas Seltsames. Er hatte noch nie von übersinnlichen Phänomenen oder Telepathie gehört, aber als er in einem Tagtraum von ihr die Augen öffnete, sah er Jessie McRae, die auf ihn herabblickte.

Sie war auf einem indischen Cayuse, rundbäuchig und rau. Sehr aufrecht saß sie, und auf ihrem Gesicht war genau der Ausdruck verächtlichen Hasses zu sehen, den er in seiner Vision von ihr gesehen hatte.

Er sprang auf. "Sie hier!"

Eine heiße Farbe überflutete ihr Gesicht mit Wut bis in die Haarwurzeln. Ohne ein Wort, ohne ihn noch einmal anzusehen, legte sie dem Pony den Zügel um den Hals und schwang sich davon.

Ohne Protest ließ er sie gehen. Die Situation war zu unerwartet auf ihn zugekommen, als dass er wusste, wie er damit umgehen sollte. Er stand regungslos da, das rote Licht in seinen Augen brannte wie ferne Lagerfeuer in der Nacht. Zum ersten Mal in seinem Leben hatte ihm eine Frau den Schnitt direkt verpasst.

Dabei war sie doch keine Frau. Sie war eine Magd mit dem leidenschaftlichen Sinn für Tragödien, den nur die ganz Kleinen haben.

Er dachte daran, seinem Bronco einen Sattel aufzuhängen und hinter ihr her zu reiten. Aber warum? Konnte er durch bloße Willensbeherrschung ihre

Meinung über ihn ändern? Sie hatte es auf gute und ausreichende Gründe gestützt. In ihren Gedanken war er mit der größten Demütigung ihres Lebens verbunden, mit der stechenden Peitsche, die ihren jungen Stolz und ihren lebhaften Mut ebenso grausam getroffen hatte wie ihr glattes, seidenweiches Fleisch. War es wahrscheinlich, dass sie sich jedes Bedauern und jede Erklärung anhören würde? Ihr Hass auf ihn war kein Grund zur Diskussion. Es brannte sich wie ein glühendes Brandmal in ihre Seele. Er konnte nicht darüber reden, was er getan hatte oder was er war.

Sie war zufällig auf ihn gestoßen, während er schlief. Er vermutete, dass Angus McRaes Gruppe Whoop-Up erreicht hatte und angehalten hatte, um Vorräte zu kaufen und vielleicht Häute und Pemmikan zu verkaufen. Das Mädchen war wahrscheinlich aus dem Gehege in die offene Prärie geritten, weil sie das Reiten liebte. Der Rest bedarf keiner Vermutung. In diesem einsamen Land mit seinen weiten Weiten tauschten Reisende immer Grüße aus. Sie hatte ihn im Gras liegend entdeckt. Er könnte krank oder verwundet oder tot sein. Der Brauch des Landes war es, sie direkt über die Senke zu ihm zu bringen, um herauszufinden, ob er Hilfe brauchte.

Dann hatte sie gesehen, wer er war – und war davongeritten.

Ein sardonisches Lächeln der Selbstironie prägte für einen Moment die Müdigkeit der Jahre auf seinem braunen Jungengesicht.

Kapitel VII

DER MANN IN DER SCHARLACHROTEN JACKE

Morse schlenderte im Straßengang hinaus, um den Wachdienst zu übernehmen. Er folgte dem Grundsatz, dass der längste Umweg der kürzeste Weg zu einem bestimmten Ort ist. Der Grund dafür war, jeden Verdacht abzuwehren, der entstehen könnte, wenn die Beobachter immer auf dem gleichen Weg gekommen und gegangen wären. Deshalb machten sie sich auf den Weg zu einem beliebigen Punkt des Himmels, machten einen weiten Umweg und gelangten mit der Zeit zum Cache.

Es gab sowieso keine Eile. Jeder Tag hatte vierundzwanzig Stunden, und ein Kerl lebte genauso lange, wenn er sich nicht das Genick brach, während er mit erhobenem Schwanz dahingaloppierte wie ein Bergstier auf einer Stampede.

Heute kam Morse von Westen her zum Cache. Seine Augen waren offen, auch wenn ihn die Wärme der Mittagssonne schläfrig machte. Etwas, das er sah, veranlasste ihn, aus dem Sattel zu rutschen, sein Pferd zum Zug zu führen und sich sehr vorsichtig durch das Grasbüschel vorwärts zu bewegen.

Was er gesehen hatte, war ein Mann, der hinter einem Unterholz kauerte und in die kleine Schlucht hinabblickte, in der sich das Whiskylager befand – ein Mann in Lederstiefeln, engen Reithosen, einer scharlachroten Jacke und einer flotten Feldmütze. Es war kein zweiter Blick nötig, um Tom Morse zu erkennen, dass die Polizei den Ort aufgesucht hatte, an dem sie ihre Fracht versteckt hatten.

Aus der kleinen Kanone erschien ein Mann. Er trug ein Fass Whisky. Der Mann war Barney. West hatte ihm zweifellos mitgeteilt, dass er in Kürze einen Käufer zum Rendezvous mitbringen würde.

Der Mann in der scharlachroten Jacke stand auf und trat ins Freie. Er war nur wenige Meter von Barney entfernt. In seinem Gürtel steckte ein Revolver, den er jedoch nicht zog.

Barney blieb stehen und starrte ihn mit offenem Mund und großen Augen an. „Wo in Helgoland kommst du her?" er hat gefragt.

„Aus Sarnia, Ontario", antwortete der Rotmantel. „Freut mich, Sie kennenzulernen, Freund. Ich habe schon mehrere Tage nach Ihnen gesucht."

"Für mich!" sagte Barney ausdruckslos.

„Für dich – und für das Fass mit Rutenvierzigern, das du bei dir trägst. Nein, lass es nicht fallen. Wir können bequemer reden, während deine beiden

Hände beschäftigt sind." Der Polizist trat vor und hob ein Gewehr vom Boden auf. „Ich habe zwei Stunden im Gebüsch gelegen und darauf gewartet, dass du von dieser Sache getrennt wirst. Ich wollte nicht, dass du in deiner Aufregung einen Fehler machst."

"Fehler!" wiederholte Barney.

„Ja. Sie sind wegen Whisky-Schmuggels verhaftet."

„Sie sind einer dieser Grenzpolizisten hier." Barney nutzte den steigenden Tonfall für seine Aussage.

„Constable Winthrop Beresford, North-West Mounted, zu Ihren Diensten", antwortete der Offizier unbeschwert. Er war ein schlanker, gut aufgestellter junger Mann mit schnellen Schritten und klarer Sprache.

„Was wirst du mit mir machen?"

„Bring dich nach Fort Macleod."

Vielleicht lag es daran, dass seine Augen nicht ganz im richtigen Winkel standen und weil sie so klein und wölfisch waren, dass Barney normalerweise Misstrauen erregte. Mit einem einschmeichelnden Winseln in der Stimme deutete er nun an, dass er zuerst gerne einen Mann bei Whoop-Up sehen würde.

„Jes ist eine kleine Geschäftssache", fügte er erklärend hinzu.

Der Polizist erriet sein Geschäft. Der Mann wollte seinem Chef mitteilen, was geschehen war, und ihm eine Chance geben, ihn zu retten, wenn er wollte. Beresfords Aufgabe bestand darin, herauszufinden, wer hinter diesem Schnapshandel steckte. Es würde sich lohnen zu wissen, mit welchem Mann Barney sprechen wollte. Er konnte es sich leisten, die Rettung zu wagen.

„Richtig", stimmte er zu. „Sie können das Fass jetzt abstellen."

Barney hat es hingelegt, am Ende. Mit einem scharfen Stoß des Gewehrkolbens brach der Offizier den oberen Teil des Fasses ein und stieß den Lauf mit dem Fuß um.

Dies war der Moment, den Morse für seinen Auftritt wählte.

„Hallo! Was ist los ?" fragte er beiläufig.

Beresford blickte ihn kühl und ruhig direkt an. „Das werde ich *dich fragen* ."

„Ein bisschen teuer, die Prärie auf diese Weise zu bewässern, nicht wahr?"

„Kostet mich nichts. Wie wäre es mit dir?"

Morse lachte über die Frage, die so schnell auf ihn zurückgeschossen wurde. Dieser junge Mann war voll im Einsatz. „Keine Bohne", sagte der Montananer.

„Gut. Dann wirst du die kleine Show genießen, die ich abziehe – Alkohol im Wert von fünftausend Dollar wird auf einmal verschüttet."

„Heiliger Moses! Wo ist dieser blinde Tiger, den du überfällt?"

„Unten in der Schlucht. Zum Glück bist du rein zufällig hierher gekommen. Du wirst die gute Nachricht nach Whoop-Up und zu angrenzenden Punkten überbringen können."

„Du hast nicht wirklich vor , den ganzen Whisky zu verschütten."

„Das ist meine Absicht. Irgendwelche Einwände?" Der scharlachrot gekleidete Offizier sprach leise, ohne jede Schärfe in seiner Stimme. Aber Tom begann zu verstehen, warum der Angestellte am Handelsposten die Macher der berittenen Polizei gerufen hatte. Dieser glattrasierte Bursche, so locker und sorglos im Benehmen, hatte einen Glanz in seinen Augen, der es ernst meinte. Schon seine Sanftmut war bedrohlich.

Tom Morse dachte schnell nach. Die Firma seines Onkels hatte genau dieses Finale riskiert, als sie einen Alkoholkonvoi in verbotenes Gebiet geschickt hatte. Es ist besser, die Aktie zu verlieren, als von der kanadischen Regierung überhaupt daran gehindert zu werden, mit den Indianern Handel zu treiben. Dieser Beamte ließ sich weder bestechen noch schikanieren. Er würde das, was er begonnen hatte, zu Ende führen.

„Warum, nein! Wie könnte ich Einwände haben?" Sagte Morse.

Er warf Barney einen schnellen, schrägen Blick zu, ein Blick, der dem Iren sagte, er solle nichts sagen und nichts wissen und dass er vor dem Gesetz geschützt sein würde.

„Ich bin froh, dass Sie das nicht getan haben", antwortete Constable Beresford fröhlich – sogar so sehr fröhlich, dass Morse vermutete, dass er sich nicht allzu sehr eingeschüchtert hätte, wenn Einwände vorgebracht worden wären. „Vielleicht hilfst du mir dann bei meiner kleinen Aufgabe."

Der Händler grinste. Er könnte mit dem Bluff, den er spielte, genauso gut bis ans Limit gehen. „Sicher. Ich helfe dir, aus den Fässern einen vierten Juli zu machen. Führe mich zu ihnen ."

„Sie wissen natürlich nicht, wo sie sind?"

„In der Schlucht, hast du gesagt", antwortete Morse unschuldig

„ Das habe ich getan. Richtig. Dann geh runter." Der Polizist wandte sich an
Barney.
„Du bist der Nächste, Freund."

Ein gut markierter Pfad führte die steile Seite der Schlucht hinunter. Es
endete in einem dichten Bewuchs aus Weidensetzlingen. Unter dem Dach
dieses Laubwerks befanden sich mehr als zwanzig Whiskyfässer.

Nach zehn Minuten mit dem Gewehrkolben war vom Versteck nichts mehr
zu sehen als zerbrochene Läufe und eine Mulde nassen Sandes, wo der
Alkohol über das Bett der trockenen Schlucht gelaufen war.

Es war an der Zeit, dachte Morse, seine eigene kleine Rolle in der
Unterhaltung zu spielen.

„Nach Ihnen, meine Herren", sagte Beresford und trat beiseite, um ihnen
den Weg nach oben zu überlassen.

Auch Morse trat zurück, um Barney passieren zu lassen. Die Blicke der
beiden Männer trafen sich für den Bruchteil einer Sekunde. Toms Lippen
umrahmten schweigend ein Wort. In dieser Zeit wurde eine Botschaft
übermittelt und empfangen.

Der junge Mann folgte Barney, der Polizist folgte ihm. Morse stolperte,
rutschte auf alle Viere und rutschte zurück. Er streckte seine Arme aus, um
sich zu stabilisieren, und stürzte zurück gegen den Polizisten. Seine
fliegenden Hände griffen nach dem scharlachroten Mantel. Sein gebeugter
Kopf und seine gebeugten Schultern drückten Beresford nach hinten und
unten.

Barney begann zu rennen.

Der Beamte kämpfte darum, sich gegen den unbeholfenen Inkubus zu
behaupten und den Mann abzuwerfen, damit er Barney verfolgen konnte.
Seine Bemühungen waren vergeblich. Morse, der offensichtlich versuchte,
sein Gleichgewicht wiederzugewinnen, stürzte sich wild auf ihn und schickte
ihn in die Weiden. Der Montaner landete schwer auf dem Boden, drückte
ihn nieder und erstickte ihn.

Der scharlachrote Mantel war ein Mittelpunkt aus Fassreifen, Büschen,
Stäben und wild zuckenden Armen und Beinen.

Morse unternahm heldenhafte Anstrengungen, sich aus dem Durcheinander
zu befreien. Ein- oder zweimal hätte er sich fast selbst befreien können, nur
um dann auf den rutschigen Büschen das Gleichgewicht zu verlieren und
wieder auf den Offizier herabzurutschen, als dieser gerade aufzustehen
versuchte.

Es handelte sich um eine Szene für eine Filmkomödie, wenn die Leinwand an diesem Tag eine Besonderheit gewesen wäre.

Als die beiden Männer endlich aus der Schlucht auftauchten, war Barney nirgends zu sehen. Mit ihm war der Berg Beresford verschwunden.

Der Polizist lachte lässig. Er hatte gerade einen Gefangenen verloren, was gegen das ungeschriebene Gesetz der Macht verstieß, aber an seiner Stelle hatte er einen anderen gewonnen. Es würde nicht lange dauern, bis auch er Barney hatte.

„Hübsche Arbeit", sagte er anerkennend. „Du hättest es nicht besser machen können, wenn du es mit Absicht getan hättest, oder?"

„Was erledigt?" fragte Morse mit milder Naivität.

„Macht ein Kissen und ein Bett aus mir, rutscht auf mir herum und wirft mich um wie ein Tenpin."

„Ich war auf jeden Fall unbeholfen. Konnte überhaupt keinen Halt finden, so schien es. Warum, wo ist Barney?" Offenbar hatte der Händler gerade eine Entdeckung gemacht.

„Fragen Sie die Winde: ‚Oh, wo?'" Beresford klopfte sich den Staub von seinem Mantel, seiner Hose und seiner Mütze. Als er die Beweise für die Schlacht in der Schlucht entfernt hatte, stellte er seine Mütze in den richtigen Winkel und blickte den anderen fragend an. „Ich nehme an, Sie wissen, dass Sie verhaftet sind."

„Warum, nein! Bin ich? Wozu? Welche der Statuen, Gesetze und Verordnungen von Königin Vic habe ich zerstört , ohne davon zu wissen ?"

„Wegen Beihilfe zur Flucht eines Gefangenen."

„Habe ich das alles getan? Und wann habe ich es getan?"

„Während du diesen Kriegstanz auf den Überresten meiner misshandelten Geographie aufführtest."

„Können Sie einen Kerl wegen Ausrutschens verhaften ?"

„Hängt davon ab, wie schlimm er ausrutscht. Ich werde es auf jeden Fall riskieren, dich zu verhaften."

„ Willst du mir meinen Six-Shooter wegnehmen und mir Handschellen anlegen?"

„Ich nehme deinen Revolver. Bei Bedarf lege ich die Handschellen an."

Morse sah ihn nicht ohne Bewunderung an. Der Mann in der scharlachroten Jacke hat nichts verschwendet. Es gab kein Übermaß an Statur, Gestik und

Stimme an ihm. Unter der eng anliegenden Uniform kräuselten und spielten die Muskeln, wenn er sich bewegte. Seine Schultern und Arme waren die eines College-Ruderers. Mit schlanken Flanken und sauberen Gliedern befand er sich in der Blütezeit einer großartigen Jugend. Es zeigte sich in den ruhigen, weit aufgerissenen Augen im gebräunten Gesicht, in der Haltung des kurzgeschorenen Lockenkopfes, in der Federung des Schrittes. Der Montananer erkannte in ihm eine Verwandtschaft dynamischer Kraft.

„Was würde ich nur tun?" fragte der Whisky-Läufer lächelnd.

Beresford begegnete seinem Lächeln. „Ich schätze, ich werde das bald herausfinden. Deinen Revolver, bitte." Er streckte seine Hand mit der Handfläche nach oben aus.

„Lass uns das klarstellen. Wir sind Mann gegen Mann. Was wirst du tun, wenn ich feststelle, dass ich keine Zeit habe, mit dir nach Fort Macleod zu gehen?"

„Nimm dich mit."

"Tot oder lebendig?"

„Nein, lebendig."

„Und wenn ich nicht gehe?" fragte Morse.

„Oh, du wirst gehen." Die Haltung des Offiziers strahlte eine ruhige, unerschütterliche Zuversicht aus. Seine Hand war noch immer ausgestreckt: „ *Bitte* ."

„Keine Eile. Weißt du, womit du es zu tun hast? Wenn ich diese Waffe ziehe , kann ich dir eine Kugel durch den Kopf jagen und davonreiten?"

"Ja."

„Es sei denn natürlich, du verstopfst mich zuerst."

„Das geht nicht. Verstößt gegen die Vorschriften."

„Vielen Dank für diese Information. Dann hast du nur noch eine Chance – wenn ich mich wehre."

„Besser nicht. Das Spiel ist kaum die Kerze wert. Meine Kumpels würden dich überfallen", riet der Polizist kühl.

„Sie haben immer noch vor, mich zu verhaften?"

"Oh ja."

Als Morse ihn ansah, geduldig wie ein Raubtier, standhaft, furchtlos, ein undramatischer Angelsachse, der die Arbeit des Tages erledigen wollte, begann er zu verstehen, welche Macht die North-West Mounted Police zu einem solchen machen sollte Kraft im Land. Die einzige Möglichkeit, die Verhaftung dieses Mannes zu verhindern, bestand darin, den Polizisten zu töten; und wenn er ihn tötete, würden andere flotte, rotgekleidete Jugendliche kommen, um zu töten oder getötet zu werden. Ihm wurde klar, dass er es mit einer neuen Ordnung zu tun hatte, die Bully West und seinesgleichen aus dem Land vertreiben würde.

Er reichte Beresford seinen Revolver. „Ich fahre mit dir."

„Gut. Du musst dir dein Pferd ausleihen, bis wir Whoop-Up erreichen. Es macht dir nichts aus, zu Fuß zu gehen?"

„Überhaupt nicht. Manche Leute denken, dafür seien Beine gemacht", antwortete Morse grinsend.

Als er neben dem Pferd durch die Prärie schritt, rätselte Morse immer noch über die Situation. Er erkannte, dass die Stärke der Position des Offiziers ausschließlich moralischer Natur war. Ein Gesetzesbrecher wurde mit einer hässlichen Alternative konfrontiert. Der einzige Weg, der Verhaftung zu entkommen, war ein Mord. Die meisten Männer würden nicht so weit gehen, und von denen, die es täten, würde die große Mehrheit davon abgeschreckt werden, weil die Bestrafung irgendwann sicher wäre. Das geringste Zögern, der geringste offensichtliche Zweifel, ein Anflug von Angst im Gesicht des Offiziers wären für den Erfolg verhängnisvoll. Er gewann, weil er gelassen darauf hoffte, zu gewinnen, und weil hinter ihm eine stille, unfühlbare Kraft stand, so unwiderstehlich wie die Bewegung eines Gletschers.

Beresford muss gewusst haben, dass die Männer, die in Whoop-Up lebten, den North-West Mounted gegenüber unfreundlich eingestellt waren. Einige von ihnen waren aus dem Geschäft ausgeschlossen worden. Ihr Eigentum war zerstört und beschlagnahmt worden. Gegen sie seien Geldstrafen verhängt worden. Das aktuelle Geflüster besagte, dass die Whiskyschmuggler sich persönlich an den Polizisten rächen würden, wann immer sie die Möglichkeit hätten, dies ungestraft zu tun. Eines Tages ritt ein eleganter Träger des scharlachroten Mantels fröhlich aus einer der Festungen und ein reiterloses Pferd würde in der Abenddämmerung zurückkehren. Es gab Gesetzlose, die um nichts Besseres baten, als um die Chance, einen dieser neugierigen Reiter der Prärie trockenzulegen.

Aber Beresford ritt in die Umzäunung und schwang sich mit lächelndem Selbstvertrauen aus dem Sattel. Er nickte hin und wieder beiläufig zu dunklen, mürrischen Männern, die seine Bewegungen mit unerbittlich feindseligen Augen beobachteten.

Seine Worte waren an Reddy Madden gerichtet. „Kannst du mir für ein paar Tage ein Pferd überlassen und es der Macht übergeben? Ich habe meins verloren."

Jemand kicherte beleidigend. Barney hatte offenbar Whoop-Up erreicht und versteckte sich.

„Ihr Pferd ist vor einiger Zeit gekommen, Constable", sagte Madden höflich. „Es ist im Hinterhof des Ladens."

„Ist es ohne Reiter angekommen?" fragte Beresford.

Die Frage war unnötig. Das Pferd wäre nach Fort Macleod gegangen und nicht nach Whoop-Up gekommen, wenn es nicht von einem Reiter hierher geführt worden wäre. Aber manchmal erfuhr man Dinge von unwilligen Zeugen, wenn man Fragen stellte .

„Hab es nicht bemerkt. Ich war selbst im Laden."

„ Ich dachte , Sie hätten es vielleicht nicht bemerkt", sagte der Beamte. „Von euch anderen Herren ist es auch keinem aufgefallen, oder?"

Die „anderen Herren" schwiegen verbissen und mürrisch. Ein Mädchen galoppierte durch das Tor der Palisade zum Laden. Beim Anblick von Morse wanderten ihre Augen schnell zu Beresford. Er antwortete lächelnd, was sie gefragt hatte. Es war blitzschnell alles vorbei, aber es verriet dem Mann aus Montana, wer der Informant war, der der Polizei den Ort des Whisky-Verstecks verraten hatte.

So gut es ihr möglich war, zahlte Jessie McRae eine Rate der Schulden, die sie Bully West und Tom Morse schuldete.

KAPITEL VIII

AM SWEET WATER CREEK

Vor einem Feuer aus Büffelchips rauchten Constable Beresford und sein Gefangener die Friedenspfeife. Morse saß mit gekreuzten Beinen auf den Fersen, nach Art des Campers. Der Offizier lag in voller Länge da und hatte einen Ellbogen in den Sand gegraben, um seinen Kopf abzustützen. Der Montaner war auf Bewährung entlassen, so dass ihre Verwandten zumindest für den Moment vergessen waren.

„Nach dem Büffel – was?" fragte der Amerikaner. „Das Ende der Indianer – ist es das, was es bedeutet? Und Verwüstung auf den Ebenen. Niemand außer den Fallenstellern der Hudson's Bay Company ist übrig geblieben, meinen Sie?"

Der Kanadier antwortete mit einem Wort. "Vieh."

„Einige vielleicht", stimmte Morse zu. „Aber, heiliger Moses, denk an die Millionen, die nötig wären, um dieses Land zu versorgen."

„Ich wette, das Land ist innerhalb von fünf Jahren nach der Ausrottung der Büffel mit Beständen ausgestattet. Schauen Sie sich an, was die großen Texas-Raubzüge in Colorado, Wyoming und Montana machen. Vergessen Sie die Vorstellung, dass dieses Land hier oben eine Wüste ist. Das ist eine ..." Dumme Vorstellung, wofür unsere Schulregionen verantwortlich sind. Großartige amerikanische Wüste? Großartige amerikanische Fiddlesticks! Es ist ein Männerland, wenn man so will; aber ich habe den Takt noch nicht erkannt."

Morse hatte aufgehört, aufmerksam zu sein. Sein Kopf war geneigt und er lauschte.

„Jemand fährt hier entlang", sagte er plötzlich. „Hören Sie die Hufe auf dem Schiefer. Wer ist das? Ich frage mich. Und was wollen sie? Wenn die Absichten der Leute noch nicht erklärt wurden, ist es eine gute Idee, eine Hand zu halten, auf die man sich stützen kann."

Ohne Eile und ohne Verzögerung stand Beresford auf. „Wir werden wieder in den Schatten treten", kündigte er an.

„Sieht für mich vernünftig aus", stimmte der Schmuggler zu.

Sie warteten im Halbdunkel hinter dem Lagerfeuer.

Jemand schrie. „Hallo, das Lager!" Beim Klang dieser klaren, glockenähnlichen Stimme hob Morse den Kopf, um besser zuhören zu können.

Der Polizist nahm den Anruf entgegen.

Zwei Fahrer kamen ins Licht. Die eine war ein Mädchen, die andere eine schlanke, heterosexuelle junge Inderin in Hemd und Hose aus Hirschleder. Das Mädchen schwang sich vom Sattel und trat zum Lagerfeuer. Der Begleiter ihrer Fahrt beschattete sie.

Beresford und sein Gefangener rückten aus der Dunkelheit vor.

„Bully West ist hinter dir her. Er hat geschworen, dich zu töten“, rief das Mädchen dem Polizisten zu.

"Woher weißt du das?"

„ Onistah hat ihn gehört.“ Sie deutete mit einer Handbewegung auf den schlanken jungen Mann neben ihr. „ Onistah ging am Stall vorbei – dahinter, hinter dem Stall. Dieser Westen versammelte einen Mob, um dir zu folgen – und sagte, er würde dich hängen lassen, weil du seinen Whisky zerstört hast.“

„Das ist er, was?“ Beresfords hervorstehender Kiefer. Seine hellblauen Augen leuchteten hart und kalt. Er würde das sehen.

„Sie werden bald hier sein. Dieser Westen war sich sicher, dass du hier am Sweet Water Creek, in der Nähe der Furt, campen würdest.“ In der Stimme des Mädchens pulsierte ein Hauch von Aufregung. „Wir haben sie einmal hinter uns auf der Straße gehört. Du solltest dich besser beeilen.“

Der Polizist wandte sich dem Montananer zu. Seine Augen bohrten sich in die des Gefangenen. Würde dieser Mann seine Bewährung behalten oder nicht? Er würde es ziemlich bald herausfinden.

„Sattel hoch, Morse. Ich packe meine Ausrüstung. Wir machen uns auf den Weg.“

"Hören." Jessie stand einen Moment mit erhobenem Kopf da. "Was ist das?"

Onistah trat einen Schritt vor, so dass für einen Moment der Feuerschein über das kupferfarbene Gesicht flackerte. Tom Morse hat eine Entdeckung gemacht. Dieser Mann war der Blackfoot, den er vor den Crees gerettet hatte
.

„Pferde“, sagte der Indianer und hielt die Finger beider Hände hoch, um die Zahlen anzuzeigen. „Kommt den Bach hinauf. Bald hier.“

„Wir kehren zu den großen Felsen zurück und ich werde dort Stellung beziehen“, sagte der Beamte zu dem Whisky-Kurier. „Schlagen Sie die Sättel auf, ohne sie festzuschnallen. Wir haben keine Zeit zu verlieren.“ Seine Stimme verlor ihre Schroffheit, als er sich dem Mädchen zuwandte. „Miss McRae, das werde ich nicht vergessen. Sehr wahrscheinlich haben Sie mir das

Leben gerettet. Jetzt sollten Sie und Onistah sich besser ruhig davonmachen. Sie dürfen hier nicht gesehen werden."

„Warum darf ich nicht?" sie fragte schnell. „Es ist mir egal, wer mich sieht."

Sie sah Morse an, während sie mit erhobenem Kopf sprach, mit einem Hauch von verächtlichem Trotz in den zitternden Nasenlöchern, der einen freien und furchtlosen Geist auszudrücken schien. Das Gefühl der Überlegenheit ist im Allgemeinen bei keinem Menschen eine schöne Manifestation, aber es gibt Momente, in denen es von etwas Gutem zeugt, von einer Verachtung niedriger und gemeiner Taten.

Morse schritt zu der Stelle, wo die Pferde aufgestellt waren. Weiter unten am Bach konnte er Stimmen hören, einmal fing er ein Wort auf.

„… muss irgendwo in der Nähe sein, sage ich dir."

Lautlos schlüpfte er auf die Sättel, zog die Pflöcke und bewegte sich auf die großen Felsen zu.

Der Ort war ein Wahrzeichen. Die Erosion der Jahrhunderte hatte dem Sandstein seltsame Streiche gespielt. Die Felsen erhoben sich wie riesige rote Fliegenpilze oder wie prähistorische Tiere von enormer Größe. Einer von ihnen war als die drei Bären bekannt, ein anderer als der Elefant.

Unter diesen Felsbrocken fand Morse die Gruppe, die er gerade verlassen hatte. Der Beamte versuchte immer noch, Jessie McRae zu einem Fluchtversuch zu überreden. Sie weigerte sich hartnäckig.

„Wir sind zu dritt hier. Onistah ist ein guter Schütze. Ich auch. Wenn jemand fliehen will, dann solltest du es besser sein", sagte sie.

„Jetzt ist es zu spät", sagte Morse. „Sehen Sie, sie haben das Lagerfeuer gefunden."

Neun oder zehn Reiter waren aus der Dunkelheit gekommen und näherten sich dem Campingplatz. West lag in Führung. Morse erkannte Barney und Brad Stearns. Zwei der anderen waren Mischlinge, einer ein Indianeranhänger des Piegan-Stammes.

„Er muss unser Kommen gehört haben und sich zurückgezogen haben", sagte Barney.

„Dann ist er wieder in den roten Felsen", dröhnte West triumphierend.

„Finde es bald heraus." Brad Stearns drehte den Kopf seines Pferdes zu den Felsen und schrie. „Hallo, Tom! Bist du da?"

Von den Felsen kam keine Antwort.

„Beweisen Sie nichts", brach West ungeduldig aus. „Dieser Kerl hat Tom in den Wahnsinn getrieben. Hat er ihn nicht gezwungen, die Läufe zu zertrümmern? Hat er ihm nicht seine Sechskanonen weggenommen und ihn mitgebracht, als hätte er keinen eigenen Verstand? Tom ist gelb. Hat eine Streak." einen Fuß breit.

„ Nichts dergleichen", bestritt Stearns mit Empörung in der Stimme. „Ich habe diesen Jungen von Hand großgezogen – habe ihm alles beigebracht , was er über Reiten und Anseilen weiß . Er wird es tun, wenn er es mitnimmt."

„ Hm ! Er hat dich immer zum Narren gehalten, Brad. Hier ist es anders. Ich möchte ihm den Kick seines Lebens verpassen, wenn ich ihn treffe. Und das wird bald sein, wenn er da oben in den Felsen ist. Ich Ich werde schießen . _ Bully West zog seinen Revolver und ritt vorwärts.

Der Polizist hatte seine Kräfte so verteilt, dass sie hinter der Deckung der Sandsteinblöcke den Vormarsch befehligten. Er hatte versucht, Jessie davon zu überzeugen, dass dies nicht ihr Kampf war, aber eine Frage von ihr hatte ihn zum Schweigen gebracht.

„Wenn dieser Bully West mich hier findet, nachdem er dich getötet hat, glaubst du, dass ich ihn dazu bringen kann, mich gehen zu lassen, weil es nicht mein Kampf war?"

Sie hatte es mit blitzenden Augen gefragt, in denen er für einen Moment die Grausamkeit der Angst hervortreten sah. Beresford war beunruhigt. Das Mädchen hatte recht. Wenn West so weit gehen würde, einen Mord zu begehen, wäre er ein Gesetzloser. Die schlafende Dawn würde bei ihm nicht mehr sicher sein, nachdem sie losgeritten war, um seinen Feind vor seinem Kommen zu warnen. Der Kerl war ein urzeitliches Tier. Sein Ruf hatte sich über das gesamte Grenzland von Ruperts Land verbreitet.

Jetzt appellierte er an Morse. „Wenn sie mich kriegen, werden Sie dann versuchen, Miss McRae zu retten? Dieser Westen ist ein Teufel, wie ich gehört habe."

Der Beamte bemerkte das Leuchten heißer roter Augen. „Darum kümmere ich mich. Zuerst mischen wir ihn und mich. Die Frage ist jetzt: Bekomme ich eine Waffe?"

"Wozu?"

„Hast du nicht gehört, wie er damit prahlte, was er mir antun wollte ? Wenn es zu einer Schießerei kommt , bin ich doch mit von der Partie, nicht wahr ?"

„Nein. Du bist ein Gefangener. Ich kann dich nicht bewaffnen, es sei denn, dein Leben ist in Gefahr."

West zog sein Pferd etwa sechzig Meter von den Felsen entfernt hoch. Er schrie einen profanen Befehl. Der Sinn dahinter war, dass Beresford besser mit erhobenen Händen herauskommen sollte, wenn er nicht von einem Seil um seinen Hals herausgezogen werden wollte. Die Rede des Mannes war voller Flüche und Obszönitäten.

Der Polizist trat ein paar Meter ins Freie. "Was willst du?" er hat gefragt.

"Du." Der Whisky-Läufer schrie es in einem plötzlichen Anflug von Leidenschaft. „Glaubst du, du kannst Bully West zum Narren halten? Glaubst du, du kannst unsere Ladung zerstören und damit durchkommen? Ich zeige dir, wo du hinwillst."

„Machen Sie keinen Fehler, West", riet der Offizier, seine Stimme war kalt wie das Spritzen von Eiswasser. „Drei von uns sind hier, alle mit Gewehren, alle mit Schusswaffen. Wenn Sie uns angreifen, werden einige von Ihnen getötet."

„ Das ist eine Lüge. Du bist allein – außer Tom Morse, und er ist nicht dumm genug, um für eine Gefängnisstrafe zu kämpfen. Ich habe dich da, wo ich dich haben will." West schwang sich aus dem Sattel und kam rittlings vorwärts. In dem unsicheren Licht sah er eher wie ein missratener Oger aus als wie ein Mensch.

„Das ist weit genug", warnte Beresford, keine Spur von Aufregung in seinem Auftreten oder seiner Redeweise. Seine Hände hingen an seinen Seiten herab. Er ließ sich nicht anmerken, dass er einen einsatzbereiten Revolver an seiner Hüfte trug.

Der Alkoholschmuggler blieb stehen, um Beschimpfungen auszustoßen. Er steigerte sich zu einer Leidenschaft, die einen Mord rechtfertigen würde. Die Waffe in seiner Hand schwang wild hin und her. Jetzt würde es sich auf eine tödliche Konzentration konzentrieren, in der jede Bewegung aufhören würde.

Der Strom der Verunglimpfung erstarb auf den Lippen des Mannes. Mit großen Augen starrte er am Polizisten vorbei. Aus den Felsen waren drei Gestalten hervorgegangen. Zwei von ihnen trugen Gewehre. Alle drei erkannte er. Sein Erstaunen lähmte die skurrile Zunge. Was machte McRaes Mädchen im Lager des Offiziers?

Es war charakteristisch für ihn, dass er das Schlimmste von ihr vermutete. Entweder Tom Morse oder dieser Rotrock hatten ihm zuvorgekommen. Eifersucht und empörte Eitelkeit flammten in ihm auf, so dass die Diskretion verschwand.

Der Lauf seines Revolvers senkte sich und begann Flammen zu spucken.

Beresford gab Befehle. „Zurück zu den Felsen." Er zog sich rückwärts zurück und feuerte, während er sich bewegte.

Die Gefährten des Westens stürmten vor. Schüsse, Rufe und das verschwimmende Unschärfebild sich bewegender Gestalten erfüllten die Nacht. Im Schutz der Dunkelheit erreichten die Verteidiger erneut die großen Felsen.

Der Polizist zählte die Nasen. „Alles in Ordnung?" er hat gefragt. Dann fragte er plötzlich: „Wer war für diese verrückte Angelegenheit verantwortlich, dass Sie ans Licht kamen?"

„Ich", sagte das Mädchen. „Ich wollte, dass West weiß, dass du nicht allein bist."

„Hast du es nicht besser gewusst, als sie das machen zu lassen?" fragte der Offizier von Morse.

„Er konnte nichts dagegen tun. Er hat versucht, mich zurückzuhalten. Welches Recht hat er, mich zu stören?" wollte sie wissen und versteifte sich.

„Sie werden jetzt tun, was ich sage", sagte der Polizist knapp. „Gehen Sie von diesem Felsen zurück, Miss McRae, und bleiben Sie dort. Bewegen Sie sich nicht aus der Deckung, es sei denn, ich sage es Ihnen."

Ihre dunklen, stürmischen Augen forderten seine heraus, aber sie machte mürrische Anstalten, ihm zu gehorchen. Obwohl sie eine Rebellin war, forderte der Grenzkodex ihren Respekt und zollte ihr Respekt. Sie hatte im Leben gelernt, dass es Zeiten gab, in denen ihr Wille dem Allgemeinwohl untergeordnet werden musste.

KAPITEL IX

TOM MACHT EINE SAMMLUNG

Die Angreifer zogen sich zurück und versammelten sich zur Beratung. Wests Zorn hatte ihren eigenen schwelenden Groll gegen die Polizei geweckt, sie beherrscht und sie auf eine Reise der Rache geführt. Aber sie hatten nicht die Absicht gehabt, eine verteidigte Festung zu stürmen. Die Begeisterung der kleinen Menge ließ nach.

mehr abgebissen , als wir beißen können", murmelte Harvey Gosse und rieb sich das borstige Kinn. „Ich bin nicht gerade darauf bedacht, dass diese Kerle Blei in mich hineinschütten."

„Zehn von uns hier. Ein Mann, ein Indianer und ein Zuchtmädchen da drüben. Suchst du nach besseren Chancen, Harv?" spottete der Parteichef.

„Ich habe noch nie gehört, dass ein Kerl weniger tot war, weil ein Indianer oder ein Mädchen ihn erschossen hat", entgegnete der dürre Schmuggler.

„Sei vernünftig, Bully", drängte Barney mit seinem einschmeichelnden Winseln. „Wir kommen raus, um den Rotrock zu reparieren. Wir dachten, er wäre allein, bis auf Tom, und natürlich ist Tom bei uns. Aber das hier ist eine andere Sache. Zu viele Zeugen gegen uns . Ich schätze, Sie sind es nicht." T Sagen Sie uns, dass es sicher ist, Angus McRaes Tochter zu erschießen, selbst wenn sie eine Métis ist.

„Vergiss sie", knurrte der große Whiskey-Lieferant. „Sie wird keine Zeugin gegen uns sein."

„Warum wird sie es nicht tun?"

„Die Hölle ist in den Angeln! Muss ich dir alle meine Pläne verraten? Ich sage , sie wird es nicht tun. Das geht." Er machte eine Geste kaum unterdrückter Wut. Er war keiner, der den Widerstand mit Geduld abwehren konnte. Es war sein Temperament, sich darüber hinwegzusetzen.

Brad Stearns rieb sich die Glatze. Das tat er immer, wenn er an einem psychischen Problem arbeitete. Wests Erklärung könnte nur eines von zwei Dingen bedeuten. Entweder würde das Mädchen nicht mehr am Leben sein, um Zeugnis abzulegen, oder sie würde schweigen, weil sie sich mit dem Großhändler verbündet hatte.

Der Oldtimer kannte Wests Eitelkeit und seine Schwäche für Frauen. Von Tom Morse hatte er von seinem Angebot an McRae für das Mädchen gehört. Jetzt hatte er keinen Zweifel mehr daran, was der Mann vorhatte.

Aber was ist mit ihr? Was war mit dem Mädchen, das er im Lager ihres Vaters gesehen hatte, dem Herzenswunsch des rauen alten Schotten? In der Leichtigkeit ihres Schrittes, in der Hebung ihres Kopfes, in ihrer Sprache, ihren Gesten und ihrem Gesichtsausdruck gehörte sie der weißen Rasse an, einer Erbin ihrer Zivilisation und ihrer Traditionen. Nur ihre dunkle Farbe und eine gewisse wilde Schüchternheit schienen dem einheimischen Blut in ihr entsprungen zu sein. Sie war stolz, leidenschaftlich und übermütig. Würde sie Bully West geduldig als ihren Herrn akzeptieren und als seine Squaw in sein Zelt gehen? Brad glaubte es nicht. Sie würde kämpfen – verzweifelt, mit barbarischer Grausamkeit.

Ihr Kampf würde ihr nichts nützen. Wenn West dorthin getrieben würde, würde er sie in die Wildnis der Einsamen Lande mitnehmen. Sie würden für Monate aus dem Blickfeld der Menschen verschwinden. Er würde schnell mit ihr zum großen Fluss reisen. Jeder Schwung seines Kanupaddels würde sie tiefer in den unberührten Norden tragen, wo sie von dem leben konnten, was sein Gewehr und seine Rute für den Pot gewannen. Ein wenig Salz, Pemmikan und Mehl würden alles sein, was er mitnehmen musste.

Brad hatte nicht die Absicht, für ihn eine Katzenpfote zu sein. Der ältere Mann war gekommen, um Tom Morse aus dem Gefängnis zu retten, und das aus keinem anderen Grund. Er hatte nicht die Absicht, sich in wahllose Kriminalität verwickeln zu lassen.

„Geh nicht mit mir, Bully", sagte Stearns. „Zähl mich aus. Genau hier mache ich mich auf den Weg zum Whoop-Up."

Er drehte den Kopf seines Pferdes und ritt in die Dunkelheit.

West blickte ihm fluchend nach. „Ohne den weißlebigen Kojoten sind wir besser dran", sagte er schließlich.

„Brad ist da nicht so böse. Ich würde mir gern selbst die Schuld geben, um Whoop-Up zu machen", sagte Gosse unbehaglich .

„Du bleibst hier und machst diesen Job zu Ende, Harv", sagte West rundheraus. „Ihr Jungs werdet genau das tun. Wenn einer von euch eine andere Meinung hat, werden wir das hier und jetzt klären . Wie wäre es damit?" Er ging rittlings vor seinen Männern auf und ab und bedrohte sie mit geballten Fäusten und mürrischen Augen.

Niemand hatte Lust, die Sache mit ihm zu diskutieren. Mit einem säuerlichen Grinsen zeigte er seine abgebrochenen Zähne.

„ Das ist also geklärt", fuhr er fort. „Es ist meine Entscheidung. Meine Befehle gehen – sofern es keine Einwände gibt."

Sein vorgestreckter Kopf, der tief auf den gebeugten Schultern lag, bewegte sich bedrohlich von rechts nach links, während sein Blick von einem zum anderen wanderte. Sofern es Einwände gab, wurden diese nicht laut erwähnt.

„Jetzt wissen wir, wo wir stehen", fuhr er fort. „Das wird so weit sein. Die meisten von uns werden von hier vorne ein Feuer auf die Felsen streuen , die anderen werden sich umschleichen und von hinten auftauchen – direkt in die Felsen gelangen, bevor dieser Tyrann es merkt . Wenn Sie die Möglichkeit haben, stecken Sie ihn in den Rücken, aber verletzen Sie das Indianermädchen nicht. Verstehen Sie? Ich möchte, dass sie lebendig und nicht verwundet wird. Wenn sie angeschossen wird, besteht die Gefahr, dass jemandem der Kopf abgeschlagen wird ."

Aber es kam schließlich nicht ganz so, wie West es geplant hatte. Einen Faktor ließ er außer Acht: einen Mann zwischen den Felsen, dem eine Waffe und jede Beteiligung an den Kämpfen verweigert worden war.

Die Finte von vorne war lebhaft genug. Die Angreifer zerstreuten sich und hinter ihnen ergossen sich Grasbüschel und Büsche in ein Feuer, das die Verteidiger beschäftigte. Barney machte, gefolgt von den Mischlingen und dem Indianer, einen weiten Kreis und kroch zu den Felsvorsprüngen aus rotem Sandstein. Ihm gefiel die Arbeit nicht mehr als denen, die hinter ihm standen, aber er war ein Geschöpf des Westens und tat meist nach einigem Murren, was man ihm sagte. Es war für ihn nicht sicher, sich zu weigern.

Für Tom Morse, der an Bully West und seine Art gewöhnt war, schien der Frontalangriff nicht ganz echt zu sein. Es war oberflächlich und wirkungslos. Warum? Welchen Trick hatte Bully im Ärmel? Tom versetzte sich in seine Lage, um zu sehen, was er tun würde.

Und sofort wusste er es. Der eigentliche Angriff würde von hinten kommen. Sobald dort hinten der erste Schuss abgefeuert wurde, würde Bully West angreifen. Auf beiden Seiten eingenommen würde die Garnison leicht zum Opfer fallen.

Der Polizist und Onistah waren damit beschäftigt, das Feuer der Schmuggler zu bekämpfen. Die schlafende Dawn hockte hinter zwei Felsen, der Lauf ihres Gewehrs schimmerte durch einen Spalt zwischen ihnen. Sie machte Kompromisse zwischen den ihr gegebenen Befehlen und der Angst, sich gegen Bully West zur Wehr zu setzen. Sie hielt sich so gut sie konnte in Deckung und feuerte gleichzeitig in die Dunkelheit, wann immer sie eine Bewegung zu sehen glaubte.

Morse rutschte bei einer Ermittlungstour nach hinten aus. Der Boden fiel hier ziemlich steil ab, so dass man von hinten kommend über ein Geröllfeld klettern musste, das zu den großen Felsen aufstieg. Tom brauchte nur eine beiläufige Betrachtung, um zu erkennen, dass eine Überraschung über eine Art raue Naturtreppe heraufbeschworen werden musste.

Von oben dominierte eine flache Sandsteinschulter das Treppenhaus. Daraufhin ging Morse in die Hocke und war mit allen Sinnen wachsam, um die Anwesenheit von jemandem zu erkennen, der sich den Pass hinaufschlich. Er wartete, gespannt und doch geduldig. Was er wagen wollte, war mit Risiken verbunden, aber die Gefahr ließ das Blut in seinen Adern zu stiller Erregung aufsteigen.

Gelegentlich, in Abständen, knackten die Gewehre. Abgesehen davon kam kein weiterer Ton zu ihm. Er konnte die Zeit nicht zählen. Ihm kam es so vor, als ob die Stunden wie im Flug vergingen. In Wirklichkeit könnten es nur ein paar Minuten gewesen sein.

Unten, am Fuß der Wendeltreppe, war ein Geräusch zu hören, das vom Knirschen loser Trümmer unter der Sohle eines Stiefels herrühren könnte. Plötzlich hörte der Mann auf dem Sims es erneut, diesmal deutlicher. Jemand kroch die Felsen hinauf.

Tom spähte aufmerksam in die Dunkelheit. Er konnte nichts außer den flachen Felsen sehen, die undeutlich in der Dunkelheit verschwanden. Auch das Knirschen eines Schritts auf zerfallenem Sandstein konnte er nicht mehr hören. Seine Nerven wurden angespannt. Könnte er einen Fehler gemacht haben? Gab es einen anderen Weg von hinten nach oben?

Dann, an der Wende der Treppe, ein paar Meter unter ihm, erhob sich eine Gestalt als Silhouette. Mit außerordentlicher Vorsicht erschien es, zuerst ein Kopf, dann der Lauf eines Gewehrs, schließlich ein geduckter Körper, gefolgt von gebeugten Beinen. Auf Händen und Knien kroch es vorwärts und zog die Waffe neben sich her. Genau gegenüber von Morse, im Schatten des schrägen Felsvorsprungs, auf dem er lag, erhob sich die Gestalt und richtete sich auf.

Der Mann stand eine Sekunde lang da und beschloss, weiterzugehen. Er war einer der Mischlinge, die West mitgebracht hatte. Fast drang ein strenges Flüstern an sein Ohr.

„Hände hoch! Ich bin für Sie da. Bewegen Sie sich nicht. Sagen Sie kein Wort."

Zwei Arme schossen in den Himmel. In den Fingern einer Hand hielt er ein Gewehr.

Morse beugte sich vor und ergriff es. „Das nehme ich", sagte er. Die braunen Finger entspannten sich. „Umlaufen Sie den Rand des Felsens dort. Legen Sie sich mit dem Gesicht nach unten in die Mulde. Habe einen Sechser."

Er hatte. Morse nahm es ihm ab.

„Wenn du dich bewegst oder ein Wort sprichst, pumpe ich Blei in dich hinein", warnte der Montananer.

Der Mischling blickte in seine kalten Augen und beschloss, kein Risiko einzugehen. Er legte sich genau wie befohlen mit ausgestreckten Händen auf sein Gesicht.

Sein Entführer kehrte zum Felsvorsprung über dem Pfad zurück. Plötzlich tauchte ein anderer Kopf aus der Dunkelheit auf. Ein Mann schlich sich heran und blieb wie der erste stehen, um einen Blick auf seine Umgebung zu werfen.

Etwas Kaltes drückte gegen seinen Nacken.

„Hände hoch, Barney", befahl eine Stimme.

Der kleine Mann stieß einen Schrei aus. „Mutter von Moses, schieße nicht."

„Wie viele von euch?" fragte Morse scharf.

"Einer noch."

Der Mann hinter dem Gewehr sammelte seine Waffen ein und stellte Barney neben seinen Begleiter. Innerhalb von fünf Minuten hatte er der Sammlung einen dritten Mann hinzugefügt.

Mit einem sardonischen Grinsen trieb er sie vor sich nach Beresford.

„Ich bin ein Gefangener und nicht in dieser Show, Sie haben es mir sorgfältig erklärt, Mr. Constable, aber ich habe gegen die Regeln und Vorschriften verstoßen, um selbst ein paar Exemplare zu sammeln", erklärte er gedehnt.

Beresfords Augen leuchteten. Die freche Unverschämtheit des Verfahrens gefiel ihm sehr. Er wusste nicht, wie dieser junge Kerl das geschafft hatte, aber er musste mit kühlem Mut und überragendem Wagemut gehandelt haben.

„Wo waren sie? Und wie hast du sie ohne einen Sechsschützen bekommen?"

"Sie waren Ich treibe den Pass hinauf und sage: „Wie geht es dir?" von der Hintertreppe. Ich habe mir von einem von ihnen eine Waffe geliehen. Ich habe sie gebeten , mitzukommen, und sie haben damit gerechnet."

Das Dröhnen eines Gewehrs hallte in den Felsen links wider. Aus ihnen kam Jessie McRae geflogen, etwas wie Entsetzen im Gesicht.

„Ich habe diesen Westen erschossen. Er hat versucht, auf mich zuzulaufen, und   —   und   —   ich   habe   ihn   erschossen."
Ihre Stimme brach in ein hysterisches Schluchzen über.

„Ich dachte, ich hätte Ihnen gesagt, Sie sollen sich da raushalten", sagte der Polizist. „Ich scheine eine Menge wertvoller ehrenamtlicher Hilfe zu haben. Was mit dir und Freund Morse hier –" Er brach ab, berührt über ihre Verzweiflung. „Kümmern Sie sich nicht darum, Miss McRae. Er hat es auf sich genommen. Ich werde rausgehen und den Schaden abschätzen, der ihm zugefügt wurde, wenn seine Freunde genug haben – und die Chancen stehen gut, dass sie es haben."

Sie hatten. Gosse rückte vor und schwenkte ein rotes Halstuch als Waffenstillstandsfahne.

„Wir haben eine Menge", sagte er offenherzig. „West ist am Boden, ein anderer von den Jungs ist geflügelt. Es hat keinen Zweck, mit dieser verdammten Dummheit weiterzumachen . Wir sind bereit, es abzublasen, wenn du Morse loslässt."

Beresford war ihm entgegengegangen. Er antwortete knapp. "NEIN."

Der lange, hagere Whiskey-Läufer rieb sich unbeholfen die Kinnborsten. „Wir haben vielleicht geschlafen –"

„Ich behalte meine Gefangenen, sowohl Morse als auch Barney."

„Barney!" wiederholte Gosse überrascht.

„Ja, wir haben ihn und zwei andere. Ich will sie nicht. Ich übergebe sie dir . Aber nicht Morse und Barney. Sie gehen mit mir zur Post, um Whisky zu trinken."

Gosse ging zurück zum Lagerfeuer, wohin die Whoop-Up-Männer ihren verwundeten Anführer getragen hatten. Außer West waren alle froh, den Kampf aufgeben zu können. Der große Schmuggler, der mit einer Kugel im Oberschenkel auf dem Boden lag, verfluchte sie als eine Gruppe hasserfüllter Drückeberger. Seine Wut konnte ihre Entscheidung nicht erschüttern. Sie wussten, wann sie genug hatten.

Nach Abschluss des Waffenstillstands gingen Beresford und Morse zum Lagerfeuer, um herauszufinden, wie schwer West verletzt war.

„Tut mir leid, dass ich dich schlagen musste, aber du hättest es gewollt, weißt du", sagte der Polizist grimmig zu ihm.

Der Mann schnappte mit den Zähnen nach ihm wie ein Wolf in der Falle. „Du hast mich nicht geschlagen, du Lügner. Es war diese kleine Höllenkatze von McRae. Sag ihr für mich, dass ich sie dafür besorgen werde, ganz bestimmt, da ich Bully West heiße."

In seiner Wut lag etwas furchtbar Bedrohliches. Im hüpfenden Licht der Flammen glich das Gesicht einem Dämon, ein von der ohnmächtigen Zerstörungslust verzerrtes und gequältes Gesicht.

Morse sprach und sah ihn auf seine ruhige Art fest an. „Ich mache dir klar, West, dass du das Mädchen in Ruhe lassen sollst."

Aus der Kehle des großen Whiskey-Schmugglers ertönte ein Geräusch, das an ein wütendes wildes Tier erinnerte. Er warf Morse einen bösen Blick zu, eine Flut von Beschimpfungen, die darum kämpften, sie auszusprechen. Er konnte nur sagen: „Du verdammter Verräter."

Die Augen des jüngeren Mannes wankten nicht. „Es geht. Ich werde dafür sorgen, dass du wie ein Wolf erschossen wirst, wenn du ihr etwas tust."

Die Wut des verwundeten Schmugglers übertraf die Besonnenheit. In einem Anflug von vorübergehendem Wahnsinn sah er Rot. Der Lauf seines Revolvers hob sich schnell. Eine Kugel sauste an Morses Ohr vorbei. Bevor er erneut schießen konnte, hatte sich Harvey Gosse auf den Mann geworfen und ihm die Waffe aus der Hand gerissen.

Mit hartem Blick und regungslos blickte Morse wortlos auf den Verrückten herab. Es war Beresford, der ironisch sagte: „Ich rede von denen, die treu bleiben."

„Das hättest du nicht tun sollen „Ich habe das getan, Bully", entgegnete Gosse. „Wir waren uns einig, dass diese Fehde für heute Abend ausfällt."

„Holen Sie Ihre Pferde und verschwinden Sie hier", befahl der Polizist. „Wenn dieser Mann kämpfen kann, kann er reisen. Du kannst dein Lager weiter unten am Bach aufschlagen."

Wenige Minuten später verstummte das Klappern der Pferdehufe. Beresford war allein mit seinen Gefangenen und seinen Gästen.

Diejenigen, die noch zwischen den großen Steinen waren, traten zum Lagerfeuer. Jessie kam vor den anderen an. Sie war auf den Fersen von Beresford und Morse ins Lager geschlichen, getrieben von ihrer großen Sorge, herauszufinden, wie schwer West verletzt war.

Aus dem Schatten eines Büffels, der sich suhlte, hatte sie gesehen und gehört, was geschehen war.

Sie warf Morse einen Blick besorgter Neugier zu. Was für ein Mann war dieser stille Amerikaner mit dem braunen Gesicht, der Whisky hineinschmuggelte, um die Stämme zu ruinieren, der ein Mädchen rücksichtslos zu einem Handel zwingen konnte, der auch Pferdepeitschen für sie beinhaltete, der aus irgendeinem Grund an der Seite des Mannes kämpfte, zu dem er ihn brachte Inhaftierung, und wer hatte in ihrem Namen dem schrecklichen Bully West die Stirn geboten? Sie hasste ihn. Das würde sie immer tun. Aber mit ihrer Abneigung gegen ihn ging jetzt ein anderes Gefühl einher, das aus dem Wissen um neue Aspekte in ihm entstand.

Er war knallhart, aber es würde ihm guttun, damit auf dem Fluss zu reiten.

KAPITEL X

Eine Lagerfeuergeschichte

Eine weitere Überraschung wartete auf Jessie. Sobald Onistah in den Lichtkreis kam, ging er direkt auf den Whiskyschmuggler zu.

„Du rettest mein Leben vor Crees . Danke", sagte er auf Englisch.

Onistah reichte ihm die Hand.

Der Weiße hat es genommen. Es war ihm peinlich. „Na ja, ich habe irgendwie mitgeholfen."

Der Inder war nicht durch. „ Onistah vergisst nie. Er zahlt eines Tages."

Tom winkte ab. „Wie geht es dem Bein? Scheint jetzt in Ordnung zu sein."

Schnell wandte sich Jessie an den Inder und stellte ihm eine Frage in der Muttersprache. Er antwortete. Sie tauschten noch ein oder zwei Sätze aus.

Das Mädchen sprach mit Morse. „ Onistah ist mein Bruder. Auch ich danke dir", sagte sie steif.

„Dein Bruder! Er ist nicht Angus McRaes Sohn, oder?"

„Nein. Und ich bin nicht seine Tochter – wirklich. Das werde ich dir erzählen", sagte sie mit einem Anflug des defensiven Trotzes, der ihr immer innewohnte, wenn das Thema ihrer Geburt angesprochen wurde.

Das tat sie später am Lagerfeuer.

Es ist ein Glück, dass Wunsch und Gelegenheit nicht immer Hand in Hand gehen. Der Polizist und Morse wären beide tote Männer gewesen, wenn Bully West mit einem Wunsch hätte töten können. Sleeping Dawn wäre auf dem Weg zu einer Existenz gewesen, die schlimmer als der Tod war. Stattdessen saßen sie vor den Kohlen voller Büffelchips, während der große Schmuggler und seine Gefährten von einem schändlichen Schlachtfeld davonritten.

Als der Polizist und sein Gefangener zum ersten Mal ins Lager kamen, waren es zwei gewesen. Jetzt waren es sechs. Denn außer Jessie McRae, dem Blackfoot und Barney war noch ein anderer aus der Nacht gekommen und hatte ihnen mit einem „Hallo, das Lager!" zugejubelt. Dieser letzte selbst eingeladene Gast war Brad Stearns, der nicht, wie angekündigt, zum Whoop-Up geritten war, sondern das Geschehen aus der Ferne beobachtet hatte, in der Hoffnung, Tom Morse vielleicht helfen zu können.

Jessie stimmte Beresford zu, dass sie bis zum Morgen im Lager bleiben musste. Es blieb ihr nichts anderes übrig. Sie konnte die Nacht nicht mit

Onistah auf dem Weg zurück zur Festung verbringen . Doch sie blieb mit großem Widerwillen.

Ihre Bescheidenheit lag in den Waffen. Noch nie zuvor war sie, ein alleinstehendes Mädchen, gezwungen gewesen, mit fünf Männern als Begleitern ihr Lager aufzuschlagen, von denen ihr alle bis auf einen fast fremd waren. Diese Erfahrung schockierte ihr Fitnessgefühl.

Sie war beunruhigt und verzweifelt, und sie zeigte es. Ihre Impulsivität hatte sie in ein Abenteuer hineingezogen, das tragisch hätte sein können, das jedoch immer noch die Möglichkeit einer Katastrophe in sich birgt. Denn sie konnte den Gesichtsausdruck von West nicht vergessen, als er geschworen hatte, sich an ihr zu rächen. Dieser Mann war ein schrecklicher Feind aufgrund seiner Kühnheit, seines bösen Geistes und seines mangelnden Gewissens.

Doch selbst jetzt konnte sie sich nicht die Schuld für das geben, was sie getan hatte. Das Leben des Polizisten stand auf dem Spiel. Es war notwendig, schnell und entschlossen vorzugehen.

Schlafende Morgendämmerung saß vor dem Feuer und begann, ihre Geschichte zu erzählen. Sie erzählte es Beresford als Entschuldigung dafür, dass sie vierzig Meilen mit Onistah geritten war , um sein Leben zu retten. Es war, falls er es so akzeptieren wollte, eine Erklärung dafür, wie sie dazu kam, so etwas Unweibliches zu tun.

„ Onistahs Mutter ist meine Mutter“, sagte sie. „Als ich ein Baby war , starb meine eigene Mutter. Stokimatis ist ihre Schwester. Ich weiß nicht, wer mein Vater war, aber ich habe gehört, dass er Amerikaner war. Stokimatis nahm mich mit zu ihrem Tipi und ich lebte dort bis zu meinem Tod mit ihr und Onistah war fünf oder sechs. Dann sah mich Angus McRae eines Tages. Er mochte mich, also kaufte er mich für drei Meter Tabak, einen Spiegel und fünf Wolfsfelle.

Vielleicht war es Zufall, dass die Augen des Mädchens denen von Morse begegneten. Das Blut brannte unter der Bräune ihrer dunklen Wangen, aber ihre stolzen Augen zuckten nicht, während sie die vernichtenden Fakten über ihre Abstammung und ihr Leben erzählte. Sie stammte aus der Métis und war das Kind eines unbekannten Vaters. Soweit sie wusste, war ihre Mutter nie verheiratet gewesen. Sie war im Süden wie eine Negersklavin gekauft und verkauft worden. Möge jeder, der sie verachten wollte, das Beste aus all dem machen.

Was den Gesichtsausdruck von Tom Morse anging, wirkte er hart wie Roheisen. Er wollte keinen Fehler machen, also sagte er nichts. Aber das Mädchen wäre erstaunt gewesen, wenn sie seine Gedanken hätte lesen können. Sie erschien ihm wie eine seltene Blume, die in einem fauligen Sumpf erblüht ist.

„Wenn Angus McRae dich für seine Tochter gehalten hat, dann deshalb, weil er dich liebte", sagte Beresford sanft.

"Ja." Das bewegliche Gesicht war plötzlich zärtlich vor Gefühl. „Was kann ein Vater mehr tun, als er für mich getan hat? Ich habe auf seinen Knien lesen und schreiben gelernt. Er hat mir die alten schottischen Lieder beigebracht, die er so liebt. Er hat versucht, mich gut und wahrhaftig zu machen. Danach schickte er Ich bin für zwei Jahre nach Winnipeg zur Schule gegangen.

„Gut für Angus McRae", sagte der junge Soldat.

Sie lächelte, ein wenig wehmütig. „Er möchte, dass ich Scotch bin, aber das kann ich natürlich nicht sein, auch wenn ich ihm ‚Should auld acquantance' vorsinge. Ich bin, was ich bin."

Seit sie gelernt hatte, selbstständig zu denken, kämpfte sie gegen das Gefühl der rassischen Minderwertigkeit. Sogar in den Einsamen Landen waren ihr gebildete Männer begegnet. Da war Pater Giguère , groß und streng und erfüllt von der Weisheit der Jahre, ein Gelehrter, der sein liebes Frankreich verlassen hatte, um an den Außenposten der Zivilisation zu dienen. Und da war der treue Freund des alten Priesters, Philip Muir, von dem es hieß, er sei Erbe eines riesigen Anwesens auf der anderen Seite der Meere. Andere hatte sie in Winnipeg gesehen. Und jetzt dieser scharlachrot gekleidete Soldat Beresford.

Instinktiv erkannte sie den Unterschied zwischen ihnen und den Fallenstellern und Händlern, die sich in den Wäldern des Nordens aufhielten. Nachts hatte sie sich mehr als einmal in ihrem Bett in den Schlaf geweint, weil das Leben eine unüberwindbare Barriere zwischen dem, was sie war, und dem, was sie sein wollte, errichtet hatte.

„Für den Schotten ist niemand so wie ein Schotte", gab Beresford lächelnd zu. „Wenn er Ihnen einen machen will, macht Ihnen Mr. McRae ein großes Kompliment."

Das Mädchen warf ihm einen dankbaren Blick zu und fuhr mit ihrer Geschichte fort. „Immer wenn wir in der Nähe von Stokimatis sind, gehe ich zu ihr. Sie hat mich immer sehr gern gehabt. Sie hat mich nicht wirklich für Geld verkauft, sondern weil sie wusste, dass Angus McRae mich besser erziehen konnte als sie. Das war ich." Heute war ich bei ihr, als Onistah hereinkam und uns erzählte, was dieser Westen tun würde. Ich hatte keine Zeit, Vater zu erreichen. Ich konnte niemandem bei Whoop-Up trauen und hatte Angst, wenn Onistah alleine käme , du würdest ihm nicht glauben. Du weißt, wie die Leute über Indianer denken. Also sattelte ich ein Pferd und ritt mit ihm.“

„Das war in Ordnung von Ihnen. Ich werde es nie vergessen, Miss McRae“, sagte der junge Soldat leise und blickte sie einen Moment lang fest an. „Ich glaube nicht, dass ich jemals ein anderes Mädchen getroffen habe, das den gesunden Menschenverstand und den Mut dazu gehabt hätte.“

Ihr Blick löste sich von ihm. Sie spürte, wie eine seltsame, entzückende Erregung durch ihr Blut strömte. Er respektierte sie immer noch, war ihr sogar dankbar für das, was sie getan hatte. Keine Erfahrung mit dem Verhalten von Männern und Dienstmädchen warnte sie davor, dass es eine andere Ursache für den beschleunigten Puls gab. Die Jugend hatte der Jugend in die Augen geschaut und den weltberühmten Ruf von Sex nach Sex ausgesprochen.

In einer kleinen Taschenöffnung an der Schublade arrangierte Morse Decken für das Bett des Mädchens. Er verließ Beresford, um ihr zu erklären, dass sie dort ohne Angst allein schlafen könne, da ein Wachmann vor einem möglichen Überraschungsangriff Wache halten würde.

Als der Soldat ihr das tatsächlich erzählte, lächelte Jessie beruhigend zurück. „Ich habe keine Angst – nicht das kleinste bisschen“, sagte sie fröhlich. „Ich werde sofort schlafen.“

Aber sie tat es nicht. Jessie war bis in die Fingerspitzen wach, ihre Adern pulsierten vom Strom rauschender Ströme des Lebens. Ihre chaotischen Gedanken drehten sich um zwei Männer. Einer war zu seinem eigenen Vorteil krummen Wegen gefolgt. In ihm war etwas Hartes und Unnachgiebiges wie Feuerstein. Er würde zu seinem gewählten Ziel gehen, was auch immer das sein mag, über alle Hindernisse hinweg, die auftauchen könnten. Aber heute Nacht hatte er in ihrem Namen Bully West, dem gefürchtetsten Desperado an der Grenze, den Fehdehandschuh hingeworfen. Warum hatte er es getan? Tute es ihm leid, dass er ihren Vater gezwungen hatte, sie auszupeitschen? Oder war seine Warnung lediglich das Knurren eines Wolfes gegen einen anderen?

Der andere Mann war von einem anderen Schlag. Aus der Welt, aus der er gekommen war, hatte er eine elegante Freundlichkeit, ein lockeres Benehmen und ein sehr jungenhaftes und charmantes Lächeln mitgebracht. Mit seiner flotten Feldmütze und der scharlachroten Jacke war er aufgrund seiner einnehmenden Persönlichkeit ein echter Hingucker. Auch er hatte ihren Kampf gekämpft. Sie hatte gehört, wie er auf seine beiläufige, nachlässige Art versuchte, die Schuld auf sich zu nehmen, West verletzt zu haben. Ihre glücklichen Gedanken strömten dankbar zu ihm.

Nicht zuletzt war sie dafür dankbar, dass sein Verhalten nicht den geringsten Hinweis darauf gegeben hatte, dass es einen Unterschied zwischen ihr und einem weißen Mädchen gab, dem er vielleicht begegnen würde.

- 65 -

KAPITEL XI

CN MORSE DREHT EIN BLATT UM

Die North-West Mounted Police hatte nicht nur die Befugnis, Gefangene zu verhaften, sondern auch zu versuchen, sie zu verurteilen. Der soldatische Inspektor, der in Fort Macleod über Morse urteilte, hörte die Beweise und strich nachdenklich über einen eisengrauen Schnurrbart. So wie er es verstand, bestand seine Aufgabe eher darin, den Whiskyschmuggel zu stoppen, als Männer ins Gefängnis zu schicken. Beresfords Bericht über diesen jungen Mann fiel zu seinen Gunsten aus. Der Inspektor wagte sich in die Psychologie.

„Haben Sie die Indianer untersucht – die Wirkung von Alkohol auf sie?“ fragte   er Morse.

„Einige“, antwortete der Gefangene.

„Glaubst du nicht, dass es schlecht für sie ist?“

"Jawohl."

„Vielleicht bist du schon länger hier als ich. Ist dieser Whiskyschmuggel nicht rundum ein schlechtes Geschäft?“

„Nicht für den Schmuggler. Als Außenseiter denke ich, dass er es tut, weil er Geld verdient“, antwortete Morse unpersönlich .

„Für das Land meine ich. Für den Fallensteller, für die Rassen, für die Indianer.“

"Daran gibt es keinen Zweifel."

„Du bist ein Neffe von CN Morse, nicht wahr?“

"Jawohl."

„Ich wünschte, Sie würden ihm eine Nachricht von mir überbringen. Sagen Sie ihm, dass es für ein großes Handelsunternehmen wie seines ein schlechtes Geschäft ist, Whisky zu schmuggeln.“ Der Beamte hob die Hand, um den Protest des jungen Mannes zu unterbinden. „Ja, ich weiß, dass Sie mir sagen werden, dass wir nicht bewiesen haben, dass er geschmuggelt hat. Wir werden darüber hinwegkommen. Überbringen Sie ihm meine Botschaft. Sagen Sie einfach, dass es ein schlechtes Geschäft ist. Sie können ihm sagen, wenn Sie wollen, dass wir.“ „Wir sind hier, um dem ein Ende zu setzen, und wir werden es tun. Aber betonen Sie die Tatsache, dass es kein gutes Geschäft ist. Verstehen Sie?“

"Ja."

„Sehr gut, Sir." Ein Lächeln erschien in den Augen des Inspektors. „Ich spreche dir ein schottisches Urteil aus, junger Mann. Nicht schuldig, aber tu es nicht noch einmal. Du bist entlassen."

„Barney auch?"

„ Hmp ! Er ist ein Pferd einer anderen Farbe. Ich denke, wir schicken ihn über die Prärie."

„Warum zwei Bissen von einer Kirsche machen, Sir? Er kann nicht schuldig sein, wenn ich es nicht bin", sagte der freigelassene Gefangene.

„Habe ich gesagt, dass du das nicht tust?" Inspektor MacLean konterte.

„Er ist das Pulver nicht wert, oder, Sir?" unterstellte Tom lässig. „Eher ein Dummkopf, das ist Barney. Wenn er schuldig ist, dann nicht als Schulleiter. Schicken Sie mich lieber rauf."

Der Beamte lachte hinter der Hand, die über den Schnurrbart strich. „Willst du sowohl Richter und Geschworener als auch Gefangener sein, mein Junge?"

„ Ich dachte, mein Onkel würde den Sinn Ihrer Botschaft vielleicht besser verstehen, wenn Barney mit mir mitmachen würde, Inspektor." Die braunen Augen waren offen und arglos.

MacLean musterte den Montananer aufmerksam. Er begann, ungewöhnliche Eigenschaften dieses Jugendlichen zu erkennen.

„Ich kann nicht sagen, dass mir dein Freund Barney am Herzen liegt. Er ist ein schlechtes Gewissen, sonst verliere ich meine Vermutung."

„Ich bin selbst nicht besonders angetan von ihm. Ich dachte, wenn ich ihn dazu bringen würde, mit mir nach Süden zu reisen, würde dir das vielleicht Ärger ersparen."

„Vielleicht", stimmte der Inspektor zu. „Soweit ich weiß, ist es sein erstes Vergehen." Unter sträublichen Augenbrauen warf er diesem selbstbewussten Jungen einen schnellen Blick zu. Er hatte bemerkt, dass Männer an der Grenze schon in jungen Jahren reifer wurden. Die Schule des Notfalls hat sie schnell entwickelt. Aber Morse kam ihm sogar kompetenter vor als die anderen jungenhaften Präriebewohner, denen er begegnet war. „Wirst du für ihn verantwortlich sein?"

Der Montananer kam widerwillig zum Kratzen. Er hatte keine Lust, der Bärenführer für ein so zweifelhaftes Exemplar wie Barney zu sein.

„Ja", sagte er nach einer Pause.

„Behalten Sie ihn in den Staaten, ja?“

"Ja."

„Dann nimm ihn mit. Wünsch ihm viel Glück.“

Sobald er Fort Benton erreichte, meldete sich Tom bei seinem Onkel. Er erzählte die Geschichte der Whisky-Ladung und ihr Schicksal sowie seine eigenen Abenteuer danach.

Der Leiter der Handelsfirma war ein langgewachsener, lockerer Yankee, der in seiner Jugend nach Westen gezogen war. Seitdem hatte er graue Haare und große Geschäftsinteressen erworben. Als er Inspektor MacLeans Nachricht hörte, grinste er.

„Denkt er, es sei ein schlechtes Geschäft, oder?“

„Ich habe gesagt, ich soll es dir sagen“, antwortete Tom.

„Ich habe wohl nicht gesagt, warum.“

"NEIN."

Der alte Neu-Engländer fischte ein Stück Tabak aus seiner Gesäßtasche, schnitt ein großzügiges Stück Tabak ab und steckte es sich in die Wange. Dann lehnte er sich im Stuhl zurück und warf einen scharfsinnigen Blick auf seinen Neffen.

„Ich frage mich, was er meinte.“

Tom äußerte freiwillig keine Meinung. Er erkannte die schlaue Angewohnheit seines Onkels, in den Köpfen anderer Menschen nach einer Bestätigung dessen zu suchen, was in seinen eigenen vorging.

„Haben Sie eine Ahnung, worauf er hinaus wollte ?“ fuhr der alte Pionier fort.

„Irgendwie.“

CN Morse kicherte. „Ich habe selbst eine Ahnung. Lass uns deine hören.“

„Der Handel mit den North-West Mounted wird für eine Weile groß sein. Die Force braucht alle möglichen Vorräte. Sie muss sich über eine Firma in Benton als Clearingstelle besorgen . Er wird das bemerken , es sei denn, CN Morse & Das Unternehmen ändert sein Verhalten und kann keine Geschäfte mit der N.WMP machen.

"Das alles?" fragte der Firmenchef.

„Das ist nur die Hälfte. Die andere Hälfte besteht darin, dass es keinem Whisky-Vertriebsunternehmen erlaubt sein wird, über die Grenze hinweg Geschäfte zu machen.“

CN gab ein weiteres kleines Fröhlichkeitsgezwitscher von sich. „Halten Sie Ihr Gehirn fit, nicht wahr? Gibt es einen Rat, den Sie gerne geben würden?"

Tom war nicht zu ziehen. „Keine, Sir."

„Keine Kommentare, mein Sohn? Gib es an Onkel Newt weiter, was?"

„Sie sind der Leiter der Firma. Ich bin beauftragt, zu tun, was mir gesagt wird."

„Du denkst, dass du den Befehlen gehorchst und es dabei belässt ? "

"Nicht ganz." Das eckige Kinn des jungen Burschen ragte hervor. „Ich werde zum Beispiel keinen Alkohol mehr durchschmuggeln. Ich habe auf dieser Reise die Augen geöffnet. Du warst nicht so vor Ort wie ich. Wenn du ein klares Wort dafür willst, Onkel Newt –"

„Sag es direkt in der Besprechung , Tom. Ich sollte mich nicht wundern, aber was ich aushalten kann." Der transplantierte Yankee warf seinem Neffen ein fragendes Lächeln zu. „Ich höre schon eine ganze Weile mehr oder weniger Klartext, mein Sohn."

Tom gab es ihm direkt von der Schulter, leise, aber ohne Entschuldigung. „Der Verkauf von Whisky an die Stämme führt zu Massenmord, Sir."

„Starkes Reden, Junge", sagte sein Onkel gedehnt.

„Nicht zu stark. Du weißt, ich meine nichts Persönliches, Onkel Newt. Um das zu verstehen, musst du da hochgehen und es sehen. Die Ebenenstämme dort oben sind verrückt nach Feuerwasser und fangen an zu töten ' einander. Es ist ein Verbrechen, es ihnen zu überlassen.

Der junge Morse begann Geschichten von Vorkommnissen zu erzählen, die er selbst beobachtet hatte , von anderen, die er aus zuverlässigen Quellen gehört hatte. Plötzlich begann er mit der Geschichte seiner Abenteuer mit „Sleeping Dawn".

Der Pelzhändler hörte ihm geduldig zu. Die staubigen, zerknitterten Stiefel des Kaufmanns lagen auf dem Schreibtisch. Sein Stuhl war so nach hinten geneigt, dass sich das Gewicht seines Körpers auf seinen Nacken, das untere Ende der Wirbelsäule und seine Fersen verteilte. Er wirkte wie ein Bild schläfriger, träger Leichtigkeit, aber Tom wusste, dass ihm nicht das kleinste Detail entging.

Ein Schatten verdunkelte den Eingang des Büros. Dahinter saß eine riesige, ungelenke Gestalt.

„,Siehe, West! Wie sind Tricks?' fragte CN Morse auf seine faule Art. Er erhob sich nicht vom Stuhl und bot auch nicht an, ihm die Hand zu schütteln, aber das könnte daran liegen, dass es nicht seine Gewohnheit war, sich anzustrengen.

West blieb stehen und würgte vor Zorn. Er hatte Tom erblickt und starrte ihn böse an. „Du bist hier, was? Du bist nach Hause geschlichen, um zu versuchen, dich mit dem alten Mann zu arrangieren, oder ? " Der Vorarbeiter wandte sich an den Onkel. „Ich möchte dir fairerweise sagen, dass er dich hintergangen hat, CN. Er hat verdammt viel Mut, hierher zurückzukommen, nachdem er so mit der Polizei gespielt hat , wie er es dort oben getan hat."

„Davon habe ich etwas gehört", gab der Pelzhändler vorsichtig zu. „Du hast es mir erzählt, Tom, und du hast es nicht gerade verstanden."

„Er wird nie wieder ein anderes Bullenteam für mich fahren." West verband seine Aussage mit einem eiskalten Fluch.

„Dann werden wir das als geklärt bezeichnen. Du hast die Bullenjagd hinter dir , Tom." In den Mundwinkeln des alten Mannes war ein leichtes Zucken skurriler Heiterkeit zu hören.

schreist du , CN. Er hat mich von Anfang bis Ende niedergeworfen, das hat er getan. Als das Zuchtmädchen die Fässer kaputt machte, nahm er sie zuerst mit nach Hause, anstatt sie zu mir zu bringen . Dann im Lager des alten McRae, als ich Als ich mich verteidigte , stürzte er sich auch auf mich. Aus der Art, wie er sich verhielt, geht hervor, dass er den Rotrock verriet, in dem sich das Versteck befand. Als ich schließlich hinausritt, um ihn zu retten, stellte er sich auf die Seite des anderen Kerls. Hadn Ohne ihn hätte ich nie diese Kugel in meinem Bein gehabt. Der große Schmuggler sprach mit außergewöhnlicher Vehemenz und würzte seine Rede großzügig mit schwefeliger Sprache.

Der ergraute Yankee akzeptierte die Haltung des Vorarbeiters mit einer Handbewegung, die jedes Gegenargument zurückwies. Aber in seinen Augen lag ein ironischer Glanz.

„ Sagte Nough , West. Wenn du so scharf darauf bist, verlässt der Junge sofort die Gehaltsliste der Firma als Angestellter. Ich werde nicht zulassen, dass er dich noch eine Stunde lang nervt . Er wird Mitglied der Firma." -Tag."

Der Kiefer des großen Tyrannen sackte herunter. Er starrte seinen dürren Arbeitgeber an, als wäre eine kleine Bombe vor seinen Füßen explodiert und hätte sein Gehirn betäubt. Aber er war nicht überraschter als Tom, dessen hölzernes Gesicht ausdruckslos war.

„ Gottmächtig ! Habe ich dir nicht gerade erzählt , wie er die ganze Show ruiniert hat – wie er sich an diese Gruppe von Spionen verkauft hat, die die kanadische Regierung dorthin geschickt hat?" explodierte im Westen.

„Oh, ich glaube nicht, dass er das getan hat", sagte Morse, Senior, leichthin. „Wir müssen uns daran erinnern, dass sich die Zeiten ändern , West. Das Gesetz kommt ins Land, und wir Oldtimer sollten dem mit froher Hand begegnen. Du kannst dem Union Jack genauso wenig widerstehen wie Onkel Sam." Ich schätze, ich habe meine letzte Lieferung Alkohol über die Grenze geschickt.

„Hast du Angst, oder?" höhnte der Trail-Boss.

„Vielleicht bin ich das. Ich schätze, ich bin zu alt, um das Schmugglerspiel mitzuspielen. Und ich habe ein Verlangen nach Seriosität – ich möchte, dass die Firma bei den neuen Siedlern gut ankommt. Von nun an legitime Geschäfte. Das ist unser Motto, Jungs." ."

„In welcher Kirche warst du , CN? "

„Na ja, vielleicht kommt es auch dazu. Glaubst du, ich wäre ein guter Diakon?" fragte der Kaufmann freundlich, löste seine Beine und erhob sich, um sich zu strecken.

West schlug mit der großen Faust auf den Tisch, sodass das Tintenfass und die Stifte zuckten. „Ich kann nur sagen, dass dieser neue Sonntagsschulverein, den Sie leiten wollen, für einen He-Man nichts zu gebrauchen hat. Ich werde Sie sofort verlassen ."

Der Vorarbeiter machte die Drohung als Bluff. Er war der am meisten überraschte Mann in Montana, als sein Arbeitgeber es ruhig anrief und immer noch mit der langsamen, nasalen Stimme vollkommener Gutmütigkeit sprach.

„Vielleicht hast du recht, West. Das musst du natürlich sagen. Du kennst dein eigenes Geschäft am besten. Überleg dir, wie viel Zeit du hast, und ich lasse dir von Benson einen Scheck ausstellen. Ich hoffe, du findest einen guten Job."

Das Gefühl verblüffter Wut in West schäumte auf. Sein Kopf senkte sich drohend nach vorne.

„Das tust du, was? Lass mich dir das sagen, CN. Ich verlange weder von dir noch von irgendjemandem einen anderen Typen. Jes', weil du der Chef einer großen Truppe bist, kannst du mich nicht angreifen. Das werde ich nicht halte es eine Minute lang aus.

„Natürlich nicht. Ich würde es besser wissen , als es mit dir zu versuchen. Keine bösen Gefühle, selbst wenn du uns kündigst." Es war ein Merkmal des Neu-Engländers, dass er, obwohl er in seinem Land eine einflussreiche Persönlichkeit war, selten mit jemandem stritt .

„Ist das so? Nun, hören Sie mal zu. Ich habe Ihren neuen Partner entlassen, weil er ein früherer Verwandter ist . "

Der Pelzhändler kaute unbeirrt wieder. Als er sprach, war es immer noch ohne eine Spur von Schärfe.

„Ich schätze, du wirst es dir vielleicht anders überlegen, West. Ich schätze, du bist ein bisschen heiß unter dem Kragen, nicht wahr ? Es ist doch nicht schwer, Groll zu hegen, oder? Da war jetzt Rhinegoldt . Hat ihn immer gepflegt." Unrecht und ' landeten schließlich im Stift. Schlechte Medizin, sieht für mich so aus.'

West war kein Idiot. Er verstand die Drohung, die hinter den höflichen Worten des Ladenbesitzers steckte. Rhinegoldt war ins Gefängnis gegangen, weil CN Morse es so gewollt hatte. Die Schlussfolgerung war, dass ein anderer Gesetzesbrecher aus demselben Grund vorgehen könnte. Der Trail-Boss wusste, dass dies keine leere Drohung war. Morse könnte ihn jederzeit hinter Gitter bringen. Die Beweise lagen in seinen Händen.

Der Tyrann starrte ihn böse an. „Versuchen Sie das, CN. Versuchen Sie es einfach   einmal.
Wenn Sie das tun, wird es einen plötzlichen Tod in der Familie Morse geben. Vielleicht   zwei.
Ich, ich würde Sie beide für einen Kupfercent erschießen. Machen Sie sich nichts vor ."

„Irgendwie dummes Gerede, West. Kauf dir nichts. Ich schätze, du solltest besser nach Hause gehen und dich abkühlen, nicht wahr? Ich werde deine Zeit heute gutmachen, es sei denn, du willst deinen Scheck sofort."

Die abgebrochenen Zähne des Verzweifelten klickten, als sein Kiefer sich festklemmte. Sein Blick reichte von dem lächelnden Händler mit festem Blick zu dem braungesichtigen Jugendlichen, der die Szene mit so kühler, aufmerksamer Aufmerksamkeit beobachtete. Er kämpfte mit dem wilden, wütenden Impuls in sich, seine Drohung wahr zu machen, aufzuräumen und in die Wildnis aufzubrechen. Aber ein rettender Sinn für Besonnenheit hielt seine Hand. CN Morse war zu groß für ihn.

„Zum Teufel mit dem Scheck", knurrte er und klimperte mit einem Schwung auf dem Absatz aus dem Büro.

Der Neffe sprach zuerst. „Du hast ihn absichtlich losgeworden."

„Hat es für dich so ausgesehen, oder?" fragte der Onkel auf seine übliche indirekte Art.

"Warum?"

„Vermutlich würden Sie sagen, dass es daran lag, dass er nicht in die neue Politik der Firma passte. Vermutlich würden Sie sagen, dass er uns mit seiner überheblichen und krummen Art immer in Schwierigkeiten bringen würde."

„Das stimmt. Das würde er."

„Vielleicht wäre es eine gute Idee, ihn aus nächster Nähe zu beobachten. Man sagt, er sei ein schlechter Hombre. Könnte für jeden, den er erwischt hat, Pech haben."

Tom wusste, dass er gewarnt wurde. „Ich werde auf ihn aufpassen", versprach er.

Der ältere Mann wechselte lächelnd das Thema. „Hier dreht CN Morse & Company das Blatt um, mein Sohn. Keine geschäftlichen Glücksspiele mehr. Nur legitimer Handel. Wird die Idee, die Sie mir vorstellen , mir gerecht?"

„Das passt zu mir", antwortete Tom fröhlich, „Aber wo komme ich ins Spiel? Was ist meine Aufgabe in der Firma? Ihnen wird auffallen, dass ich noch nicht ‚Danke' gesagt habe."

"Du?" CN schenkte ihm ein verschlagenes, trockenes Lächeln. „Oh, alles, was Sie tun müssen, ist, sich um unsere Geschäfte nördlich der Grenze zu kümmern – kaufen, verkaufen, handeln, freundschaftliche Beziehungen zu den Indianern und Fallenstellern aufbauen, freundlich zur Polizei bleiben und ein paar Kleinigkeiten wie diese."

Tom grinste.

„Ich werde nichts zu tun haben, oder?"

KAPITEL XII

TOM duckt sich aus dem Ärger

Zu Tom Morse, der in dem mit einem Geländer versehenen Raum, der als Büro im Firmenladen in Faraway diente, saß, kam ein leichtfüßiger Jugendlicher in eleganten Stiefeln, einer scharlachroten Jacke und einer in einem flotten Winkel aufgesetzten Mütze.

„„Siehe, Onkel Sam", sagte er und salutierte fröhlich.

„„Siehe, Johnnie Canuck. Wo warst du ein Jahr und der Himmel weiß wie viele Monate?""

„Oben am Peace River, nach Pierre Poulette, dem Kerl, der Buckskin Jerry getötet hat."

Tom nahm Beresfords schlanken Körper wahr, die hagere Gestalt seines jungenhaften Gesichts und die Vertiefungen unter den Augen, die bei ihrer ersten Begegnung noch nicht da gewesen waren. Ihm war das Flüstern von der langen Wanderung in die gefrorenen Einsamen Länder zu Ohren gekommen, die der Offizier und sein indianischer Führer unternommen hatten. Er konnte sich den dunklen und trostlosen Winter vorstellen, den die beiden allein verbrachten, ohne Bücher, ohne die Annehmlichkeiten des Lebens, weit weg von jedem anderen Menschen. Es muss ein Erlebnis gewesen sein, die Seele auf die Probe zu stellen. Aber es hatte die unbeschwerte Lebensfreude des Kanadiers nicht erschüttert.

„Ihn holen?" fragte der Montananer.

Die Antwort konnte er erraten. Die Nordwestberittenen brachten immer diejenigen zurück, zu denen sie geschickt wurden. Die Macht baute bereits die Tradition auf, die sie für eine Generation zu Herrschern eines halben Kontinents machte.

"Hab ihn." So verwarf der Rotrock kurzzeitig eine Erfahrung, die ihn mehr als fünf Jahre zivilisierter Existenz geschädigt hatte. „Ich bin seit einer Woche zurück. Inspektor Crouch hat mich hierher geschickt, um es mir anzusehen."

„Bei was? Ist er nicht Ich verdächtige irgendjemanden in Faraway , die Gesetze zu dehnen , zu verbiegen oder zu brechen .

Tom warf seinem Besucher einen fröhlichen Blick zu. Gerüchten zufolge war Faraway eine Jauchegrube der Ungerechtigkeit. Es war weit von der Grenze entfernt. Wenn die Sheriffs von Montana zu aktiv wurden, kam es in der Regel zu einem Zustrom von rauen, hartäugigen Männern an den Posten, die die Grenze überquerten und sich nach Norden in Sicherheit brachten.

suchst nicht zufällig nach Ärger?"

„ Duck weg", antwortete Tom prompt.

Der Beamte lächelte freundlich. „Es klopft an deine Tür." Seine Fingerknöchel klopften auf den Schreibtisch.

„Wenn ich jemals einem Weihnachtsmann voller Freude über den Weg laufen würde …"

"Oh Danke!" Beresford murmelte.

„…du bist ganz sicher nicht er. Lade deine Trauer auf."

„Das Thema meiner Rede sind die Ureinwohner, ihre Veranlagungen, Abneigungen und Neigungen", erklärte der Polizist. „Nach neuesten wissenschaftlichen Hypothesen ist die Metempsychose –"

Tom warf die Hände hoch. „Hilfe! Hilfe! Ich habe nie Geologie studiert, keine. Ich kenne diese Hypotenuse, über die du schwärmst, nicht mehr als mein Farbschema . Komm schon wieder in einer Silbe ."

„Haben Sie in letzter Zeit irgendwelche Probleme unter den Crees bemerkt — also mehr als sonst?"

Der Juniorpartner von CN Morse & Company überlegt. „Ja, mir scheint, ich habe — jede Menge Prahlerei und Lärm, jede Menge Lumpenkauen und Tomahawkschwingen . "

"Warum?"

„Wahrscheinlich Whiskey."

„Woher bekommen sie es?"

Tom sah den Soldaten fragend an. „Deine Vermutung ist genauso gut wie meine", sagte er gedehnt.

„Ich vermute West und Whaley."

Morse gab keinen Kommentar ab. Bully West hatte sein Vermögen zusammen mit Dug Whaley eingesetzt, einem Spieler, der von einem Bergbaulager zum anderen gewandert war und von der Flut der Umstände in den Nordwesten gespült worden war. Angeblich versorgten sie die Stämme mit Decken, Waffen, Lebensmitteln und anderen lebensnotwendigen Gütern, doch es bestand der starke Verdacht, dass sie ihren Gewinn mit dem über die Ebenen geschmuggelten Whisky erzielten.

„Aber es zu erraten und es zu beweisen, sind verschiedene Annahmen. Wie soll ich ihnen das anhängen? Ich kann mich nicht lächerlich machen, indem ich in ihren Ballen und Kisten herumstochere. Wenn ich nichts gefunden hätte – Und es wäre eine große Chance gegen mich – West und seine Bande würden sich die Zunge in die Wangen stecken und die NWMP-Aktien würden abstürzen. Nein, ich muss sicherstellen, dass ich sie überspringe und sie fessele, indem ich sie finde die Waren auf den Waggons.

„Große Chance", spekulierte Tom.

„Da kommst du ins Spiel."

„Oh, ich komme doch da rein, oder? Ich höre, wie Old Man Trouble an meine Tür klopft , wie du es versprochen hast. Mach es mal locker. Soll ich nach oben gehen und Bully West fragen, wo er sein Feuerwasser lagert? ? Oder was?"

„Ja. Aber erwähnen Sie ihm gegenüber nicht, was Sie fragen. Ihre Firma und sein Handel hin und her, nicht wahr?"

„Vorwärts, aber nicht zurück. Wenn sie Waren haben müssen – sei es Hals oder nichts –, kaufen sie bei uns. Wir kaufen nicht bei ihnen. Man kann uns nicht gerade als nachbarschaftlich bezeichnen."

Beresford erklärte. „ West hat gerade eine Ladung Waren verladen. Ich kann garantieren, dass, wenn er Alkohol mitgebracht hat – und ich habe guten Grund zu der Annahme, dass er das getan hat –, dieser noch nicht entladen wurde. Morgen werden die Wagen auseinandergehen. I Ich kann nicht allen folgen . Wenn ich Mr. West festhalte, muss es heute Abend sein.

„Ich verstehe. Sie wollen, dass ich Ihnen meinen Segen gebe . Ich werde mit einem schönen, großen, großen durchkommen. Machen Sie es, Constable. Hogtie West mit Beweisen. Weichen Sie ihn gut ein. Schicken Sie ihn für 16 Jahre hoch . Sie Ich habe mein Mitgefühl und meine Zustimmung, das eine für den Kummer, auf den Sie stoßen könnten, das andere für Ihre guten Absichten.

Das Grinsen des Beamten hatte einen Hauch von der sprichwörtlichen Bosheit der Grinsekatze. „Freut mich, dass du zustimmst. Aber du behältst dieses Mitgefühl für dich. Ich bitte dich, die Kastanie für mich aus dem Feuer zu holen. Pass besser auf, sonst verbrennst du dir die Pfote."

„Denken Sie daran, dass ich es nicht bin etwas versprechen . Ich bin jetzt ein respektabler Geschäftsmann und kann, wie gesagt, keinen Ärger machen.

„Finden Sie für mich heraus, in welchem Wagen sich der Alkohol befindet. Das ist alles, was ich verlange."

„Wie kann ich das herausfinden? Ich bin kein Gedankenleser."

„Gehen Sie beiläufig vorbei und bieten Sie an, Waren zu kaufen. Stöbern Sie ein wenig herum. Behalten Sie die Koffer bei sich . Achten Sie auf die Wagen, von denen sie Sie weglenken.“

Tom dachte darüber nach und schüttelte den Kopf. „Nein, das glaube ich nicht.“

"Irgend ein bestimmter Grund?"

„Sieht für mich nicht so aus , als würde ich das Spiel nicht mitspielen . Ich bin an jeder Straßenbiegung ferninst West. Er ist krumm wie der Hintern eines Hundes . Aber es wäre nicht richtig, wenn ich ihn ausspionieren würde. Anders bei.“ Du. Dafür wirst du bezahlt. Du bist darauf aus, ihn auf jede erdenkliche Weise zur Strecke zu bringen. Er weiß das. Es ist ein Versteckspiel zwischen dir und ihm. Der Trauzeuge gewinnt.“

Der Rotrock stimmte sofort zu. „Du hast recht, ich hole mir noch jemand anderen.“ Er stand auf, um zu gehen. "Bis später vielleicht."

Tom nickte. „Tut mir leid, dass ich dem nicht nachkommen kann, aber Sie sehen, wie es ist.“

„ Ganz … Ich hätte dich nicht fragen sollen.“

Beresford verließ zügig den Laden.

Durch das Fenster sah Morse ihn einen Moment später in einem geflüsterten Gespräch mit Onistah . Sie standen hinter einem abgelegenen Schuppen, so dass sie von der Straße aus nicht gesehen werden konnten.

KAPITEL XIII

Der Constable meistert Schwierigkeiten

Die frühe Abenddämmerung im Norden brach herein, als Beresford erneut den Laden betrat. Abgesehen von zwei Mischlingen und dem Verkäufer, der am anderen Ende des Gebäudes über ein halbes Dutzend Silberfuchspelze feilschte, hatte Morse das Haus für sich allein.

Dennoch senkte der Beamte vorsichtshalber seine Stimme. „Ich möchte einen Bohrer und einen Holzstopfen in der gleichen Größe. Besorgen Sie sie mir , ohne dass es jemand merkt."

Der Manager der CN Morse & Company Northern Stores schob ihm sofort einen Sack voller Haferflocken über die Theke. „Soll es der Macht angerechnet werden, schätze ich?"

"Ja."

„Sagen Sie, Constable, ich möchte mir diese Mokassins ansehen, die ich für den Inspektor bestelle . Ist es das, was er will? Oder nicht?"

Tom ging voran in sein Büro. Er reichte Beresford den Schuh. „Was ist los ?" fragte er schnell zwischen den Sätzen.

Der Soldat inspizierte das Schuhwerk. „Etwa richtig, würde ich sagen. Ich dachte, du würdest finden, wonach du suchst. Normalerweise findet man das, wenn man es ernst meint."

Die Augen in dem braunen Gesicht funkelten fröhlich.

„ Die Waren zu finden ist eine Sache. Sie zu bekommen ist eine ganz andere", schlug Tom vor.

Die Stimme eines der Fallensteller erhob sich protestierend. „Bei Gott, es ist das, was du spottbillig nennst. Ich mache dir ein Geschenk. V'la !"

„Muss Schwierigkeiten durchstehen", sagte Beresford. „Dann ist es wahrscheinlich, dass Sie enttäuscht werden. Aber das können Sie erst erkennen, wenn Sie es versuchen."

Sein Freund begann zu verstehen, was der Offizier vorhatte. Er war auf der Suche nach einer Schnapslieferung *und hatte eine Schnecke gekauft, um Schwierigkeiten zu überstehen* .

Toms Augen leuchteten. „Kommen Sie rüber in den Lagerraum und schauen Sie sich meinen Vorrat an. Ich möchte, dass Sie sehen, dass ich diese Mokassins aus gutem Material herstellen lassen werde ."

Sie gingen Schritt für Schritt über das Gehege, fröhliche, unbeschwerte Söhne der Grenze, beide hart wie Nägel, mit muskulösen Muskeln, die sich wie die von Waldpanthern bewegten. Ihre Lebensjahre summierten sich auf nicht mehr als sechzig und fünf, aber das Leben hatte sie jung ergriffen und für seine Zwecke erzogen, hatte sie durch und durch mit Kühnheit und Ausdauer und der kühlen Voraussicht, die einer Katastrophe zuvorkommt, erfüllt.

„Ich bin da drin", sagte der Montananer.

"Bedeutung?"

„Dass ich Chips kaufe, mitmache, dabeisitze, Karten austeile."

Der ruhige Blick des Polizisten musterte ihn nachdenklich. „Warum nun dieser Sinneswandel?"

„Du verstehst mich falsch. Ich bin deiner Meinung, wenn es darum geht, West und Whaley aus dem Geschäft zu drängen . Sie sind eine tolle Truppe, und dieses Land wird sie sicher loswerden . Das Einzige ist Ich möchte meine Karten über dem Tisch ausspielen. Ich konnte diese Männer nicht ausspionieren. Zumindest sah es für mich nicht ganz richtig aus. Aber das ist ein Bronc von einer anderen Farbe. Führe mich in die Schwierigkeiten, die du warst Ich habe es vor einiger Zeit versprochen .

Beresford führte ihn durch eine vom Regen überschwemmte Schlucht dorthin, durch die sie langsam und geräuschlos ihren verschlungenen Pfad hinaufstiegen. Von der Schlucht aus schlängelten sie sich durch das trockene Gras zu einem kleinen Graben, der gebaut worden war, um den Campingplatz während der Frühlingsfrischen zu entwässern. Dieser führte mitten in das Waggonlager.

Die Bewohner der Ebene krochen mit mühsamer Sorgfalt den trockenen Graben entlang. Sie kamen keinen Zentimeter voran, ohne vorher darauf zu achten, jeden Zweig beiseite zu schieben, dessen Abbrechen sie verraten könnte.

Vom Beginn des Abenteuers bis zu seinem Höhepunkt wurde kein Wort gesprochen. Beresford ging voran, der Händler folgte ihm auf den Fersen.

Von einem Lagerfeuer im Schutz der Wagen drangen Männerstimmen zu ihnen. Tom schätzte, dass es ungefähr vier waren. Ihre Worte kamen deutlich durch die samtene Nacht. Sie sprachen über die beiläufigen, elementaren Themen, die ihrer Art gemeinsam waren.

Es gab einen mondbeschienenen freien Raum, den man durchqueren musste. Der Polizist nahm es schnell und mit großen Schritten, erreichte einen Wagen und schlüpfte darunter hindurch. Sein Begleiter hielt sich an der Deckung des Grabens fest. Er wurde nicht näher gebraucht.

Der Beamte legte sich flach auf den Rücken, setzte die Spitze der Schnecke auf das Holzgestell des Bettes und begann sich umzudrehen. Kreise und Halbkreise aus Spänen splitterten ab und fielen auf ihn. Er arbeitete stetig. Mittlerweile hörte der Widerstand des Holzes auf. Das Stück hatte sich durchgefressen.

Beresford zog das Werkzeug heraus und versuchte es erneut, diesmal ein paar Zentimeter von dem Loch entfernt, das er gemacht hatte. Der Druck ließ wie zuvor nach, aber nach ein oder zwei Sekunden bekam der Stahl neuen Halt. Der Griff bewegte sich langsam und gleichmäßig.

Ein paar Tropfen Feuchtigkeit tropften herunter, dann ein kleiner Strahl. Der Polizist hielt seine Hand darunter und schmeckte den Fluss. Es war Rum.

Rasch zog er den Bohrer heraus, steckte den Stopfen in das Loch und schob ihn hinein.

Er kroch unter dem Wagen hervor, ging an der anderen Seite entlang, rannte zum nächsten Fahrzeug mit weißem Dach und stürzte sich mit einem kurzen, scharfen Befehlswort auf die Camper.

„Rauf mit den Händen! Schnell!"

Einen Moment lang war das überraschte Quartett zu erstaunt, um zu gehorchen.

„Was in Halifax –?"

„Schiebt sie hoch !" kam der klare, gebieterische Befehl.

Acht Hände schwenkten gen Himmel.

„Ist das ein Überfall – oder was?" wollte einer der Fuhrleute mürrisch wissen.

„Nennen Sie es, wie Sie wollen. Sie mit der Pelzmütze spannen die Maultiere vor den zweiten Wagen. Machen Sie keinen Fehler und versuchen Sie zu fliehen. Sie werden ein toter Schmuggler sein."

Der Mann zögerte. War dieser Rotmantel allein?

Tom schlenderte aus dem Graben, eine abgesägte Schrotflinte unter dem Arm. „Ich schätze, Sie haben sich trotz Ihrer Schwierigkeiten gelangweilt, Constable", sagte er fröhlich.

„Durch die Ladefläche des Wagens und das Ende eines Rumfasses. Rühren Sie Ihre Stümpfe um, meine Herren von der Whiskey-Brigade. Wir sind auf dem Weg nach Fort Edmonton, wenn es Ihnen passt."

Wenn es ihnen nicht passte, protestierten sie nicht hörbar gegen ihre Meinungsverschiedenheit. Knurren war ihr einziger Kommentar, als der Montananer ihnen auf Befehl von Beresford die Waffen abnahm und den Mann mit der Pelzmütze – sein Name schien Lemoine zu sein – bewachte, während dieser die Maultiere zu dem vom Offizier gezeigten Wagen brachte .

„Haken Sie sie ", befahl Morse knapp.

Der französisch-indische Trapper spannte das Team an den Wagen. Plötzlich bewegte es sich aus dem Feuerlichtkreis hinaus in die Dunkelheit. Morse saß neben dem Fahrer, die Kurzlaufwaffe auf seinen Knien. Drei Männer gingen hinter dem Wagen her. Ein vierter, in der Uniform der North-West Mounted, bildete zu Pferd die Nachhut.

KAPITEL XIV

SCHARLACHROT-MÄNTEL IN AKTION

Als Bully West entdeckte, dass der Teil der Ladung nasser Ware, der sich in Waggon Nummer zwei befand, verschwunden war und mit ihm auch die vier Maultierhäuter, kam ihm sofort eine Schlussfolgerung. Dass es zufällig das Falsche war, war für seinen mürrischen, misstrauischen Verstand völlig normal.

„ Gottmächtiger , sie haben uns hintergangen", schwor er seinem Partner, begleitet von einer Explosion von Schimpfwörtern. „Stellen Sie sich vor, die Waren aufzuräumen und in die Staaten zurückzukehren. Das ist ihr Ziel. Bevor ich sie abwehren kann . Ich zeige ihnen, dass sie Bully keine Streiche spielen können." Westen."

Diese Erklärung befriedigte Whaley nicht. Die gerade schwarze Linie der Brauen über den kalten Augen traf sich in stirnrunzelndem Nachdenken.

„Ich habe das Gefühl, dass du auf dem falschen Weg bist " , lispelte er und zuckte mit den Schultern.

Stimme und Gestik waren insofern überraschend, als sie völlig unerwartete Ausdrucksformen dieser Persönlichkeit waren. Beide waren in ihrer Zartheit fast weiblich. Sie erinnerten an das Schnurren und sanfte Klopfen einer Katze, ein seltsamer Widerspruch zu dem weißen, blutleeren Gesicht mit den tintenschwarzen Brauen. Die Augen von „Poker" Whaley könnten dem rücksichtslosesten Bullenschläger an der Grenze Angst einjagen. Sie enthielten faszinierende und unheimliche Möglichkeiten des Bösen.

„Bald sehen. Wir machen uns gleich hinter ihnen auf den Weg", antwortete Bully.

Whaleys schmale Lippe kräuselte sich. Er sah West an, als ob er bis auf den Grund dieses oberflächlichen Geistes durchschaute und das Beste aus seinem Wissen herausholen wollte.

„Ja", murmelte er wie zu sich selbst. „ Einer sollte beim Rest der Truppe bleiben, aber ich denke, ich mache besser mit. Wahrscheinlich könntest du nicht mit allen fertig werden, wenn sie Kampf zeigen würden."

Wests Antwort war ein Gebrüll empörter Eitelkeit. „Ich! Die zahmen Schafe nicht zusammentreiben. Ich treibe sie mit heraushängender Zunge zurück . Verstanden?"

Bei Tagesanbruch saß er im Sattel. Als erfahrener Anhänger hatte West keine Schwierigkeiten, den Wagenspuren zu folgen. Es wurde kein Versuch unternommen, den Flug zu decken. Der Whisky-Läufer konnte im Straßengang die schmalen Spuren entlang der kurvenreichen Straße verfolgen.

Das Land, durch das er reiste, war das Grenzland zwischen den Ebenen und den großen Wäldern, die sich ununterbrochen bis zum gefrorenen Norden erstreckten. Manchmal ritt er über hügelige Prärie. Erneut bewegte er sich durch Waldstreifen oder umrundete wunderschöne Seen, an deren schilfbedeckten Rändern Enten oder Gänse surrend aufstiegen, als er sich näherte. Ein Paar Kojoten warf einen langen Blick auf ihn und schlich in eine Schlucht. Einmal startete ein großer Elch aus einem Weidendickicht und galoppierte über einen Hügel.

West achtete nichts davon. Keine Freude empfand ihn, als er die Gipfel erklomm und auf weite Waldflächen und plätscherndes Wasser hinabblickte. Die Spuren der Felgen fingen völlig seinen mürrischen, gesenkten Blick ein. Wenn das brutale Gesicht seine Gedanken widerspiegelte, mussten sie alles andere als angenehm gewesen sein.

Die Sonne überflutete die Landschaft, erklomm das Himmelsgewölbe und glitt dem Horizont entgegen. Die Abenddämmerung fand ihn am Rande eines bewaldeten Sees.

Er blickte hinüber und stieß einen gedämpften Triumphschrei aus. Aus dem Wald am gegenüberliegenden Ufer stieg eine dünne Rauchwolke auf. Ein Mann kam mit einem Eimer zum Wasser, füllte ihn und verschwand im Wald. Bully West wusste, dass er diejenigen eingeholt hatte, die er verfolgte.

Der Schmuggler umrundete das untere Ende des Sees und ritt durch das Holz auf den Rauch zu. In sicherer Entfernung stieg er ab, band das Pferd an eine junge Kiefer und untersuchte sorgfältig sein Gewehr. Sehr vorsichtig schlich er durch das Lager und bewegte sich mit der Geschicklichkeit und Heimlichkeit eines Sarcee-Spähers darauf zu.

Das Lager war auf einem kleinen, offenen, von Büschen umgebenen Platz aufgeschlagen worden. Durch das Dickicht auf der Südseite suchte er sich einen Weg und schob lautlos jeden Schössling und jedes Unkraut beiseite, um Platz für den Durchgang seines riesigen Körpers zu schaffen. Für eine so massige Figur bewegte er sich leichtfüßig. Zweimal blieb er wegen des Knisterns eines brechenden Zweiges stehen, aber von seiner Beute war kein Anzeichen von Beunruhigung zu hören.

Sie saßen gebeugt – alle vier – vor einem lodernden Kaminfeuer und hockten auf den Fersen in der bequemen Art und Weise, wie es die Naturmenschen auf der ganzen Welt tun. Ihr Vortrag war fragmentarisch. Keiner zeigte Anzeichen von Wachsamkeit gegenüber einer möglichen drohenden Gefahr.

West war nicht länger vorsichtig, brach durch die letzten Büsche und rittlings ins Freie.

„Nun, Jungs, ich hoffe, ihr habt noch etwas zu essen für euren Chef", spottete er, seine Stimme und sein Auftreten waren voller Triumph.

Er wartete auf die überraschte Bestürzung, die er erwartet hatte. Es kam keiner. Das Drama des Augenblicks entsprach nicht seinen Erwartungen. Die Fuhrleute sahen ihn mürrisch an, ohne sichtbare Angst oder Verwunderung. Keiner von ihnen stand auf oder sprach.

Schwüle Wut begann in Wests Augen zu brennen. „Ich dachte, du würdest dem alten Mann eins verpassen, nicht wahr? Ich dachte, du könntest einen rohen Diebstahl übergehen und ungeschoren davonkommen. Nun, ich sage dir, wo du davonkommst. Ich werde jeden einzelnen von ihnen aufs Korn nehmen Du bist völlig fertig. Mit einer großen Keule. Und ich werde dich nach Faraway zurücktreiben wie ein Haufen gepeitschter Köter. Verstehst du?"

Sie sagten immer noch nichts. Es fing an, in den dicken Schädel des Händlers einzudringen, dass ihr geducktes Schweigen etwas Unnatürliches an sich hatte. Warum haben sie nicht versucht, es zu erklären? Oder eine Pause für einen Kurzurlaub einlegen?

Nach einer Flut von Flüchen fiel ihm nichts Besseres ein, als seine Drohung zu wiederholen. „Zuerst ein donnernd guter Schlag . Dann machen wir uns gemeinsam auf den Weg, ihr alle und ich."

Aus den Büschen hinter ihm ertönte eine Stimme. „Das letzte ist eine gute Prophezeiung, Mr. West. Es wird genau so sein, wie Sie sagen."

Der große Kerl drehte sich um, das Gewehr sprang auf seine Schulter. Er wusste sofort, dass man ihn ausgetrickst und in eine Falle geführt hatte. Sie müssen ihn kommen gehört haben, wer auch immer sie waren, und seine eigenen Männer als Köder zurückgelassen haben.

Von der anderen Seite schossen zwei scharlachrote Streifen auf ihn zu. West drehte sich zu ihnen um. Ein dritter roter Blitz tauchte auf seine Knie zu. Er ging zu Boden, als wäre er von einem Rammbock getroffen worden.

Aber nicht unten bleiben. Die riesige, gorillaförmige Gestalt rappelte sich auf und kämpfte verzweifelt darum, die drei Rotröcke lange genug abzuwerfen, um einen Revolver hervorzuholen. Er war wie ein Bär, umgeben von springenden Hunden. Kaum hatte er einen weggestoßen, zerrten ihn die anderen zu Boden. So sehr er sich auch bemühte, er konnte sich nicht durchsetzen. Die Angreifer brachten ihn immer ins Wanken, bevor er sich ganz zum Handeln befreien konnte. Sie umschwärmten ihn, kämpften eng zusammen, um seinen ausladenden Angriffen auszuweichen, und zogen ihn durch das schiere Gewicht des Rudels auf die Knie.

Lemoine warf einen raschen Blick in die Runde und sah, dass seine Entführer sehr beschäftigt waren. Wenn es jemals an der Zeit wäre, in den Kampf einzugreifen? Rasch stand er auf. Er sprach ein hastiges Wort auf Französisch.

„Einen Moment bitte vous plaît .“ Aus den Büschen war ein anderer Mann aufgetaucht, einer ohne Uniform. Lemoine hatte ihn vergessen. „Nicht dein Kampf. Bleiben Sie besser draußen“, riet er und machte den Vorschlag mit einer kurzläufigen Schrotflinte deutlich.

Der Fallensteller sah ihn an. „Ist das Ihr Kampf, Herr Morse?“ er forderte an.

„Gut genug. Ich bleibe auch draußen.“

Zu diesem Zeitpunkt hatten die Soldaten West niedergeschlagen. Sie hatten Mühe, ihm Handschellen anzulegen. Er kämpfte wütend, seine großen Arme und Beine schlugen wie Dreschflegel. Erst als er erschöpft war, konnten sie ihn fesseln.

Endlich erhob sich Beresford, die Arbeit war erledigt. Sein Mantel war fast von einer Schulter gerissen. „Mein Wort, er ist ein Wal von einem Tier“, keuchte er. „Wenn ich euch nicht zufällig getroffen hätte, hätte er mich bei lebendigem Leibe gefressen.“

Der große Schmuggler rang nach Luft. Als er endlich Worte fand, waren es wütende und schreckliche Flüche.

Erst Stunden später kam er zu einer einfachen Frage. „Was soll das heißen? Wohin bringt ihr mich, ihr verdammten Spione?“ er brüllte.

Beresford gab ihm höflich Auskunft. „Ich hoffe, Herr West, ins Gefängnis , weil Sie gegen die Steuergesetze Ihrer Majestät verstoßen haben.“

Kapitel XV

KUSSTAG

Die ganze Woche über waren Jessie und ihre Pflegemutter Matapi -Koma damit beschäftigt, für den großen Anlass zu kochen und zu backen. Fergus hatte einen Sack voller Waldkaninchen und zwei Stinktiere mitgebracht. Dazu hatte sein Vater die geräucherte Hinterhand eines jungen Büffels, ein halbes Fass getrockneten Fisch und fünfzig Pfund Pemmikan gegeben. Denn Angus spendete gern Gastfreundschaft auf feudale Art und Weise.

Seitdem Jessie beim Klang von Matapi -Komas „Koos koos " die Augen geöffnet hatte kwa " (Wach auf!), in der Dunkelheit vor der Morgendämmerung des winterlichen Nordmorgens hatte sie das Knirschen des Schnees unter den Netzen der Lakaien und den Kufen der Schlitten gehört. Sowohl für Vollblut- Crees als auch für Mischlinge strömten nach Faraway, um an den Feierlichkeiten zum Ooche-me- gou - kesigow (Tag des Kusses) teilzunehmen.

Die Händler am Posten und ihre Familien nahmen an den Feierlichkeiten teil. Mit Ausnahme von Morse hatten sie alle in der lockeren Ehe des Landes indische Frauen genommen und pflegten sowohl aus geschäftlichen als auch aus familiären Gründen eine enge Beziehung zu den Eingeborenen. Die meisten ihrer Kinder sprachen die Muttersprache, obwohl sie es schaffen konnten, sich auf Englisch auszudrücken. In dieser Hinsicht wie auch in anderen waren die jüngeren McRaes überlegen. Sie sprachen gut Englisch. Sie konnten lesen und schreiben. Ihr Vater hatte ihnen Ehrfurcht vor der Heiligen Schrift und einige Kenntnisse sowohl des Alten als auch des Neuen Testaments vermittelt. Es war seine Gewohnheit, jeden Abend Familiengebete abzuhalten. Normalerweise waren bei diesen Gottesdiensten zusätzlich zu seinem unmittelbaren Haushalt ein halbes Dutzend Gäste anwesend.

Mit den Indianern kamen ihre Hunde, wölfische Geschöpfe mit spitzen Ohren und scharfem Maul, mit glattem, struppigem Haar. Es war minus zwanzig Grad, aber die hageren Tiere suchten weder Schutz noch bekamen sie Schutz. Sie streiften vor der Festungsmauer umher, schnauzten sich gegenseitig an oder galoppierten auf Kaninchenjagd durch das Gehölz.

Es war Brauch, dass die Tapferen des Stammes an diesem Tag jede Frau, die sie trafen, als Zeichen der Freundschaft und des guten Willens küssten. Jemanden, egal ob jung oder alt, nicht zu grüßen, war ein Verstoß gegen die guten Manieren. Seit Tagesanbruch marschierten sie zu Angus McRaes Haus und küssten seine Frau und seine Tochter ernst.

Jessie gefiel es nicht. Sie war eine anspruchsvolle junge Person. Aber sie konnte nicht entkommen, ohne die Krieger mit ernstem Blick, die diesen Beweis ihrer Wertschätzung lieferten, tödlich zu beleidigen. Sie schaffte es, oben so viel wie möglich beschäftigt zu sein, aber mindestens ein Dutzend Mal geriet sie ziemlich in die Enge und machte das Beste daraus.

Beim Abendessen bedienten sie und die anderen Frauen der Festung ihre Gäste und sahen zu, wie riesige Mengen an Essen schnell verschwanden. Als das Essen beendet war, begann der Tanz. Die Crees schlurften im Kreis herum und hüpften im Takt der Trommelschläge von einem Fuß auf den anderen. Die Mischlinge und Weißen tanzten auf den Jigs und Reels, die erstere aus dem Red-River-Land mitgebracht hatten. Sie ergriffen paarweise das Wort. Die Männer machten Doppelschläge und schnitten Taubenflügel ab, wobei sie sich immer schneller bewegten, während der Geiger die Melodie beschleunigte, bis sie schließlich erschöpft aufgaben. Ihre Partner traten genauso energisch auf, die Mokassinfüße bewegten sich so schnell, dass die Perlen aufblitzten.

Da es sich um das größte Gebäude des Ortes handelte, fand der Tanz im CN Morse & Company Store statt. Hinter der Theke applaudierte Jessie den Künstlern. Sie hatte keine Lust, selbst teilzunehmen. Die Jahre, die sie in der Schule verbracht hatte, hatten ihr eine gewisse Würde verliehen.

Ein scharlachroter Blitz erregte ihre Aufmerksamkeit. Zwei Soldaten der berittenen Polizei waren in den Raum gekommen, und einer von ihnen zog gerade seinen Pelzmantel aus. Die schlanke, schlanke Figur und der kurzgeschnittene, lockige Kopf erkannte sie sofort mit beschleunigtem Puls. Wenn Winthrop Beresford in ihre Nachbarschaft kam, wehte Jessie McRaes Wange immer eine Begrüßungsfahne.

Eine Squaw kam auf die junge Soldatin zu und bot ihr unschuldig ihr Gesicht für einen Kuss an.

Beresford kannte den Stammesbrauch. Es war seine Aufgabe, zum Aufbau freundschaftlicher Beziehungen zwischen den Berittenen und den Eingeborenen beizutragen. Galant küsste er die faltige Wange. Eine zweite düstere Dame schlurfte nach vorne und hinter ihr eine dritte. Der Polizist hat seine Pflicht getan.

Sein umherschweifender Blick fiel auf den von Jessie und entdeckte dort einen frechen Kobold, der dort tanzte. Sie genoss die missliche Lage, in der er sich befand. Aus dem Schweif desselben Auges entdeckte er, dass zwei weitere Squaws mit Plattfüßen auf ihn zusteuerten.

Er ging zügig über den Boden zur Theke, sprang darüber und stellte sich neben Jessie. Sie lachte immer noch über ihn.

„Du hast Angst", forderte sie heraus. "Du bist weggelaufen."

Ein kleiner Teufel abenteuerlicher Fröhlichkeit entbrannte in ihm. „Ich habe eine andere Dame gesehen, einsam und ungeküsst. Die Macht beantwortet jeden Notruf."

Ihr Kinn neigte sich ganz leicht, als sie schnell antwortete.

„Wer nicht will, wann er kann, der wird,
wenn er will, kein Nein haben."

Bevor sie mehr als Zeit hatte zu ahnen, dass er es wirklich wagen würde, beugte sich der Beamte vor und küsste die dunkle Wange des Mädchens.

Die Farbe flammte hinein. Jessie warf ihm einen kurzen, erschrockenen Blick zu.

„Kissing Day, Sleeping Dawn", sagte er lächelnd.

Sofort folgte sie seinem Beispiel. „Sleeping Dawn hofft, dass der Große Geist dem Soldaten der Großen Mutter jenseits der Meere viele glückliche Kusstage in seinem Leben bescheren wird."

„Und zu dir. Wirst du mit mir tanzen?"

„Heute nicht, danke. Ich jogge nicht in der Öffentlichkeit."

„Ich habe mit Miss McRae gesprochen und nicht mit Sleeping Dawn, und ich habe sie gebeten, mit mir Walzer zu tanzen."

Sie akzeptierte ihn als Partner und sie ergriffen das Wort. Die anderen Tänzer traten in stillschweigendem Einverständnis zurück, um diesen neuen Schritt zu beobachten, der so rhythmisch, leicht und anmutig war. Es erschütterte sie ein wenig, dass der Arm des Mannes das Mädchen umschlingen sollte, aber sie waren voller lebhafter Neugier, zu sehen, wie der Tanz ausgeführt wurde.

Eine neuartige Erregung pulsierte durch die Adern des Mädchens. Es war nicht nur der Kuss, auch wenn er etwas mit dem Hochgefühl zu tun hatte, das sie überkam. Formal hatte sein Kuss nur eine Anerkennung des Tages bedeutet. Eigentlich hatte es für beide eine eher persönliche Bedeutung gehabt, nämlich die rasche Verbreitung von Jugend zu Jugend. Aber der Tanz war eine Flucht. Sie hatte in Winnipeg den Walzer der weißen Rasse gelernt. Kein anderes Mädchen bei Faraway kannte diesen Schritt. Sie entschied sich für die Annahme, dass der Polizist sie gefragt hatte, weil dies das Überwiegen des Blutes ihres Vaters in ihr betonte. Es war für alle Anwesenden ein Symbol dafür, dass die Wege der Angelsachsen ihre Wege waren.

Sie hatte die leichte, gerade Figur, das Rhythmusgefühl und die instinktiv spontane Reaktion des geborenen Walzers. Als sie in Beresfords Armen über den Boden glitt, empfand das Mädchen pures Glück. Erst als er sie zurück zur Theke führte, erwachte sie aus dem Bann, den die Musik und die Bewegung auf sie ausgeübt hatten.

Ein Paar kalter Augen in einem weißen, blutleeren Gesicht beobachtete sie unter dünnen schwarzen Brauen. Ein Schock durchfuhr sie, als wäre sie mit eiskaltem Wasser durchnässt worden. Sie zitterte. In diesem festen, starren Blick lag eine unheimliche Bedrohung. Mehr als einmal hatte sie es gespürt. Tief in ihrem Herzen wusste sie aus der weltberühmten Erfahrung ihres Geschlechts, dass der Mann sie begehrte, dass er mit der Geduld und der Rücksichtslosigkeit eines Panthers auf den richtigen Zeitpunkt wartete. „Poker" Whaley besaß eine Macht des gefährlichen Bösen, die in einem Land bemerkenswert war, in dem böse Männer keine Seltenheit waren.

Der Beamte flüsterte Jessie Neuigkeiten zu. „Bully West ist vor zwei Wochen aus dem Gefängnis ausgebrochen. Er hat einen Wachmann getötet. Wir sind hier auf der Suche nach ihm."

„Er war nicht hier. Zumindest habe ich es nicht gehört", antwortete sie hastig.

Denn Whaley bewegte sich in seiner langsamen, katzenartigen Art auf sie zu.

Der Spieler machte unverblümt sein Recht geltend. „Ooche-me- gou - kesigow ", sagte er.

Das Mädchen schüttelte den Kopf. „Sind Sie ein Cree, Mr. Whaley?"

Darauf hatte er eine Antwort. „Ist Beresford?"

„Mr. Beresford ist ein Fremder. Er kannte den Brauch nicht – dass er für mich nur bei Indianern gilt. Ich war überrascht."

Whaley war ein Mann mit Talent. Er war zum Priester ausgebildet worden, hatte aber die Spuren über Bord geworfen. In ihm steckte zu viel von Luzifer für den schmalen Weg, dem der Pfarrer folgen musste.

Er verbeugte sich. „Dann muss ich mich mit einem Tanz begnügen."

Jessie zögerte. Es war bekannt, dass er ein Libertin war. Die Hingabe seiner jungen Cree-Frau wurde mit Spott und einem Schleudertrauma belohnt. Aber er war ein schlechter Mann, den man sich zum Feind machen konnte. Um ihrer Familie willen und nicht um ihrer selbst willen gab sie widerwillig nach.

Obwohl er ein kräftiger Mann war, war er ein ausgezeichneter Walzer . Er bewegte sich gleichmäßig und kraftvoll. Aber im Herzen des Mädchens flammte Groll auf. Sie wusste, dass er sie zu eng an sich drückte und ihre

Bescheidenheit auf eine Weise ausnutzte, der sie ohne öffentlichen Protest nicht entgehen konnte.

„Ich bin ohnmächtig", sagte sie ihm, nachdem sie ein paar Minuten getanzt hatten.

„Oh, alles wird schon in Ordnung sein", sagte er und schaukelte sie immer noch im Takt der Musik.

Sie stoppte. „Nein, ich habe genug." Jessie hatte ihren Bruder Fergus am anderen Ende des Raumes erblickt. Sie schloss sich ihm an. Tom Morse stand an seiner Seite.

Whaley nickte den Männern gleichgültig zu und lächelte Jessie an, aber dieses kalte Lippenlächeln zeigte weder Wärme noch Freundlichkeit. „Wir werden wieder tanzen – und zwar viele Male", sagte er.

Die Augen des Mädchens blitzten. „Wir müssen Mrs. Whaley danach fragen. Ich sehe sie heute Abend nicht hier. Ich hoffe, es geht ihr ganz gut."

An dem kalten, ausdruckslosen Gesicht des Squaw-Mannes war es unmöglich zu erkennen, ob ihr Widerhaken gestochen hatte oder nicht. „Sie ist dort, wo sie hingehört, zu Hause in der Küche. Es ist ihre Aufgabe, gesund zu sein. Ich denke, das ist sie. Ich frage sie nicht."

„Du bist also kein demonstrativer Ehemann?"

"Ehemann!" Er zuckte unverschämt mit den Schultern. „Na ja! Was steckt in einem Namen?"

Sie kannte den praktischen Code seiner Art. Sie nahmen indische Ehefrauen zu sich, mit oder ohne irgendeine Form der Trauung, und warfen sie beiseite, wenn sie der Krawatte überdrüssig wurden oder sie als ärgerlich empfanden. Es gab eine andere Art von Squaw-Mann, den Typ, den ihr Vater repräsentierte. Er hatte sein Leben im Guten wie im Schlechten mit dem von Matapi -Koma verbunden, bis der Tod sie trennen würde.

In Jessies Brust brannte großzügige Empörung. Es gab einen Grund, warum Whaley seiner Frau gerade jetzt viel Fürsorge und Zuneigung schenken sollte. Sie drehte ihre Schulter und begann mit Fergus und Tom Morse zu reden, wobei sie den Spieler definitiv aus dem Gespräch ausschloss.

Er war keiner, der sich durch eine Brüskierung in Verlegenheit bringen ließ. Er blieb standhaft und beobachtete sie mit zusammengekniffenen Augen mit der wachsamen Geduld des Panthers, an den er sie manchmal denken ließ. Kurz darauf erzwang er einen Wiedereintritt .

„Was höre ich da über Bully Wests Flucht aus dem Gefängnis?"

Fergus antwortete. „Vor zwei bis drei Wochen. Hat einen Wachmann getötet, sagen sie. Er war auf dem Weg nach Westen und Norden, das letzte Wort, das sie von ihm hatten."

Sie alle dachten das Gleiche: Wenn er könnte, würde der Mann Faraway erreichen, sich dort verstecken, bis er eine Ausrüstung zusammengetragen hatte, und dann mit einem Hundegespann tiefer in die Einsamen Lande vordringen.

„Ich wünsche ihm viel Glück", sagte sein Partner kühl.

„All das Glück, das er verdient", ergänzte Morse leise.

„Man kann einen guten Mann nicht im Stich lassen", prahlte Whaley und blickte den anderen indischen Händler direkt an. „Ich würde mich nicht wundern, aber wenn er hier ankommt, wird er ein paar Schulden bezahlen."

Tom lächelte und machte einen weiteren Vorschlag. „Wenn er hier ankommt und Zeit hat. Er muss sich beeilen."

Sein Blick wanderte durch den Raum zu Beresford, wachsam, fröhlich, unbeugsam und so unerbittlich wie das Schicksal.

Kapitel XVI

EIN GESCHÄFTSANGEBOT

Es war dreißig unter Null. Der Schnee knirschte unter Morses Füßen, als er die Straße hinunterging, die Faraway als Hauptstraße diente. Die Uhr im Laden zeigte Mitternacht an, aber innerhalb weniger Minuten würde die subarktische Sonne untergehen, die Nacht würde hereinbrechen und im Westen würden Polarlichter leuchten.

Um die wahre herum waren vier falsche Sonnen zu sehen, die insgesamt ein Kreuz aus fünf Kugeln bildeten. Jedes davon schwamm in senkrechten Segmenten eines Kreises prismatischer Farben. Noch während der junge Mann hinschaute, verschwand das unterste der Gruppenlichter außer Sicht. Als er das McRae-Haus erreichte, lag Dunkelheit über dem weißen und gefrorenen Land.

Jessie öffnete auf sein Klopfen hin die Tür und führte ihn in das Wohnzimmer der Familie, wo auch der Haushalt des Fallenstellers aß und Fergus schlief. Es war ein ziemlich rauer Ort mit seinen schlammverkrusteten Blockwänden und seinem Boden aus gesägtem Holz. Aber direkt gegenüber der Tür befand sich ein mit Holzscheiten gestapelter Kamin, der Behaglichkeit und Fröhlichkeit ausstrahlte. Büffelroben dienten als Teppiche und an den Wänden hingen Felle von Silberfuchs, Timberwölfen, Nerzen und Bibern. Auf einem Regal befand sich eine kleine Bibliothek mit nicht mehr als fünfundzwanzig Büchern, aber es waren Bücher, die nur ein Liebhaber guter Lektüre ausgewählt hätte. Shakespeare und Burns hatten dort Ehrenplätze inne. Scotts Gedichte und drei oder vier seiner Romane befanden sich in der Sammlung. In abgenutzten Ledereinbänden befanden sich „Tristram Shandy" und Smolletts „Complete History of England". Bunyans „Pilgrim's Progress" übernahm Butlers „Hudibras" und Baxters „The Saint's Everstanding Rest". In diese erlesene Gesellschaft hatte sich ein frivoler moderner Roman eingeschlichen. „Nicholas Nickleby" war von Jessie aus Winnipeg mitgebracht worden, als sie von der Schule zurückkam. Das Mädchen hatte sie alle von Anfang bis Ende gelesen, die meisten davon mehrmals. Auch Angus kannte sie alle, mit Ausnahme des „Märchenbuchs" eines Emporkömmlings, geschrieben von einem Londoner Zeitungsmann, von dem er noch nie zuvor gehört hatte.

„Ich bin allein", erklärte Jessie. „Vater und Fergus sind zu den Fallen gegangen. Sie werden erst morgen zurück sein. Mutter ist bei Mrs. Whaley."

Tom wusste, dass es der Frau des Händlers nicht gut ging. Sie rechnete damit, in ein paar Wochen eingesperrt zu werden.

Es war ihm peinlich, mit dem Mädchen innerhalb der Hausmauern allein zu sein. Seine Beziehungen zu Angus McRae erreichten Höflichkeit, aber keine Herzlichkeit. Der strenge alte Schotte hatte ihn nie zu einem Besuch eingeladen. Er ärgerte sich über die Tatsache, dass er durch die Hilfe von Morse gezwungen worden war, das Mädchen, das er liebte, auszupeitschen, und der Händler wusste, dass ihm sein Anteil an dieser Episode nicht verziehen wurde und wahrscheinlich auch nie vergeben würde. Jetzt war Tom nur gekommen, weil eine geschäftliche Angelegenheit auf die eine oder andere Weise sofort geklärt werden musste.

„ Blandoine geht morgen früh zum Whoop-Up . Ich bin wegen dieser Roben zu deinem Vater gekommen. Wenn wir sie kaufen, müssen wir sie jetzt kaufen. Ich kann sie mit Blandoine runterschicken ", erklärte er.

Sie nickte lebhaft. „Vater sagte, du könntest sie zu deinem Preis haben, wenn du bezahlst, was er für die nicht gespaltenen verlangte. Es sind gute Häute – Kühe und junge Bullen."[5]

[Fußnote 5: Ein gespaltenes Gewand wurde in der Mitte durchgeschnitten und mit Sehnen zusammengenäht. Die Häute, die in einem Stück vom Tier gehäutet wurden, waren viel wertvoller, aber die einheimischen Frauen bereiteten die Häute wegen des Gewichts bei der Handhabung normalerweise anders vor. Einer der Gründe, die die Indianer den Missionaren für die Polygamie nannten, war, dass eine Frau nicht ohne Hilfe ein Büffelgewand anziehen konnte. Die Tapferen selbst ließen sich nicht zu solcher Kleinarbeit herab. (WMR)]

„Es ist ein Deal", sagte der Pelzhändler prompt. „Ich bin froh, sie zu bekommen   ,   obwohl ich für die geteilten so viel bezahle , wie ich mir leisten kann."

„Ich hole den Schlüssel zum Lagerhaus", sagte Jessie.

Sie verließ das Zimmer mit dem federnden Schritt, der sie von allen Frauen, die er kannte, unterschied. In wenigen Augenblicken war sie zurück. Anstatt ihm den Schlüssel zu geben, legte sie ihn neben seiner Hand auf den Tisch.

Unter der Bräune schlug ihm das dunkle Blut ins Gesicht. Er wusste, dass sie dies getan hatte, um nicht das Risiko einzugehen, ihn zu berühren.

Für einen langen Moment ergriff und hielt sein Blick sie. Zwischen ihnen herrschte ein wortloses Gespräch. Seine Augen fragten ihn, ob er überhaupt nicht mehr in der Lage sei, die Erinnerung an dieses erste grausame Treffen niemals auszulöschen. Ihr Hund antwortete stolz, dass er, obwohl sie ein Mischling sei, für sie nur ein Wolf sei und weniger von Interesse sei als Black, der Anführer des Hundezuges ihres Vaters.

Er nahm den Schlüssel und ging, wilde Gedanken schwirrten ihm durch den Kopf. Er liebte sie. Welchen Nutzen hatte es, wenn er länger versuchte, es vor sich selbst zu verbergen? So minderwertig sie auch sein mochte, doch sein ganzes Wesen wandte sich in tiefem Verlangen ihr zu. Er wollte sie als seine Gefährtin. Er sehnte sich in jeder Faser seiner reinen, leidenschaftlichen Männlichkeit nach ihr, wie er sich noch nie zuvor in seinem Leben nach einer Frau gesehnt hatte. Und sie hasste ihn – hasste ihn mit der ganzen glühenden Verachtung einer jungen, stolzen Seele, deren schöner Körper seinetwegen die Erniedrigung ertragen musste. Er war ein Aussätziger und gehörte zu Bully West.

Er machte ihr auch keinen Vorwurf. Wie könnte sie anders denken und ihre Selbstachtung bewahren? Die Ironie dahinter brachte ein bitteres Lächeln auf seine Lippen. Wenn sie es nur wüsste, würden die Jahre sie hundertfach rächen. Denn er hatte sich selbst von der Chance auf die Freude abgeschnitten, die er hätte haben können.

Am Himmel blitzte ein Polarlicht in funkelnder Pracht auf. Der Himmel erstrahlte in ständig wechselnden Balken und Säulen aus farbigem Feuer.

Morse wusste es nicht. Erst nachdem er ein Dutzend Schritte an einem Mann in dicken Pelzen vorbeigegangen war, registrierte er, dass er Whaley war. Er fragte sich nicht einmal, welche Geschäfte den Spieler zu Angus McRaes Haus führten.

Die Wirtschaft widersetzte sich ihren Ansprüchen. Er verabredete sich mit Blandoine , die Roben mitzunehmen und ging zurück zum McRae-Lagerhaus. Es grenzte an die große Blockhütte, in der der Schotte und seine Familie lebten.

Blandoine und er gingen die Umhänge sorgfältig durch, damit es keinen Fehler gab, welche der Zugvorsteher mitnahm. Nachdem dies erledigt war, schloss Morse die Tür ab und reichte seinem Begleiter den Schlüssel.

Zu ihm drang der Klang von Stimmen – eine tief und tief, die andere schnell und hoch. Er verstand keine Worte, aber ihm wurde bewusst, dass eine seltsame Erregung durch seine Adern lief. An den Haarwurzeln verspürte er ein seltsames, prickelndes Gefühl. Er konnte sich keinen Grund nennen, aber ein Instinkt der Gefahr klingelte in ihm wie eine Glocke. Der tiefe Bass und die leichten hohen Höhen – sie erreichten ihn abwechselnd, schnitten ineinander, überlagerten einander und prallten in aufgeregter Meinungsverschiedenheit aufeinander.

Dann – ein schriller Hilfeschrei!

Morse konnte sich danach nie mehr daran erinnern, die Tür des Blockhauses geöffnet zu haben. Ihm kam es vor, als würde er wie ein Rammbock durchbrechen, die Küche mit zwei Schritten erobern und sich gegen die robuste, selbstgebaute Tür stürzen, die ins Wohnzimmer führte.

Dies hielt ihn in Schach, denn jemand hatte die als Bolzen dienende Stange in ihre Fassung geschoben. Er schaute sich in der Küche um und fand auf einen Blick, was er wollte. Es handelte sich um einen großen Hinterholzscheit für den Kamin.

Mit dieser in voller Länge unter dem Arm gehalten, stürzte er nach vorne. Das Holz splitterte. Er stürmte erneut, angespornt durch einen zweiten Hilferuf. Diesmal löste sein Angriff den Bolzen und die Fassung aus ihrem Platz. Morse stolperte wie ein Betrunkener in den Raum.

Kapitel XVII

Ein Brett knarrt

Nachdem Morse die Tür geschlossen hatte, lauschte Jessie, bis das knackige Knirschen seiner Schritte verklungen war. Sie unterdrückte den Impuls, ihn zurückzurufen und ihren Streit gegen ihn in Worte zu fassen.

Vom Tisch nahm sie eine Waffenhülle aus Elchleder, die sie gerade anfertigte, und ging zum Kamin. Automatisch passten ihre Finger an einen Rand aus rotem Stoff. (Dieser war aus einem alten Unterrock ausgeschnitten worden, aber die Quelle der Verzierung blieb ein Geheimnis und durfte auf keinen Fall dem Empfänger des Geschenks mitgeteilt werden.) Normalerweise waren ihre Hände fleißig, aber jetzt fielen sie lustlos von der Arbeit weg.

Die Kiefernstämme knisterten, erleuchteten ein Ende des Raumes und erfüllten die Luft mit aromatischer Schärfe. Als sie in die roten Kohlen blickte, war ihr Geist aktiv.

Sie wusste, dass ihre Verachtung des Pelzhändlers Betrug war. In ihren Hass auf ihn steckte eine Energie, die immer primitiv und manchmal wild war. Aber er hatte ihren vollen Respekt. Es war nicht angenehm, das zuzugeben. Ihre Gedanken klammerten sich an die schattenhafte Ausrede, er sei ein Wolfer gewesen, obwohl die Indianer ihn jetzt als einen guten Freund und Händler ansahen, der sie nicht ausnutzen würde. Angus McRae selbst hatte gesagt, dass es im Northland keinen besseren Bürger gäbe.

Nein, sie konnte Tom Morse nicht so verachten, wie sie es sich gewünscht hätte. Aber sie konnte ihre Feindseligkeit schätzen und sie aus Erinnerungen nähren, die sie verbrannten, als der Schleudertrauma ihr glattes und zartes Fleisch zerstörte. Sie würde ihm niemals verzeihen – niemals. Nicht, wenn er sich im Staub demütigte.

Gegenüber Angus McRae hegte sie überhaupt keinen Groll. Er hatte nur seine Pflicht getan, wie er es sah. Die Umstände hatten ihn zum Handeln gezwungen, denn ihr Wort hatte ihn zur Strafe verpflichtet. Aber dieser Mann, der so unsanft in ihr Leben getreten war, hatte sie mit körperlicher Gewalt beherrscht, hatte sie der Schmach der Peitsche ausgesetzt und hatte es danach gewagt, ihr einen Dienst zu erweisen – als sie nachts aufwachte und an ihn dachte, mit dem sie immer noch brannte Scham und Wut. Er war sowohl Urheber als auch Zeuge ihrer Demütigung gewesen.

Die Träumereien des Mädchens weckten das Nachdenken über andere Männer, denn sie hatte bereits jede Menge Verehrer. Bei einem von ihnen verweilte ihr Grübeln. Er hatte ihr das freundliche Lächeln, die

Kameradschaft und das lockere Geben und Nehmen der Jugend geschenkt. Sie versuchte nicht, ihre Gefühle für Winthrop Beresford zu analysieren. Es genügte zu wissen, dass er den Funken der Freude in ihr Leben gebracht hatte.

Denn das Leben war mit einer allzu tragischen Miene vor ihr hergelaufen. In diesem düsteren Land lachten die Menschen nicht viel. Ihr Lächeln hatte einen ernsten Hintergrund. Zwei Drittel des Jahres herrschte ein eisiger Winter, und der Sommer war ein kurzes, heißes Feuer, das auf keinen Frühling folgte. Die Natur verlangte von den hier lebenden Menschen, dass sie um ihren Lebensunterhalt kämpfen müssen. In diesem Konflikt vergaßen die Menschen, dass sie auf die Welt gekommen waren, um sie in sorgloser Verzückung zu genießen.

Irgendwo im Haus knarrte ein Brett. Jessie hörte es unaufmerksam, denn in der bitteren Kälte knackte und knackte das Holz ständig.

Beresford hatte ihr eine neue Lebensphilosophie angeboten. Sie akzeptierte es nicht ganz, aber es faszinierte sie. Er glaubte, dass den Menschen die Pflicht zum Glück ebenso auferlegt wurde wie die Pflicht zur Ehrlichkeit. Sie erinnerte sich, dass er einmal gesagt hatte ...

Sie hatte keinen Laut von sich gegeben, aber Jessie wusste, dass jemand die Tür geöffnet hatte und auf der Schwelle stand und sie beobachtete. Sie drehte den Kopf. Ihr selbst eingeladener Gast war Whaley.

Jessie stand auf. "Was willst du?"

Sie war erschrocken über das lautlose Eintreten des Mannes, bereit, notfalls alarmiert zu werden, hatte aber noch keine Angst. Es war, als warteten ihre Gedanken auf das Zeichen, das er gleich geben würde. Ein Sicherheitsinstinkt machte sie vorsichtig. Sie erzählte dem Freihändler nicht, dass ihr Vater und Fergus von zu Hause stammten.

Er blickte sie abschätzend von Kopf bis Fuß an, so dass sie das Gefühl hatte, sein Blick hätte sie ausgezogen.

„Du weißt, was ich will. Du weißt, was ich bekommen werde ... eines Tages “, schnurrte er auf seine langsame, katzenhafte Art.

Sie verdrängte eine wachsende Besorgnis aus ihrem Kopf.

„Vater und Fergus – wenn du sie willst –“

„Habe ich gesagt, dass ich sie wollte?“ er hat gefragt. „Sie sind draußen im Wald und stellen Fallen . Ich suche nicht nach ihnen. Wir beide werden einander Gesellschaft leisten.“

„Geh", sagte sie und ihre Wut flammte über seine Unverschämtheit auf. „Geh. Du hast hier nichts zu suchen."

„Ich bin nicht geschäftlich hier, sondern zum Vergnügen, meine Liebe."

Die kalten, fischigen Augen in seinem weißen Gesicht strahlten Schadenfreude aus. Plötzlich wollte sie schreien und unterdrückte das Verlangen verächtlich. Wenn sie es täte, würde sie niemand hören. Dies musste eins zu eins ausgefochten werden.

„Warum hast du nicht geklopft?" sie verlangte.

„Wir werden sagen, dass ich es getan habe und dass du mich nicht gehört hast", antwortete er höflich. „Was geht es überhaupt unter Freunden?"

"Was willst du?" Aus reiner Willenskraft hielt sie ihre Stimme leise.

„Deine Mutter ist drüben im Haus. Ich bin vorbeigekommen, um zu sagen, dass sie wahrscheinlich die ganze Nacht bleiben wird."

„Geht es deiner Frau schlechter?"

Er hob die schwarzen Brauen, die einen so starken Kontrast zur Blässe seines Gesichts bildeten. „Du bist mir wirklich voraus, meine Liebe. Ich kann mich nicht erinnern, jemals geheiratet zu haben."

„Das ist eine abscheuliche Aussage", flammte sie auf und biss sich mit kleinen weißen Zähnen auf die Unterlippe, um dem Squaw-Mann nicht zu sagen, was sie von ihm hielt. Das Cree-Mädchen, das er zur Frau genommen hatte, ging ins Tal des Schattens hinab, um ihm ein Kind zu gebären, während er sie rücksichtslos zurückwies.

Er öffnete seinen Pelzmantel und kam zum Kamin. „Ich kann nettere Dinge sagen – dem richtigen Mädchen", sagte er und sah sie bedeutungsvoll an.

„Ich muss Susie Lemoine bitten, bei mir zu bleiben", sagte Jessie hastig. „Ich wusste nicht, dass Mutter nicht nach Hause kommt."

Sie machte eine Bewegung auf ein Fell zu, das auf der Stuhllehne lag.

Er legte eine Hand auf ihren Arm. „Warum hast du es eilig? Weshalb fliegst du weg, Mädchen? Ich bin so gut wie Susie, um die Kobolde davon abzuhalten, dich zu erwischen ."

„Fass mich nicht an." Ihre Augen entfachten Feuer.

ganz besonderen Kerl ziemlich hochhackig . Ich schätze, du vergisst, dass du Sleeping Dawn bist, die Tochter einer Blackfoot-Squaw."

„Ich bin Jessie McRae, Tochter von Angus, und wenn du mich beleidigst, musst du dich mit ihm abfinden."

Er lachte kurz. „Wach auf, Mädchen. Was nützt es, sich selbst etwas vorzumachen? Du bist eine Rasse. McRae hat versucht, es zu vergessen, und du auch. Aber du weißt die ganze Zeit verdammt genau, dass du ein halber Indianer bist."

Jessie sah ihn mit wütender Verachtung an und drehte sich dann zur Tür.

Whaley hatte das vorhergesehen und war vor ihr da. Seine zusammengekniffenen, begehrlichen Augen hielten sie fest, während eine Hand hinter seinem Rücken den Riegel einrastete.

"Lass mich raus!" Sie weinte.

„Sei vernünftig. Ich habe nicht vor, dich zu verletzen."

„Gehen Sie zur Seite und lassen Sie mich durch."

Er brachte ein weiteres anzügliches Lachen zustande. „Seien Sie vernünftig. Hören Sie auf, das hohe Pferd zu reiten, und hören Sie zu, während ich mit Ihnen rede."

Doch dieses Mal fürchtete sie sich ebenso sehr wie sie empört war. In ihrem panischen Herzen schlug die Trommel der Angst. Sie sah in seinen Augen, was sie noch nie zuvor in einem Gesicht gesehen hatte, das ihr ins Gesicht blickte – obwohl sie es in den schrecklichen Tagen, die folgten, oft bemerkte – den rücksichtslosen Appetit eines wilden Tieres, das sich auf die Beute stürzte.

„Lass mich gehen! Lass mich gehen!" Ihre Stimme war schrill und außer Kontrolle. „Machen Sie die Tür auf, das sage ich Ihnen!"

„Ich bin ein großer Mann in diesem Land. Bevor ich fertig bin. Ich werde Hunderte von Kilometern der Chef unter den Fallenstellern sein. Ich biete Ihnen die Chance Ihres Lebens. Machen Sie mit mir und Ihnen mit." Ich werde eines Tages in Winnipeg mit deinem Bus fahren. Stimme und Worte waren sanft und sanft, aber Jessie spürte, wie sich der Panther in ihrem Rücken auf den Sprung vorbereitete.

Sie konnte ihre Forderung nur in einem Schrei wiederholen, der in einem Schluchzen seinen Höhepunkt erreichte.

„Wenn du von diesem Rotkittel-Spion träumst – in der Hoffnung, dass er dich heiratet, nachdem er sich mit dir herumgetrieben hat – dann vergiss solche Dummheiten. Ich kenne seinesgleichen. Wenn er eine Affäre hatte, wird er es tun Geh zurück zu seinem eigenen Volk und lass dich nieder. Er sucht eine Frau, keine Frau."

"Das ist eine Lüge!" Sie schleuderte hervor, die Wut für den Moment nahm zu. „Mach die Tür auf, oder ich –"

Schnell schoss seine Hand nach vorne und packte ihr Handgelenk. „Was wirst du tun?" fragte er und Triumph strahlte in seinen Augen.

Sie schrie. Eine seiner Hände legte sich auf ihren Mund, die andere legte sich um ihre Taille und zog den schlanken Körper an sich. Sie wehrte sich, wehrte sich von ihm ab und warf mit einem weiteren lauten Hilfeschrei den Kopf in den Nacken.

Sie hätte ihre Stärke auch mit einem Büffelbullen messen können. Er war noch unter vierzig, stämmig und hatte Knochen voller kräftiger Muskeln. Es schien ihr, als sei die ganze Kraft ihrer vitalen Jugend verschwunden und nur schlaffe und schlaffe Schwäche zurückgeblieben. Er drückte sie an sich und küsste die dunklen Augen, die weichen Wangen, die bunten Lippen….

Ihr wurde bewusst, dass er sie von sich fernhielt und zuhörte. Es gab ein Krachen von Holz.

Wieder ertönte ihr Hilferuf.

Whaley warf sie von ihm. Er ging in die Hocke, alle Nerven und Muskeln angespannt, die Lippen zu einem Knurren zurückgezogen. Sie sah, dass er einen Revolver in der Hand hielt.

Ein schweres Gewicht wurde gegen die Tür geschleudert. Das Holz zersplitterte, als der Bolzen aus der Fassung schoss. Betrunken stürzte ein Mann über die Schwelle und taumelte unter der Wucht des Schocks.

Kapitel XVIII

Eine Waffe brüllt

Die beiden Männer starrten einander schweigend an, ihre Gesichter verzerrten sich in dem hüpfenden und unsicheren Licht zu Wasserspeiern. Vorsichtig, wachsam und angespannt standen sie einander gegenüber wie Dschungeltiger, die auf den besten Moment zum Angriff warteten.

Es bestand die Chance, dass sich die Situation ohne Blutvergießen regeln ließe. Whaley konnte es sich nicht leisten zu töten und Morse hatte keine Lust, ihn zum Handeln zu zwingen.

Jessies Angst überstieg ihr Urteilsvermögen. Sie sah die Bedrohung durch den auf ihren Retter gerichteten Revolver und dachte, der Spieler würde gleich schießen. Sie sprang nach der Waffe und löste so das aus, was sie fürchtete.

Die Waffe brüllte. Eine Kugel flog an Morse vorbei und vergrub sich in einem Baumstamm. Im nächsten Moment klammerte sich Jessie mit beiden Händen an Whaleys Handgelenk und wurde hin und her geworfen, während der Mann darum kämpfte, seinen Arm zu befreien . Sie wurde tangential gegen die Wand geschleudert und fiel am Fußende der Couch, auf der Fergus schlief.

Wieder erfüllte das Feuer und Dröhnen des Revolvers den Raum. Morse stürzte sich mit dem Kopf nach unten auf seinen Feind, immer noch den Baumstamm in der Hand, den er als Rammbock benutzt hatte. Es traf den Spieler an der Stelle des Magens, die als Solarplexus bekannt ist. Whaley ging zu Boden und verlor das Bewusstsein wie ein Ochse, der mit der Axt erlegt wurde.

Tom nahm den Revolver und steckte ihn in die Tasche seines Pelzmantels. Er bückte sich, um sicherzustellen, dass sein Feind nicht in der Lage war, Schaden anzurichten. Dann hob er Jessie aus der Ecke, wo sie zusammengekauert lag.

"Verletzt?" er hat gefragt.

Das Mädchen schauderte. „Nein. Wird er – wird er getötet?"

„Der Wind ging aus ihm heraus. Mehr nicht."

„Er hat dich nicht geschlagen?"

In seinen Augen lag der Anflug eines Lächelns. „Nein, ich habe ihn geschlagen."

„Er war schrecklich. Ich – ich –" Wieder lief ein leichter Schauer durch ihren Körper. Sie fühlte sich in den Knien sehr schwach und hielt sich einen Moment lang am Revers seines Mantels fest, um sich zu beruhigen. Keiner von ihnen war sich der Tatsache bewusst, dass sie in seinen Armen lag und sich an ihn klammerte, während sie ihre Selbstbeherrschung zurückerlangte.

„Jetzt ist alles in Ordnung. Mach dir keine Sorgen. Zum Glück bin ich zurückgekommen, um Blandoine zu zeigen , welche Pelze er mitnehmen soll."

„Wenn du nicht …" Sie holte heftig Luft, die einem Schluchzen glich.

Morse liebte sie umso mehr wegen der Anspannung weiblicher Hysterie, die sie für einen Moment zu einem sanften und zärtlichen Kind machte, das getröstet werden musste. Er hatte sie als kompetent, wild und verächtlich gekannt, als jemanden, in dem ein vitales und leidenschaftliches Leben schnell floss. Er hatte noch nie zuvor die Schwäche darin gesehen, dass sie nach Stärke strebte. Dass es reines Glück war, dass sie sich an *seine* Macht klammerte, erfüllte ihn mit tiefer Freude.

Er fing an, seine Freude zu vernachlässigen, damit sie es nicht stattdessen tat. Sein Arm fiel von ihrer Taille.

„Ich habe das Haus am meisten zerstört", sagte er mit einem humorvollen Blick zur Tür. „Ich habe nicht immer einen von der Wand dabei, wenn ich einen Raum betrete."

„Er hat die Tür verriegelt", erklärte sie ziemlich unnötig. „Er ließ mich nicht raus."

„Ich habe dich rufen gehört", antwortete er ohne viel mehr Sinn.

Sie warf einen Blick auf den Mann, der auf dem Boden lag. „Du glaubst nicht, dass er …" Sie hielt inne, da sie das Wort nicht verwenden wollte.

Tom kniete neben ihm und fühlte sein Herz.

„Es schlägt", sagte er. Und fügte schnell hinzu: „Seine Augen sind offen."

Es war wahr. Die kalten, fischigen Augen hatten sich flackernd geöffnet und erfassten die Situation. Der Spieler wählte sofort seine Verteidigungslinie. Er sprach jetzt.

„Was zum Teufel hat dich gebissen , Morse? Nur weil ich das Mädchen zum Scherz gemacht habe, kommst du tobend rein und schlägst mich mit einem großen Knüppel in den Westen. Das werde ich nicht dulden. Sobald ich wieder fit bin." Um mit mir selbst klarzukommen, werden wir uns einigen."

„Steh auf und verschwinde", befahl der jüngere Mann.

„Wenn ich brav und bereit bin. Versuche nicht, mich anzurennen, junger Kerl. Einige andere Dummköpfe haben das als gefährlich empfunden."

Whaley setzte sich auf, stöhnte und drückte seine Hände auf den Bauch an der Stelle, wo er getroffen worden war.

Das rötlich-braune Glitzern in Morses Augen verriet die kalte Wut des Montananers. Er packte den Spieler am Kragen und zog ihn auf die Füße.

„Verschwinde, du gelber Wolf!" wiederholte er mit leiser, wilder Stimme.

Der weißgesichtige Händler war immer noch wackelig auf den Beinen. Er fühlte sich sowohl wund als auch krank in der Magengrube und hatte keine Lust auf weitere Auseinandersetzungen mit diesem knallharten Athleten. Aber er würde nicht gehen, ohne sein Gesicht zu wahren.

„Ich weiß nicht, welchen Auftrag du hast, mich hinauszuschicken – es sei denn –" Sein Blick ruhte einen Moment lang auf dem Mädchen, und die Beleidigung in seinem Blick war unverkennbar.

Morse packte ihn am Genick, trieb ihn aus dem Zimmer und warf ihn die Stufen hinunter auf die Straße. Der Spieler stolperte über seinen langen Büffelmantel und rollte im Schnee herum. Langsam stand er auf und schaute dem anderen in die Augen.

Wut erstickte fast in seinen Worten. „Dieser Tag wird dir leid tun, Morse. Ich verstehe dich richtig. Niemand hat Poker Whaley jemals über den Tisch gezogen und wird es auch nie tun. Vergiss das nicht."

Tom Morse verschwendete keine Worte. Er stand schweigend auf den Stufen, eine prächtige, geschmeidige Gestalt von bedrohlicher Macht, und sah zu, wie sein Feind die Straße entlangging. Er hatte den grausamen und leidenschaftlichen Wunsch, den Spieler zu ergreifen und ihn mit seinen Händen zu zerschlagen, ihn zu schlagen, bis er als schwaches und verwundetes, krankenhaustaugliches Geschöpf davonkroch. Er biss die Zähne fest zusammen und unterdrückte den Impuls.

Dann drehte er sich um und ging langsam zurück ins Haus. Sein Gesicht war noch immer ernst und seine Hände waren geballt. Er wusste, wenn Whaley Jessie verletzt hätte, hätte er ihn mit seinen bloßen Fingern getötet.

„Du kannst nicht hier bleiben. Wohin soll ich dich bringen?" fragte er und seine kalte Härte erinnerte sie an den Tom Morse, der sie eines Abends zur Peitsche geführt hatte.

Sie wusste nicht, dass er in seinem Inneren ein Kessel voller Emotionen war und dass er den Vulkanausbruch nur durch Erfrieren aufhalten konnte.

„Ich gehe zu Susie Lemoine", sagte sie mit leiser, gehorsamer Stimme.

Mit den Händen in den Taschen stand er auf und ließ sich einen Pelzmantel heraussuchen und hineinschlüpfen. Er verspürte ein Gefühl der Frustration. Er wollte sich loslassen und alles erzählen, was in seinem heißen Herzen war. Stattdessen hüllte er sich in Eis und trieb sie weiter von sich weg.

Sie gingen Seite an Seite die Straße entlang, keiner von ihnen sagte ein Wort. Auch sie war ein Opfer chaotischer Gefühle. Es würde lange dauern, bis sie vergessen konnte, wie er die Tür aufgebrochen und sie gerettet hatte.

Aber sie fand keine Worte, um es ihm zu sagen. Sie trennten sich an der Tür von Lemoines Hütte mit einem kühlen „Gute Nacht", das sie beide unglücklich und unzufrieden machte.

KAPITEL XIX

„ Wunderst du dich, dass sie mich hasst?"

Am Tag nach der Schlacht im Blockhaus kam Angus McRae mit der rechten Hand der Freundschaft zu Morse.

Die Augen waren so blau wie die Seen der Highlands und waren an denen des Pelzhändlers befestigt. „Junge, ich kann dir nicht sagen, was in meinem Herzen ist. ‚Der Herr segne dich und behüte dich. Der Herr lasse sein Angesicht über dir leuchten und sei dir gnädig. Der Herr erhebe sein Angesicht zu dir und schenke dir Frieden." .'"

Tom war verlegen und nahm die Angelegenheit auf die leichte Schulter. „Zum Glück war ich Johnnie-on-the-Spot."

Der alte Schotte schüttelte den Kopf. „Kein Glück hat dich zurückgeschickt, um das Kreischen des Mädchens zu hören, aber das Flüstern des Führers Vater ohne Fuß , dessen Erlaubnis nicht einmal ein Spatz zu Boden fällt. Er hat dich als Instrument ausgewählt. Ich werde nie vergessen , was du bist." „Das habe ich für meine Tochter getan , Tom Morse. Jess wird sich bei dir bedanken , aber ich füge meine zu ihrer hinzu."

Tatsächlich hatte Jessie ihm nicht in festen Worten gedankt. Sie war zu sehr aufgeregt gewesen, um daran zu denken. Aber Morse sagte es nicht.

„Oh, das ist in Ordnung. Jeder hätte es getan. Ich bin sehr froh, dass ich nahe genug war. Ich hoffe, dass es ihr durch den Schock nicht schlechter geht."

aus meinem Herzen gewaschen . Hier ist meine Hand, wenn du sie nimmst .
"

Tom tat es gerne. Im selben Moment entdeckte er, dass die Sonne Lichtfunken aus tausend Schneekristallen schlug. Es war eine gute Welt, wenn man nur nach Beweisen dafür suchte.

Bei Angus McRae ist der Riegel immer für dich da. Willst du nicht für einen Moment vorbeischauen ? " fragte der Fallensteller.

„Heute Abend nicht. Irgendwann. Ich werde sehen." Tom befand sich in der Lage eines Menschen, der ein lang ersehntes Vergnügen für sich entdeckt und zu schüchtern ist, um es sofort in Anspruch zu nehmen. „Hast du Whaley heute schon gesehen?" fragte er, um das Thema umzudrehen.

Die Lippen des Jägers wurden gerade und grimmig. „Das habe ich nicht. Er ist nicht im Laden. Der Verkäufer sagt, ein Bote habe ihn heute Morgen früh gerufen und er habe den Clachan sofort verlassen. Wird er sich verstecken , meinen Sie?"

Tom schüttelte den Kopf. „Nicht Whaley. Er wird es durchbluffen. Der Kerl ist nicht gelb. Wahrscheinlich wird er darüber lachen und sagen, dass er nur einen Kuss gestohlen hat und dass Miss Jessie dumm war, deswegen so viel Aufhebens zu machen."

„Wir lassen es dabei bewenden – nachdem ich ihm öffentlich gesagt habe, was ich von ihm halte."

Wo Whaley gewesen war, wusste niemand in Faraway. Als er bei Sonnenuntergang zurückkam, ging er direkt zum Laden und zog seine Schneeschuhe aus. Er warf gerade den gepackten und gefrorenen Matsch von sich, als Angus McRae ihn konfrontierte.

Der Händler lachte über die Lippen, genau wie Tom es prophezeit hatte . „Ich denke, ich schulde dir eine Entschuldigung, McRae", sagte er. „Diese kleine Wildkatze von dir hat den Kopf verloren, als ich sie aufgeheitert habe und Morse die Tür aufgebrochen hat, wie der Idiot, der er ist."

An die Herabwürdigung, die Angus McRae Whaley verpasste, erinnern sich noch immer ein oder zwei Oldtimer im Nordwesten. Mit scharfen, bissigen Worten befreite er seinen Geist, ohne auch nur einmal in Obszönitäten zu verfallen. Er schloss mit einer Warnung. „Achten Sie darauf, dass Sie nie wieder mit dem Mädchen sprechen, sonst geraten Sie und ich in Streit."

Der Ladenbesitzer hörte ihm zu, ein spöttisches Lächeln auf seinem weißen Gesicht. Innerlich tobte er vor wütender Wut, aber er ließ seine Gefühle nicht an die Oberfläche kommen. Er war ein Mann, der die Geduld hatte, auf seine Rache zu warten. Je länger es verzögert wurde, desto schwerer würde es sein. Ein Merkmal seines kalten, gefühllosen Temperaments war, dass er das Feuer langsam annahm, aber sobald es angezündet war, blieb sein Hass bestehen wie Torfkohlen in einem Kamin. Als eitler Mann war ihm seine Würde kostbar. Er krümmte sich angesichts der Niederlage, die Morse ihm zugefügt hatte, wegen seines Scheiterns bei Jessie, wegen der verächtlichen öffentlichen Zurechtweisung ihres Vaters. An all diesen drei Dingen würde er eines Tages eine süße Rache üben. Wie alle Spieler folgte er einer Ahnung. Bald, sagte ihm einer von ihnen, würde seine Chance kommen. Wenn es soweit war, würde er alle drei Blut schwitzen lassen.

Später am Tag traf Beresford Tom Morse. Er warf dem Pelzhändler einen skurrilen Blick zu.

„Ich habe gehört, dass McRae Sie auf Schadensersatz an seinem Haus verklagen wird", sagte er.

„Wo hast du das alles gehört?" fragte sein Freund, der offenbar damit beschäftigt war, ein halbes Dutzend Biberfelle zu inspizieren.

„Und Whaley für Schäden an seiner inneren Maschinerie. Wussten Sie nicht, dass man einem Mann nicht mit einer jungen Kiefer durch den Bauch katapultieren kann, ohne seine physische Geographie zu verletzen?" machte der Polizist Vorwürfe.

„Wenn du damit fertig bist , mich zu verarschen , wie ihr Untertanen der Königin es nennt", schlug Tom vor.

„Nun, dann sage ich dir, dass du ein Auge auf Whaley haben sollst. Er liebt dich nicht besonders für das, was du getan hast, und es besteht die Gefahr, dass er dich bei der ersten Gelegenheit fertig macht."

„Ich bin nicht auf der Suche nach Ärger, aber wenn Whaley einen Kampf will –"

„Das tut er nicht – nicht deine Art von Kampf. Seine Idee wird es sein, dich zu beschimpfen, bevor er zuschlägt. Gehen Sie mit einem Auge im Hinterkopf. Schlafen Sie mit offenem Auge. Setzen Sie sich nicht an die Fenster, wenn die Lampen ausgeschaltet sind." angezündet – nicht ohne alle Vorhänge herunterzulassen. Spielen Sie alle Ihre Karten gut aus. Der Rotrock sprach beiläufig und schlug mit einer kleinen Reitgerte auf seinen Stiefel. Er lächelte. Dennoch wusste Tom, dass er es absolut ernst meinte.

„Klingt nach einem guten Rat. Ich werde ihn annehmen", sagte der Händler leichthin.
„Ist noch etwas auf deiner Brust?"

„Warum, ja. Wohin ist Whaley heute gegangen? Was hat ihn auf einer eiligen Reise von ein paar Stunden aus der Stadt gerufen?"

„Ich weiß es nicht. Weißt du?"

„Nein, aber ich kann gut raten."

„ Meinst du ?"

„Bully West. Irgendwo draußen im Wald versteckt. Ein Kerl kam heute Morgen herein und holte Whaley, der sofort mit Schneeschuhen zurückkam."

Tom nickte zustimmend. „ Vielleicht ja . Whaley war fünf oder sechs Stunden weg.
Das bedeutet, dass er wahrscheinlich acht bis zehn Meilen weit gereist ist."

„Die Frage ist, in welche Richtung? Niemand hat ihn gehen oder kommen sehen – zumindest, um zu wissen, dass er nicht um die Stadt herumgegangen ist und von der anderen Seite hereingekommen ist."

„Er wird wieder gehen, mit Vorräten für West. Passen Sie auf ihn auf.“

„Genau das werde ich tun.“

„Vielleicht schickt er jemanden mit.“

„Ja, das könnte er tun“, gab Beresford zu. „Ich werde den Laden im Auge behalten und sehen, was herauskommt. Wir wollen West. Er ist ein feiger Mörder – er hat den Mann getötet, der ihm vertraut hat – und ihm in den Rücken geschossen. Dieses Land wird ihn sicher los sein, wenn er gehängt wird.“ was er dem armen Tim Kelly angetan hat.

„Er ist ein verdammt böser Kerl, aber er ist gefährlich. Vergiss das nie“, warnte der Pelzkäufer. „Wenn er dich jemals für einen Moment erwischt, bist du weg.“

„ Natürlich sind wir möglicherweise auf dem falschen Weg“, überlegte der Beamte laut. „Vielleicht ist West nicht mehr als fünfhundert Meilen von hier entfernt. Vielleicht ist er einen anderen Weg gegangen oder Montana. Und es heißt, dass er sowohl bei Slide Out als auch beim Überqueren des Old Man's River auf diesem Weg gesehen wurde, nachdem er geflohen war.

„Er geht wahrscheinlich davon aus , dass er sich in den Wäldern des Nordens verlieren wird .“

„Meine Meinung auch. Sag mal, Tom, ich habe eine Einladung von einer jungen Dame für dich und mich. Ich soll dich zum Abendessen bringen, sagt Jessie McRae. Heute Abend. Wildbret und Schafspemmikan – und echter Plumpudding, Sohn. Du sollst mit Angus die Friedenspfeife rauchen und dich am Lächeln von Miss Jessie und Matapi -Koma wärmen. Wie gefällt dir das Programm ?“

Tom errötete. „Ich glaube nicht, dass ich gehen werde“, sagte er nach kurzem Überlegen.

Sein Freund legte ihm liebevoll die Hand auf die Schulter. „Karten runter, alter Kerl. Erzähl mir die Geschichte dieser tödlichen Fehde zwischen dir und Jessie und ich werde dir eine Außenmeinung dazu sagen.“

Der Montananer sah ihn düster an. „Hast du es nicht gehört? Wenn nicht, bist du der einzige Mann in diesem Land, der es nicht gehört hat.“

„Du meinst – wegen der Auspeitschung?“ fragte Beresford sanft.

„Das ist alles“, antwortete Morse bitter. „Nichts im Großen und Ganzen. Ich habe sie nur mit der Pferdepeitsche auspeitschen lassen. Du glaubst nicht, dass irgendein Mädchen etwas dagegen hätte, oder?“

„Ich würde gerne das Richtige hören. Wie ist es passiert?“

„Der Teufel steckte in mir, schätze ich. Wir haben die Ladung Whisky, die du in der Nähe von Whoop-Up gefunden und zerstört hast, über die Grenze gejagt . Eines Nachts kam sie in unser Lager, schlich sich an und zerschmetterte ein paar Fässer. Ich habe sie erwischt. Sie kämpfte wie eine Wildkatze. Morse zog den Ärmel seines Mantels hoch und zeigte eine lange, ausgefranste Narbe am Arm. „Ich habe das als kleines Andenken an sie geschenkt. Weißt du, sie hatte Angst, ich würde sie zurück ins Lager bringen. Also hat sie gekämpft. Du kennst West. Ich hätte sie nicht zu ihm gebracht."

"Was hast du gemacht?"

„Nachdem ich sie erwischt hatte, haben wir uns geeinigt. Ich sollte sie in McRaes Lager bringen und sie sollte von ihm ausgepeitscht werden. Mein Arm tat wie eine Sünde weh und ich dachte , sie wäre nur eine wilde junge Indianerin."

„ Also hast du sie nach Hause gebracht?"

ihn . Er ist Scotch – und gründlich .

Beresfords Lächeln war gewinnend. „Will sie, dass du heute Abend zum Abendessen kommst, weil sie dich hasst?"

„Das liegt daran, dass sie bei mir Schulden hat – oder denkt, dass sie es ist, denn das ist sie natürlich nicht – und sie so schnell wie möglich abbezahlen und loswerden will. Ich sage dir, Win, sie konnte es nicht ertragen Sie berührte meine Hand, als sie mir neulich Abend den Schlüssel zum Lagerhaus gab – und legte ihn auf den Tisch, damit ich ihn abholen konnte. Es ist ihr tatsächlich körperlich geworden. Sie würde schaudern, wenn ich sie berühren würde. Ich gehe nicht um dort zu Abend zu essen. Warum sollte ich ihre Großzügigkeit ausnutzen? Nein, ich werde nicht hingehen."

Und von dieser Position aus konnte Beresford ihn nicht bewegen.

Nach dem Abendessen fand der Polizist Gelegenheit, Jessie allein zu sehen. Sie arbeitete an den letzten Arbeiten am Waffenkoffer.

„Wenn es fertig ist, wer bekommt es?" fragte er und setzte sich anmutig auf die Armlehne eines großen Stuhls.

Sie warf ihm einen neckenden Blick zu. „Wer hat es deiner Meinung nach verdient?"

„Ich habe es verdient", versicherte er ihr sofort. „Aber es sind nicht immer die, die es verdient haben, die auf dieser Welt belohnt werden. Sehr wahrscheinlich wirst du sie einem Kerl wie Tom Morse geben."

„Wer würde nicht zum Abendessen kommen, wenn wir ihn darum bitten würden?" Sie hob den Blick fest und fragend. „Was war der wahre Grund, warum er nicht gekommen ist?"

„Er sagte, er könne dem Laden nicht entkommen, weil …"

„Ja, das habe ich gehört. Ich frage nach dem wahren Grund, Win."

Er hat es gegeben. „Tom denkt, dass du ihn hasst und er wird sich deiner Großzügigkeit nicht aufdrängen."

"Oh!" Sie schien darüber nachzudenken.

"Tust du?"

„Muss ich was?"

"Hasse ihn."

Sie spürte, wie die Röte unter dem dunklen Braun ihrer Wangen brannte. „Wenn du wüsstest, was er mir angetan hat –"

„Vielleicht tue ich das", sagte er sehr sanft.

Ihre dunklen Augen musterten ihn aufmerksam. "Er hat es dir gesagt?"

„Nein, man hört Klatsch. Er hasst sich selbst deswegen. Tom ist weiß, Jessie."

„Und ich bin Inderin. Natürlich macht das einen Unterschied. Wenn er ein weißes Mädchen ausgepeitscht hätte, könnte man ihn nicht verteidigen", flammte sie auf.

„Du weißt, dass ich das nicht so gemeint habe, kleiner Kumpel." Sein sonniges Lächeln war entwaffnend. „Was ich meine ist, dass es ihm leid tut, was er getan hat. Warum ihm nicht die Chance geben, Freunde zu sein?"

„Nun, wir haben ihm heute Abend eine Chance gegeben, nicht wahr? Und er hat beschlossen, sie nicht zu nutzen. Was soll ich tun – hingehen und ihm freundlich dafür danken, dass er mich ausgepeitscht hat?"

Beresford gab achselzuckend auf. Er wusste, wann er genug gesagt hatte. Eines Tages könnte der Samen, den er fallen gelassen hatte, keimen.

„Wäre es nicht eine gute Idee, einen WB mit diesem Fall zu beauftragen?" fragte er mit freundlicher Frechheit. „Wenn ich es dann verliere, könnte derjenige, der es findet, es zurückgeben."

„Ich gebe Leuten keine Geschenke, die sie verlieren", parierte sie.

Ihre tanzenden Augen leuchteten sehr hell, als sie seine trafen. Sie liebte die schlanken Linien seiner reinen, schönen Jugend und die Seele, die sie zum Ausdruck brachten.

Matapi -Koma watschelte in den Raum und der berittene Polizist richtete seine Aufmerksamkeit auf sie. Sie wog zweihundertzwölf Pfund, war aber in dieser Hinsicht nicht empfindlich. Beresford behauptete besorgt, dass sie dünner werde.

Die Inderin lächelte ihn lediglich gütig an. Sie mochte ihn, wie alle Frauen. Und sie hoffte, dass er auf dem Land bleiben und Sleeping Dawn heiraten würde.

KAPITEL XX

ONISTAH LIEST ZEICHEN

McRae passte Jessies Schneeschuhe an.

„Du wirst vor Einbruch der Dunkelheit sterben , Mädchen", sagte er ein wenig besorgt.

"Ja Vater."

Der Jäger wandte sich an Onistah . „Sie ist in deiner Obhut, Junge. Wenn sich das Wetter ändert oder droht, lass die Fallen los und greife nach dem Toon. Du darfst kein Risiko eingehen ."

„Back assam weputch (sehr früh)", versprach der Blackfoot.

Er war stolz auf das ihm entgegengebrachte Vertrauen. Für ihn war McRae ein großartiger Mann. Für viele Fallensteller und Freihändler war das Wort des alten Schotten Gesetz. Sie kamen mit ihren Streitigkeiten zur Beilegung zu ihm und folgten seinen Entscheidungen. Denn Angus war nicht nur der Patriarch des Clans, wenn man eine so lockere Konföderation von Anhängern als Clan bezeichnen konnte; Er wurde für seine Güte und seinen praktischen gesunden Menschenverstand geschätzt.

Onistahs Herz schwoll vor einer Emotion an, die mehr als nur Eitelkeit war. Sein Herz erfüllte sich mit Freude, dass Jessie ihn als Führer und Begleiter für die Schneeschuhwanderung mit ihr in die weißen Wälder wählen sollte, wo ihre Fallen aufgestellt waren. Denn der junge Inder liebte sie stumm und ohne jede Hoffnung auf Belohnung, so wie einige ihrer rauen Soldaten Jeanne d'Arc geliebt haben müssen. Jessie war eine Geliebte, deren Gehorsam er auch in der kleinsten Laune als Pflicht empfand. Er hatte sie angebetet, seit er sie gesehen hatte, ein kleines, eifriges, warmherziges Kind, das im Wigwam seiner Mutter spielte. Sie war ebenso außerhalb seiner Reichweite wie der Nordstern. Doch ihr schnelles, zärtliches Lächeln galt für ihn genauso wie für Fergus.

Sie schlurften aus dem Dorf in den Wald, der von allen Seiten an die Siedlung heranreichte. Bald befanden sie sich tief in seinen Schatten und schoben sich am Rand eines Moschusgrass entlang, das sie vorsichtig umgingen, um nicht durch seinen tückischen sumpfigen Untergrund behindert zu werden.

Jessie trug zum Schutz vor dem kalten Wind eine Kapuze aus Karibufell mit Fell. Ihre Mokassins bestanden aus geräuchertem Elchleder und waren mit der Perlenstickerei mit Blumenmuster verziert, die bei den französischen Mischlingen des Nordens so häufig verwendet wurde. Die darin enthaltenen Socken bestanden aus Dufflecoat und die Leggings aus Strouds , beides

Materialien, die für die Hudson's Bay Company für ihre Fallensteller hergestellt wurden.

Der Tag war vergleichsweise warm, aber der Schnee war weder matschig noch sehr tief. Dennoch war sie froh, als sie den Fangplatz erreichten und Onistah zum Abendessen Halt machte. Sie war müde von der Last des Schnees auf ihren Schuhen und ihre Füße hatten Blasen wegen der Schnürsenkel, die in die Reisetasche schnitten, und dem zarten Fleisch darin.

Onistah baute ein Feuer aus Pappeln, das bald wie eine Front knisterte und glühende Kohlen in einer unregelmäßigen Salve auf sie schoss. Darauf kochten sie Tee, erhitzten Pemmikan und Bannocks und tauten ein Glas mit Eingemachtem auf, das Jessie im vergangenen Sommer aus Elbebeeren und wilden Himbeeren gemacht hatte. Davor trockneten sie ihre Mokassins, Socken und Leggings.

Danach trennten sie sich, um einen Rundgang durch die Fallen zu machen, und vereinbarten, sich anderthalb Stunden später am Ort ihres Abendessenlagers zu treffen.

Der Schwarzfuß fand eine der kleinen Fallen, die wahrscheinlich von einem Bären in Stücke gerissen worden war, denn er sah ihre Spuren im Schnee. Er baute die Schlinge wieder zusammen und köderte sie mit Teilen eines Kaninchens, das er geschossen hatte. In einer Falle entdeckte er ein Stinktier und in einer anderen einen Timberwolf. Als er in Sichtweite des Rendezvous kam, war er zu spät.

Jessie war nicht da. Er wartete eine halbe Stunde voller wachsender Angst, bevor er ihr entgegenging. Bald würde die Nacht hereinbrechen. Er musste sie finden, solange es noch hell genug war, um ihren Spuren zu folgen. Die Katastrophen, die ihr widerfahren könnten, beschäftigten ihn. Ein Bär könnte sie angegriffen haben. Sie könnte im sumpfigen Moschusgras verloren gehen oder sich darin verfangen. Vielleicht hatte sie sich versehentlich selbst erschossen.

So schnell er konnte, lief er mit Schneeschuhen durch den Wald und folgte dabei der einfachen Spur, die sie hinterlassen hatte. Es trug ihn zu einer Falle, aus der sie Beute gemacht hatte, denn sie war frisch mit Ködern versehen und der Schnee war mit Blut besprenkelt. Bevor er den zweiten Gin erreichte, steigerte sich die Aufregung in ihm. Jemand mit Schneeschuhen hatte ihr den Weg versperrt und war abgewichen, um sie zu verfolgen. Onistah wusste, dass der Folgende ein Weißer war. Die Spitzen der Schuhe waren nach außen gedreht. Crees trat ein, sowohl auf Schwimmhäuten als auch in Mokassins.

Seine Fantasie war aktiv. Welcher Weiße hatte in diesen Wäldern etwas zu suchen? Warum sollte er dieses Geschäft verlassen, um Jessie McRae zu überholen? Onistah wusste nicht genau, warum er sich Sorgen machte, aber unwillkürlich beschleunigte er sein Tempo.

Weniger als eine Viertelmeile weiter las er ein weiteres Kapitel der Geschichte, geschrieben im zertrampelten Schnee. Es hatte einen Kampf gegeben. Seine Geliebte war überwältigt worden. Er konnte sehen, wo sie in eine weiße Bank geschleudert und daraus herausgezogen worden war. Sie hatte versucht zu rennen und war kaum ein Dutzend Meter weit gekommen, bevor sie es wieder einfangen konnte. Von diesem Punkt an bewegten sich die Spuren in einer geraden Linie vorwärts, wobei die Spuren der kleineren Netze von denen der größeren verdeckt wurden. Der Mann fuhr das Mädchen vor sich her.

Wer war er? Wohin brachte er sie? Für welchen Zweck? Onistah konnte es nicht erraten. Er wusste, dass McRae sich Feinde gemacht hatte, wie es jeder energische Charakter an der Grenze tun muss. Der Schotte hatte faule Taugenichtse aus seinem Lager vertrieben. Als Freihändler hatte er sich mit der Hudson's Bay Company messen können. Aber von denen, die mit ihm Krieg führten, würden sich nur wenige wagen, sich an seiner Tochter zu rächen. Der Blackfoot hatte weder von dem jüngsten Ärger zwischen Whaley und den McRaes gehört , noch hatte ihn die Nachricht erreicht, dass Bully West wieder frei war. Deshalb war er verwirrt darüber, was ihm die Zeichen auf dem Schnee sagten.

Dennoch wusste er, dass er sie richtig gelesen hatte. Der letzte Beweis dafür war für ihn, dass Jessie die Spur bahnte und nicht der Mann. Wenn er ein Freund wäre , würde er den Weg weisen. Er war ihr auf den Fersen, weil er sicherstellen wollte, dass sie nicht versuchte zu fliehen oder ihn anzugreifen.

Die Spuren führten hinunter ins Moschusgras. Es spritzte Schnee, aber er hatte keine Schwierigkeiten zu erkennen, wohin die Spur von Hügel zu Hügel in der schlammigen Erde führte. Der Weg hierher war schwierig, denn das dichte Moos war voller kurzer, steifer Büsche, die sich an den Schwimmhäuten der Schuhe verfingen und den Reisenden zum Stolpern brachten. Es war schwierig, einen ausgeglichenen Stand zu finden. Die Hügel waren uneben, und mehr als einmal stürzte Onistah knietief von einem in den Sumpf.

Er überquerte den Muskeg und erklomm einen Anstieg in den Wald, wobei er scharf nach rechts schwang. Über die Richtung der Spuren im Schnee bestand keine Unsicherheit. Wenn sie ein paar Meter weit abbogen, dann nur, um einen Baum zu verfehlen oder einen Baumstamm zu umfahren. Wer auch immer es sein mochte, der Mann, der Jessie gefangen genommen hatte, wusste genau, wohin er wollte.

Durch die Eindrücke der Netze wusste der Schwarzfuß, dass er ein großer, schwerer Mann war. Ein- oder zweimal sah er Tabaksaftflecken auf dem Schnee. Die zerbrochenen Teile einer Whiskeyflasche, die gegen einen Baum geschleudert wurde, beruhigten ihn nicht gerade.

Er sah Rauch. Es stammte aus einem Gewirr von Unterholz in einer Waldsenke. Sehr vorsichtig und mit der Geduld seiner Rasse umrundete er die Hütte durch das Holz und kroch auf Händen und Knien darauf zu. Auf jedem Meter des Weges nutzte er jede verfügbare Deckung aus.

Das Fenster war ein kleines, einscheibeniges Fenster, das am Ende gegenüber der Tür eingebaut war. Onistah trat näher heran und lauschte. Er hörte das Dröhnen von Stimmen, eine schwer und knurrend, eine andere leise und überzeugend.

Sein Herz machte einen Sprung, als er eine dritte Stimme hörte, einen hohen, hohen Ton. Er hätte es unter Tausenden gewusst. Es hatte ihn im Wirbel vieler windgepeitschter Stürme gerufen. Er hatte es auf der langen Überquerung gehört, in der Stille der einsamen Nacht, in Lagern am Seeufer, die fernab aller anderen Menschen errichtet wurden. Seine Fantasie hatte es in der Sommerbrise gehört, als er in seinem Kanu aus Birkenrinde über einen sonnenverwöhnten See paddelte.

Der Schwarzfuß hob den Kopf, bis er durch das Fenster schauen konnte.

Jessie McRae saß ihm gegenüber auf einem Hocker. Zwei Männer waren im Raum. Einer schritt schwerfällig auf und ab, während der andere ihn misstrauisch beobachtete.

KAPITEL XXI

An der Grenze der Verzweiflung

Der Zwang des Lebens hatte Jessie die Freundlichkeit verwehrt, die die Komplexität der modernen Zivilisation den Mädchen zuteil werden ließ. Sie war mit der rauen Natur aufgewachsen. Die Gewohnheiten der Tiere waren ihr vertraut und die Laster des Zweibeiners.

Ein Reisender in der Subarktis wird durch die tödliche Kälte des Nordens zu einem nahezu intimen Zusammenleben mit seinen Mitmenschen gezwungen. Jessie hatte mehr als einmal eine lange Schlittenfahrt mit ihrem Vater unternommen. Einmal hatte sie in einem schmutzigen indischen Wigwam mit einem Dutzend Eingeborenen geschlafen, die alle die gleiche üble, unbelüftete Luft atmeten. Wieder hatte sie sich zusammen mit ihrem Vater und zwei französischen Mischlingen an die Hunde geschmiegt, um den Funken Leben in sich zu behalten, den der Atem eines Schneesturms auszublasen versuchte.

Auf einer solchen Reise werden einige der üblichen Anstandsregeln des Daseins aufgegeben. Die extrem niedrige Temperatur macht es unmöglich, Gesicht oder Hände zu waschen, ohne dass die Haut reißt und reißt. Speisen, vor denen man sich unter anderen Umständen auflehnen würde, werden gierig verschlungen.

Jessie war die Art von Mädchen, die ein solches Leben aus ihr gemacht hatte, mit Veränderungen in Richtung Feinheit, die durch McRaes robusten Charakter, ihre Schulzeit in Winnipeg und die höhere Ebene des Familienstandards hervorgerufen wurden. Wie zu erwarten war, verfügte sie über Mut, Energie und die Qualität entschlossenen Handelns, die primitive Bedingungen hervorbrachten.

Aber sie hatte sich auch eine Reinheit des Geistes bewahrt, die bei einer so urzeitlichen Tochter Evas kaum zu erwarten war. Ihre Fantasie und ihre Lektüre hatten die süße Bescheidenheit des Mädchens gerettet. Eine gewisse Distanziertheit ermöglichte es ihr, das Elend des Tatsächlichen zu ignorieren und es nur als oberflächliche Trivialität zu betrachten und ihren Geist in inneren Vorstellungen von Güte und Schönheit verweilen zu lassen, während Bestialität den Weg kreuzte, den sie beschritt.

also in einem der Gins einen wilden Luchs fand, der von verletztem Fleisch und gebrochenen Knochen schmerzte, die von den Kiefern der Falle zerbrochen wurden, tat das Mädchen schnell und mit einem Minimum an Widerwillen, was getan werden musste.

Sie war nahe an der zweiten Falle, als das Geräusch von über den Schnee glittenden Spinnweben sie aus der Fassung brachte. Ihr erster Gedanke war, dass Onistah seine Meinung geändert hatte und ihr folgte, doch als der Schneeschuhwanderer aus dem dichten Wald kam, erkannte sie, dass er kein Indianer war.

Er war ein riesiger Mann und aufgrund der schweren Pelze, die ihn umhüllten, war er größer. Er bewegte sich ziemlich schnell, doch sein Gang hatte eine unbeholfene Haltung, die sie an einen Grizzlybären erinnerte. In den Bewegungen des Kerls schien sich ein gewisses mürrisches Temperament auszudrücken.

Die Kapuze seines Fells war weit nach vorne über das Gesicht gezogen. Er trug eine blaue Brille, offenbar zum Schutz vor Schneeblindheit. Jessie lächelte und hielt ihn für einen zarten Fuß; Denn außer im März und April besteht eine geringe Gefahr der Blendung durch die Sonne, die die Sicht beeinträchtigt. Dennoch sah er kaum wie ein Neuankömmling im Norden aus. Zum einen nutzte er die Webschuhe wie ein Experte. Bevor er neben ihr stehen blieb, war sie bereit, ihre zu voreilige Meinung zu revidieren.

Jessie zuckte im letzten Moment zurück, noch bevor sie ihn erkannte. Jetzt war es zu spät, Vorsichtsmaßnahmen zu treffen. Er packte sie am Handgelenk, riss seine Brille ab und schüttelte gleichzeitig die Kapuze zurück.

„Ich freue mich sehr, Sie zu treffen, Missie ", grinste er böse durch gebrochene, tabakfleckige Zähne.

Das Blut floss aus ihrem Herzen. Sie sah den Mann schweigend und verzweifelt an. Seine Anwesenheit hier könnte für sie nichts weniger als eine Katastrophe bedeuten. Die weißen Lippen des Mädchens versuchten, Worte zu formulieren, die sie nicht aussprechen konnten.

„Das hat Sie überrascht, nicht wahr ?" er spottete. „Aber ich freue mich sehr , den alten Bully West wiederzusehen, was? Es ist eine verdammt lange Gasse , in der nirgendwo eine Biegung ist Ich habe versprochen, dass es sein würde, wenn ich dich das letzte Mal gesehen habe.

Sie krümmte sich in einem schnellen, fehlgeschlagenen Versuch, sich aus seinem Griff zu befreien.

Er warf brüllend lachend den Kopf zurück und brachte seinen Gefangenen dann mit einer Bewegung seiner Finger auf die Knie.

Scharfe Zähne blitzten weiß auf. Er stieß einen Schmerzensschrei aus und riss seine Hand weg. Sie hatte ihn brutal ins Handgelenk gebissen, wie sie es einmal bei einem denkwürdigen Anlass mit einem anderen Mann getan hatte.

„ Gottmächtig !" er brüllte. „Du verdammte kleine Höllenkatze!"

Sie war sofort auf den Beinen und weg. Aber einer der Schneeschuhe hatte sich bei dem Kampf gelöst. Bei jedem Schritt stieß ihr linker Fuß durch die weiße Kruste und behinderte den Fortschritt.

Mit einem Dutzend Schritten hatte er sie erreicht. Ein großer Arm schwang herum und versetzte dem Läufer einen Schlag an die Seite des Kopfes. Der Schlag hob das Mädchen von den Füßen und schleuderte es zwei Meter entfernt in eine Schneewehe.

Sie blickte auf, benommen vor Schock. Der Mann stand über ihr, ein riesiger, bedrohlicher, schlecht geformter Koloss.

"Aufstehen!" er befahl harsch und packte sie an der Schulter.

Sie war wieder auf den Beinen, entweder weil sie aufgestanden war oder weil er sie hochgerissen hatte. Ein Klingeln im Kopf und eine Übelkeit führten zu Schwindelgefühlen.

„Ich werde dich lernen!" er explodierte vor Flüchen. „Versuchen Sie es noch einmal, und ich werde Sie umhauen. Sie sind Bully Wests Frau, verstehen Sie ? Wenn ich ‚Komm!' sage. Schritt lebhaft. Wenn ich „Los!" sage. Beweg dich.

"Ich werde nicht." Trotz ihrer Angst begegnete sie ihm mit Mut. „Meine Freunde sind in der Nähe . Sie werden kommen und mit dir abrechnen."

Er unterdrückte sein Temperament. Sehr wahrscheinlich stimmte das, was sie sagte. Es war nicht vernünftig anzunehmen, dass sie viele Meilen von Faraway entfernt allein im Wald war. Sie war natürlich gekommen, um sich die Fallen anzusehen, aber jemand musste sie begleitet haben. WHO? Und wie viel? Die heimliche Vorsicht seines Wildtiercharakters machte sich bemerkbar. Er sollte besser auf Nummer sicher gehen. Zeit genug, das Mädchen zu zähmen, als er sie tief in den Einsamen Landen hatte, weit weg von jedem anderen Menschen außer sich selbst. Gerade jetzt bestand das erste Bedürfnis darin, viele Meilen zwischen ihnen und der unvermeidlichen Verfolgung liegen zu lassen.

„Komm", sagte er. "Wir werden gehen."

Sie machte sich auf den Weg zurück, um den abgerissenen Schneeschuh zu holen. Daneben lag ihr Gewehr. Wenn sie es wieder in die Finger bekommen könnte —

Der große Koloss bewegte sich neben ihr, sein Daumen und seine Finger legten sich um ihren Nacken. Bevor sie die Waffe erreichten, drehte er sie so grausam zur Seite, dass eine Flamme des Schmerzes über ihren Rücken lief. Sie schrie.

Er lachte, als er sich nach der Waffe und dem Netz bückte. „Spiel Bully West keine Streiche wie früher. Er wusste alles, bevor du geboren wurdest."

Der Druck seines Griffs schleuderte Jessie nach links. Er gab ihr einen Stoß, der sie ins Wanken brachte, und schleuderte den Schneeschuh nach ihr.

„Jetzt mach dich fertig."

Sie kniete nieder und richtete das Netz aus. Sie hätte gekämpft, wenn es auch nur die geringste Chance auf Erfolg gegeben hätte. Aber es gab keine. Sie konnte auch nicht weglaufen. Der Kerl war ein gefühlloser, schwarzherziger Grobian. Er würde sie lieber erschießen, als sie entkommen zu sehen. Wenn sie stur wurde und sich weigerte, sich zu bewegen, quälte er sie fröhlich, bis sie vor Schmerzen schrie. Es gab nichts, was ihm besser gefallen hätte. Nein, vorerst muss sie Befehle entgegennehmen.

„Mach dich auf den Weg, Missie . Unten an dem großen Baum vorbei", schnappte er.

"Wo bringst du mich hin?"

„Stellen Sie mir keine Fragen. Tun Sie, was ich Ihnen sage."

Das Mädchen warf einen Blick auf sein schweres, brutales Gesicht und tat, was ihr gesagt wurde. Onistah würde sie finden. Wenn sie beim Rendezvous nicht erschien, folgte er ihrer Spur und stellte fest, dass etwas nicht stimmte. Die gute alte Onistah hatte sie nie im Stich gelassen. Er war treu wie bewährter Stahl und in allen nördlichen Wäldern gab es keinen besseren Fährtenleser.

Es würde einen Kampf geben. Wenn West ihn zuerst sehen würde, würde er den Blackfoot sofort erschießen. Das musste sie nicht erraten. Er würde es aus zwei Gründen tun. Das erste war das allgemeine, dass er nicht wollte, dass einer ihrer Freunde wusste, wo er war. Konkreter war, dass er bereits einen Groll gegen den jungen Inder hegte, den er gerne ein für alle Mal begleichen würde.

Jessies einzige Hoffnung war, dass Onistah zur Rettung eilen würde. Dennoch fürchtete sie den Moment seines Kommens. Er war eine sanfte Seele, einer der Konvertiten von Pater Giguère . Es war durchaus wahrscheinlich, dass er offen in das Lager des entflohenen Sträflings eindringen und Opfer der List des Mörders werden würde. An Mut mangelte es Onistah nicht. Er würde kämpfen, wenn er es tun müsste. Tatsächlich wusste sie, dass er durchs Feuer gehen würde, um sie zu retten. Aber Tapferkeit war nicht genug. Sie hätte sich fast gewünscht, dass ihr Pflegebruder ebenso voller teuflischer Verräterei wäre wie der riesige Affenmensch, der ihr auf den Fersen schlenderte. Dann wären die Chancen auf eine Schlacht ausgeglichener.

Der Desperado trieb sie in den Moschusweg und lenkte den Kurs des Mädchens mit einem Strom obszöner und anzüglicher Schimpfwörter.

Es ist zweifelhaft, ob sie ihn gehört hat. Während ihre geschmeidigen, geschmeidigen Gliedmaßen sie von einem Mooshügel zum nächsten trugen, war sie mit dem Problem der Flucht beschäftigt. Sie muss bald weg. Jede Stunde erhöhte die Gefahr. Die Sonne würde bald untergehen. Wenn sie bei Einbruch der langen arktischen Nacht immer noch die Gefangene dieses Raufbolds wäre, würde sie die Qualen der Verdammten erleiden. Sie sah sich der Tatsache direkt gegenüber, obwohl ihre Wangen bei dieser Aussicht blass wurden und das Herz in ihr verkümmerte.

Von der schrägen Seite eines Hügels rutschte ihr Fuß aus und sie rutschte bis auf die Knie in das eisige Moor. Innerhalb weniger Minuten waren Reisetaschen und Leggings gefroren und sie litt bei jedem Schritt.

Aus dem Muskeg kamen sie in den Wald. Eine Schneeflocke fiel auf Jessies Wange und ließ ihr das Blut gefrieren. Denn sie wusste, wenn es schneien würde, bevor Onistah den Weg einschlug oder sogar bevor er den Ort erreichte, zu dem West sie bringen wollte, wären die Chancen auf eine Rettung sehr gering. Ein Sturm würde die Spuren verwischen, die sie hinterlassen hatten.

„Schwing dich vom Felsen zurück und ins Unterholz“, knurrte West. Dann, als sie den schmalen Pfad durch das Gebüsch nahm, das zwischen einem halben Dutzend kleiner, heruntergekommener Bäume gewachsen war, bellte er eine Frage: „ Wie hieß der Indianer früher?“

„Mein Name ist Jessie McRae“, antwortete sie mit einem Anflug von wütendem Stolz. „Du weißt, wer ich bin – die Tochter von Angus McRae. Und wenn du mir Schaden zufügst, wird er dich jagen und wie einen Wolf töten.“

Er packte sie am Arm und wirbelte das Mädchen herum. Seine großen gelben Eckzähne schnappten wie Stoßzähne und er knurrte sie durch zusammengebissene Kiefer an. „Hast du die Stimme deines Herrn gehört ? Ich fragte: Wie hieß deine Squaw?“

Sie schrie fast vor Schmerz auf, als seine Finger ihr Fleisch brutal umklammerten. Der Mut erstarb aus ihren Arterien.

„Sleeping Dawn “ nannten sie mich.“

„Zu lang“, erklärte er. „Ich nenne dich Dawn.“ Der Anblick ihrer Angst vor ihm, der Vorgeschmack auf den Triumph, den er genießen sollte, brachte ihn für einen Moment in brutale gute Laune zurück. „Und wenn ich dir morgens ‚Morgendämmerung‘ zurufe , musst du dich aufraffen und das Feuer anzünden und das Frühstück zubereiten. Ich werde dich gut behandeln, wenn du dich benimmst, aber wenn du scheiße bist mürrisch, du wirst die Hundepeitsche schmecken. Ich bin der Boss. Du wirst eine tolle Zeit haben, wenn du nicht angerannt kommst , wenn ich mit den Fingern schnippe. Verstehst du ?"

Sie brach in einem klagenden Appell an das Gute zusammen, das in ihm steckte. „Lass mich zu Vater zurückkehren! Ich weiß, dass du aus dem Gefängnis ausgebrochen bist. Wenn du gut zu mir bist, wird er dir bei der Flucht helfen. Du weißt, dass er überall Freunde hat. Sie werden dich vor den Rotröcken verstecken. Er Ich gebe dir ein Outfit zum Entkommen – Geld – alles, was du willst. Oh, lass mich gehen, und – und –"

Er grinste und der Anblick seiner bösen Heiterkeit verriet ihr, dass sie versagt hatte.

„Habe ich dir nicht gesagt, dass ich dich eines Tages in Ordnung bringen würde? Habe ich Angus McRae nicht versprochen , dass ich es ihm reichlich heimzahlen würde, weil er mich aus seinem Versteck rausgeschmissen hat? Bist du nicht der kleine Teufel?" der meine Whiskyfässer kaputt gemacht hat, der zu dem Rotkittel-Spion gerannt ist und ihm gesagt hat, wo das Versteck ist, der mich angeschossen hat, als ich mich auf den Weg gemacht habe, um ihn trockenzulegen, sozusagen? Wo haben Sie wohl eine Lizenz her? Erwarten Sie von Bully West, dass er auf Sonntagsschulpaps hört, wenn er sagt, dass er gut zu Ihnen ist ?

"Niemals!" Sie weinte. „Es ist wahr, was ich dir einmal gesagt habe. Ich würde lieber sterben. Oh, wenn du einen Funken Männlichkeit in dir hast, zwing mich nicht, mich umzubringen. Ich bin nur ein Mädchen. Falls ich dir jemals Unrecht getan habe. " , es tut mir leid. Ich werde es wiedergutmachen. Mein Vater –"

"Hören." Seine heisere Stimme durchdrang ihre Bitten. „Ich habe schon mehr als genug über McRae gehört . Alles, was ich von ihm will, ist, ihn einmal mit einem Gewehr zu erwischen. Verstehst du mich? Und jetzt dieses andere Gerede – über Selbstmord – gar nichts . Gehen Sie dorthin, wenn Sie sich so fühlen. Früher Das Jagdmesser ist genau da in deinem Gürtel." Er griff nach vorne und zog es aus der Scheide, dann reichte er es zuerst an ihre Klinge und trat sofort einen Schritt zurück, um sicherzugehen, dass sie es nicht gegen ihn benutzte . „Du hast es Chance jetzt. Töte weg. Ich werde hier stehen und dafür sorgen, dass dich niemand stört.

Sie bewegte das Messer und ergriff den Griff. Ein Aufruhr brodelte in ihrem Gehirn. Sie sah nichts als dieses böse, grinsende Gesicht, abscheulich und bedrohlich. Einen Moment lang kochte Mord in ihr hoch, glühend heiß und unheimlich. Wenn sie ihn jetzt töten könnte, während er dastand und sie verspottete – die Klinge in diesen dicken Stiernacken treiben …

Der Wahnsinn ging vorüber. Sie könnte es nicht tun, selbst wenn es in ihrer Macht stünde. Der Drang zu töten war nicht stark genug. Es war nicht überwältigend. Und im nächsten Gedanken wusste sie auch, dass sie sich auch nicht umbringen konnte. Das blinde Bedürfnis zu leben, der tierische Drang der Selbsterhaltung, um jeden Preis, um welche Schande auch immer, war noch mächtiger als der Schrecken des bevorstehenden Schicksals.

Voller Abscheu und Selbstverachtung warf sie das Messer in den Schnee.

Sein Kopf drehte sich mit dem charakteristischen Brüllen abscheulicher Heiterkeit zurück. Er hatte gewonnen. Bully West wusste, wie er sie besiegen konnte , egal wie wild sie waren.

Mit schleppenden Füßen, gesenktem Kopf und guter Laune in der Stunde Null bewegte sich Jessie eine Schlucht hinab, bis sie eine Hütte sah. Rauch stieg träge aus dem Schornstein.

„Zuhause", verkündete West.

Für das Mädchen am Rande der Verzweiflung erschien dieses Blockhaus wie das Grab ihrer Jugend. All der Stolz, der Ruhm und die Freude, die das Leben so lebenswichtig gemacht hatten, sollten hier begraben werden. Wenn sie das nächste Mal ins Sonnenlicht trat, würde sie ein gebrochenes Geschöpf sein – das Eigentum dieser schrecklichen Karikatur eines Mannes.

Ihr Entführer öffnete die Tür und stieß das Mädchen hinein.

Sie stand auf der Schwelle, die Augen weiteten sich, und ihr Herz klopfte plötzlich vor Hoffnung.

Ein Mann, der auf einem Hocker vor dem offenen Feuer saß, drehte den Kopf, um zu sehen, wer hereingekommen war.

KAPITEL XXII

„MEIN VERDAMMT HÜBSCHES LI'L' HIGH-STEPPIN' SQUAW"

Der Mann auf dem Stuhl war Whaley.

Ein Blick auf das Mädchen und ein Blick auf Wests triumphierendes Gargoyle-Grinsen genügten. Er verstand die Situation besser, als Worte es beschreiben könnten.

Für Jessie schien in diesem kritischen Moment ihres Lebens sogar Whaley ein Geschenk Gottes zu sein. Sie schob sich unbeholfen durch den Raum und wartete nicht darauf, sich aus den schneebedeckten Spinnweben zu befreien. In den dunklen Augen war ein Hilferuf zu hören.

„Rette mich vor ihm!" Sie weinte einfach, wie es ein Kind getan hätte. „Das wirst du, nicht wahr?"

Die schwarzen Augenbrauen in dem kalten, weißen Gesicht zogen sich zu einer Linie zusammen. Der Blick des Spielers, ausdruckslos wie eine leere Wand, traf ihren stetig.

„Warum schickst du nicht deinen Freund Morse?" er hat gefragt. „Er ist in diesem Geschäft. Ich nicht ."

Es war, als hätte er ihr ins Gesicht geschlagen. Die Augen, die an seinen hängen, sind voller Entsetzen. Gab es wirklich Menschen, die so herzlos waren, dass sie keine Hand rührten, um einem wilden Wolf ein Kind zu entreißen?

Wests Gelächter schallte, räuberisch und wild. „Sie gehört mir, genau wie ich es gesagt habe. Meine verdammt hübsche kleine Squaw . "

Sein Partner sah ihn düster an. „Oh, sie gehört dir, oder?"

„Wetten Sie auf Ihre Stiefel. Ich werde es ihr zeigen – sie dazu bringen, mir aus der Hand zu fressen", prahlte der Sträfling.

„Wirst du es auch McRae zeigen – und allen seinen Freunden sowie den North-West Mounted? Wirst du sie alle aus deinen Händen fressen lassen?"

„ Was meinst du ?"

„Ich hatte das Gefühl, dass du voller Ärger bist und nicht noch mehr auf die Jagd gehen musst", höhnte der Spieler. „Ich hatte das Gefühl, dass die Rotröcke dir auf den Fersen sind, um dich über die Prärie zu bringen und dich aufzuhängen."

„Das werde ich ihnen beibringen ", prahlte der riesige Flüchtling. „Sie sagen, ich sei ein Mörder. Lassen Sie es so bleiben. Ich werde sie auf jeden Fall sehen lassen, dass sie gute Ratespieler sind."

Whaley zuckte mit den Schultern und sah ihn mit kalter Verachtung an. „Wenn man mit leichtem Gepäck und schnell reist, hat man kaum eine Chance zu entkommen. Dafür hätte ich gute Chancen", sagte er kühl.

„ Das ist eine tolle Sache, die man einem Freund erzählen kann", knurrte West.

„Es ist die Wahrheit. Nehmen Sie es oder lassen Sie es. Aber wenn Sie versuchen, dies auf Ihre Weise durchzusetzen, und es nicht von mir laufen lassen, sind Sie erledigt."

„Wie erledigt?"

Der Spieler antwortete nicht. Er wandte sich an Jessie. „Wenn Sie nicht möchten, dass Ihre Füße frieren, ziehen Sie besser die Reisetaschen aus."

Das Mädchen zog ihre Handschuhe aus und versuchte, die Leggings zu öffnen, nachdem sie die Schneeschuhe von ihren Füßen getreten hatte. Doch ihre steifen Finger konnten die Knoten nicht lösen.

Der Freihändler bückte sich und tat es für sie, während West ihn mürrisch beobachtete. Jessie wickelte das Tuch ab und nahm Mokassins und Reisetaschen heraus . Sie saß barfuß vor dem Feuer, aber nicht zu nah.

„Wenn sie gefroren sind, bekomme ich Schnee", bot Whaley an.

„Sie sind nicht gefroren, danke", antwortete sie.

„ Wofür ist das getan?" wiederholte West.

Der spöttische, verächtliche Blick seines Partners ruhte auf ihm. „Benutzen Sie Ihren Verstand, Mann. Die Berittenen sind heiß und heftig hinter Ihnen her. Sie kennen ihre Bilanz. Sie kriegen den Mann, den sie verfolgen.

Der große Grobian schüttelte wütend seine Faust in die Luft. „Verfluche ihn!" schrie er und fügte ein Dutzend knisternder Flüche hinzu.

„Verfluche ihn und willkommen", antwortete Whaley. „Aber machen Sie sich   nichts
vor. Er ist ein Draufgänger. Ist er nach PierrePoulette nicht den Peace River hinaufgegangen? Hat er ihn nicht fast ein Jahr später mit Handschellen zurückgeschleppt? Das ist es, was Sie dagegen haben." Du, dreihundert Rotröcke wie er.

„ Versuchst du mir Angst zu machen?" fragte West mürrisch.

„Ich versuche, Ihnen etwas gesunden Menschenverstand einzuhämmern. Ihre Chance auf eine sichere Flucht hängt von einer Sache ab: Sie müssen Freunde in den Einsamen Landen haben, die Sie verstecken, bis Sie das Land verlassen können. Können Sie das tun, wenn die Fallensteller – fast alle Freunde von McRae – erzählen, was Sie diesem Mädchen angetan haben?"

„Ich werde sie mitnehmen." West hielt hartnäckig an seiner Idee fest. Er wusste, was er wollte. Sein Leben war jedenfalls verwirkt. Er könnte genauso gut ins Ziel kommen.

Von dort, wo sie vor dem großen Feuer saß, erreichte Jessies Flüstern Whaley. „Lassen Sie ihn bitte nicht." Es war ein wirkungsloser kleiner Schrei, der direkt aus dem Herzen kam.

Whaley fuhr fort, als hätte er es nicht gehört. „Es ist dein Deal, nicht meiner. Ich sage es dir nur. Nimm dieses Mädchen mit, und dein Leben ist keinen Pfennig wert."

„Höllische Scharniere! In zwei Tagen wird sie verrückt nach mir sein. So bin ich mit Frauen."

„In zwei Tagen wird sie den Boden hassen, auf dem du gehst, wenn sie bis dahin nicht sich selbst oder dich umgebracht hat."

Wellen heftiger Schmerzen durchbohrten Jessies Beine, von den rosafarbenen Zehen bis zu den Waden. Sie massierte sie, um die Durchblutung wiederherzustellen, und musste die Zähne zusammenbeißen, um nicht zu weinen.

Aber ihr Unterbewusstsein war ganz auf das konzentriert, was zwischen den Männern vorging. Sie wusste, dass Whaley versuchte, die mentale Dominanz, die er immer innegehabt hatte, über den anderen wiederherzustellen . Es war zweifellos eine ziemlich fragile Amtszeit, die jeden Moment durch Eitelkeit, Misstrauen oder überschäumende Leidenschaftsschübe aus dem Gleichgewicht geraten konnte. Darin, so wie es war, lag eine Hoffnung. Als sie das kalte, teilnahmslose Gesicht des Spielers und den steinernen Blick in den Pokeraugen beobachtete, schätzte sie ihn als hartnäckig und willensstark ein. Aus seinen eigenen Gründen kämpfte er für sie. Er hatte nicht die Absicht, West sie mitnehmen zu lassen.

Warum? Was war das Motiv in seinem Hinterkopf? Sie sprach den wohlwollenden Mann frei. Wenn seine Wünsche zufällig mit ihren marschierten, dann aus mangelndem Altruismus. Er hegte einen bitteren Groll gegen Angus McRae und im Übrigen auch gegen sie wegen der Demütigung seiner Niederlage durch Morse. Um dies zu erreichen, musste er nur das Haus verlassen und sie einem hässlichen Schicksal überlassen.

Warum hat er das nicht getan? Spielte er sein eigenes tiefgründiges Spiel, in dem sie nur eine Schachfigur war?

Sie drehte die dampfenden Reisetaschen auf dem Lehmofen um, um die andere Seite zu trocknen. Sie zog die Mokassins und Leggings zurück, damit die Hitze sie nicht versengte. Die scharfen Schmerzwellen schlugen immer noch in ihre Füße und ihre Gliedmaßen. Um ihre Position zu ändern , zog sie einen Hocker heran und setzte sich darauf. Diese hatte sie in eine Ecke des Kamins zurückgeschoben.

Denn Bully West ritt im Raum auf und ab, ein aufgestauter Vulkan, der kurz vor der Explosion stand. Er wusste, dass Whaleys Rat gut war. Es wäre Selbstmord, sich auf seiner Flucht mit diesem Mädchen zu belasten. Aber er hatte seine Wünsche nie diszipliniert. Er wollte sie. Er wollte sie mitnehmen. Leidenschaft, der Drang nach Rache, der Tyrann in ihm, der sich über den Anblick eines jungen, feinen Menschen freute, der vor ihm zitterte: All das waren Faktoren, die zum selben Ziel beitrugen. Mit Sicherheit, er würde bekommen, was er sich vorgenommen hatte, ganz gleich, was Whaley sagte.

Jessie wusste, dass der Kerl genauso gefährlich war wie ein verwundeter Büffelbulle in einem Pferch. Er würde seinen Willen durchsetzen, wenn er jeden zerschmettern und niedertrampeln müsste, der sich ihm widersetzte. Ihr Blick wanderte zu Whaleys schwarzbraunem, blutleerem Gesicht. Wie weit würde der Spieler im Gegensatz zum anderen gehen?

Als ihr Blick wieder nach Westen wanderte, blieb er am Fenster hängen. Das Herz des Mädchens verlor einen Moment und sang dann einen Freudengesang. Denn das kupferfarbene Gesicht von Onistah war in die Scheibe eingerahmt.

KAPITEL XXIII

Ein Vorgeschmack auf die Hölle

Jessies Blick flog zu West und zu Whaley. Bisher hatte keiner von ihnen den Blackfoot gesehen. Sie hob eine Hand und tat so, als würde sie eine Haarsträhne zurückbürsten.

Die Indianerin erkannte darin ein Zeichen dafür, dass sie ihn gesehen hatte. Sein Kopf verschwand.

Die Gedanken im Kopf des Mädchens rasten. Wenn statt Onistah Winthrop Beresford oder Tom Morse draußen gewesen wären , hätte sie nicht versucht, Anweisungen zu geben. Jeder von ihnen wäre kompetenter gewesen als sie, das Problem zu lösen. Aber den Blackfoot fehlte die Initiative. Er würde getreulich tun, was ihm gesagt wurde, aber jede von ihm unternommene unabhängige Handlung war wahrscheinlich unentschlossen. Sie konnte sich nicht vorstellen, dass Onistah sich gegen zwei solche Männer behaupten könnte, außer indem er sie vom Fenster aus abschlachtete, bevor sie wussten, dass er da war. Er hatte nicht genügend dominierendes Ego in sich.

Whaley war eine unbekannte Größe. Es war unmöglich vorherzusagen, wie er das Eindringen von Onistah akzeptieren würde . Da er sein eigenes Spiel spielte, war die Wahrscheinlichkeit groß, dass er sich darüber ärgern würde. Im Fall von West konnte es keinen Zweifel geben. Wenn es für seine Pläne nötig war, würde er keinen Augenblick zögern, den Indianer zu töten.

Widerwillig beschloss sie, ihn zur Hilfe nach Faraway zurückzuschicken. Er würde schnell reisen. Innerhalb von fünf Stunden draußen sollte er wieder bei ihrem Vater oder Beresford sein. Mit Whaley an ihrer Seite sollte sie bis dahin sicherlich in Sicherheit sein.

Sie erblickte erneut Onistah , dessen Augen sich auf Höhe des Fensterbretts befanden. Er wartete auf Anweisungen.

Jessie gab sie ihm direkt und deutlich. Sie sprach mit Whaley, aber für das Ohr des Blackfoot.

„Bring meinen Vater hierher. Sofort. Ich will ihn. Willst du nicht, bitte?"

Whaleys ausdrucksloser Pokerblick richtete sich auf sie. „Das letzte Wort, das ich von Angus McRae bekam, war, mich aus Ihren Angelegenheiten herauszuhalten. Ich kann einen Hinweis verstehen, ohne darauf warten zu müssen, dass eine Kirche über mich herfällt. Beauftragen Sie jemand anderen, Ihre Nachrichten entgegenzunehmen."

„Wenn du zurück in die Stadt gehst, dachte ich – vielleicht – würdest du ihm sagen, wie sehr ich ihn brauche", flehte sie. „Dann wäre er gekommen – sofort."

Onistahs Kopf verschwand. Er wusste, was er zu tun hatte, und war zweifellos bereits auf der Spur. Draußen war es dunkel. Sie konnte das Wirbeln des Windes und das Klatschen des Schneeregens gegen die Fensterscheibe hören. Ein Sturm zog auf. Sie betete, dass es kein Schneesturm sein würde. Wenn das Wetter es zulässt, sollte ihr Vater um acht oder neun Uhr hier sein.

West, der rittlings an ihr vorbeikam, knurrte sie an. „Schaff Angus McRae aus deinem Kopf. Er und du sind am Scheideweg angekommen . Du reist jetzt mit mir. Verstehst du ?"

Sein Partner machte mit einem kalten Grinsen einen Vorschlag. „Wenn Sie damit rechnen, weit zu reisen , sollten Sie Ihre Netze besser auf Schnee treffen. Dieses Mädchen war nicht alleine draußen und hat sich die Fallen angesehen. Ihre Spur führt direkt hierher. Ihre Freunde sind wahrscheinlich gerade auf dem Weg dorthin."

„ Das stimmt." West blieb stehen. Sein langsames Gehirn geriet ins Stocken. „Was meinst du, was ich besser tun sollte? Wenn es nur ein oder zwei gibt , könnten wir …"

„Nein", legte Whaley sein Veto ein. „Nichts dergleichen. Dein Spiel besteht darin, rauszukommen. Und weiter rauszukommen, wenn sie dich überdrängen. Kein Töten."

„ Gottmächtiger , ich bin ein Wolf, kein Kaninchen. Wenn sie mich bedrängen, werde ich sicher Blei pumpen", knurrte der Desperado. Dann: „Meinst du, heute Abend ist das Licht aus?"

"Heute Abend."

„Wohin gehe ich?"

„Porcupine Creek, würde ich sagen. Dort steht eine alte Hütte, in der Jacques Perritot früher gelebt hat. Der Schnee wird unsere Spuren verwischen."

„ Gehst du auch?"

„Wir sehen uns bis dahin", antwortete Whaley kurz.

„Dann holt man besser die Hunde aus der Rinne ."

Der Spieler sah ihn mit der kühlen Unverschämtheit an, die ihn auszeichnete. „Wann habe ich mich als Ihr Lakai engagiert, West?"

Der Kopf des Gesetzlosen wurde nach vorne und unten gestoßen. Er warf seinem Partner einen bösen Blick zu, der dieser Manifestation seiner Wut mit harten Augen begegnete, in die sich kein Ausdruck verbarg. West war nicht verrückt genug, um seinen letzten Verbündeten zu verärgern. Er zog sich mürrisch zurück.

„In Ordnung. Ich gehe, weil du so wählerisch bist." Als sein schwerer Körper unbeholfen herumschwang, fiel der Blick des Mannes auf Jessie. Sie hatte einen kleinen Fuß angehoben und begann, einen der Duffle-Strümpfe anzuziehen. Er stand einen Moment da und freute sich über den wunderschön geformten Knöchel und die untere Extremität, dann beugte er sich vor und schnappte sie vom Hocker in seine Arme.

Seine wilden, begehrenswerten Augen hatten sie einen Augenblick lang gewarnt. Sie war schon halb oben, als seine Arme, massiv wie junge Bäume, sie in seine Arme zogen.

„Aber bevor ich gehe, bekomme ich noch einen Kuss von meiner Squaw", brüllte er. „Nur um ihr zu zeigen, dass Bully West sie gebrandmarkt hat und das Eigentum beansprucht."

Sie kämpfte heftig und verzweifelt und drückte mit der ganzen Kraft ihres geschmeidigen jungen Körpers gegen sein raues, bärtiges Gesicht und seine große Brust. Sie war für ihn wie ein Kind. Sein triumphierendes Lachen erklang, als er ihren warmen, weichen Rüssel an seinen drückte und sie in seinem geöffneten Mantel begrub. Mit einer unsanften Hand umschloss er den abgewandten Kopf, bis seine angsterfüllten Augen sich trafen.

„Küss deinen Mann", befahl er.

Das Mädchen sagte nichts. Sie kämpfte immer noch darum, zu entkommen, und nutzte dabei jedes Quäntchen Kraft, das sie besaß.

Die Wut ihres Widerstands amüsierte ihn. Er lachte erneut und warf sein schweres, borstiges Kinn vor Freude zurück.

„ Ehemaliger Mann – früherer Meister", ergänzte er.

Er erstickte sie mit seinen widerlichen Küssen, entzückte ihre Lippen, ihre Augen, die weichen, heißen Wangen, das Oval ihres Kinns und die schöne Rundung ihres Halses. Ihr war körperlich übel, als er sie von sich gegen die Wand warf und mit einem weiteren schrecklichen Freudenschrei den Raum verließ.

Sie klammerte sich keuchend und mit geschlossenen Augen an die Wand. Ein schockierendes Gefühl der Erniedrigung durchströmte ihre Seele. Es kam ihr vor, als würde sie fadentief darin ertrinken. Ihre Lider flatterten auf und sie sah den Spieler. Er saß immer noch auf dem Hocker. Ein spöttisches, zynisches Lächeln lag in den Augen, die Jessies Augen trafen.

„Und Tom Morse – wo, oh, wo ist er?" spottete der Mann.

Ein Schauder schüttelte sie. Trockene Schluchzer stiegen ihr in die Kehle. Sie war   verloren.
Zum ersten Mal spürte sie den kalten Griff der Verzweiflung in ihrem Herzen. Whaley hatte nicht vor, eine Hand für sie zu heben. Er hatte dort gesessen und West seinen Willen wirken lassen.

„Angus McRae hat mir jede Menge Anweisungen gegeben", erklärte er böswillig. „Ich sollte meine Finger von dir lassen. Ich sollte mich um meine eigenen Angelegenheiten kümmern. Wenn du ihn wieder siehst – falls du das jemals tust – wirst du ihm sagen, dass ich genau das getan habe, was er gesagt hat?"

Sie antwortete nicht. Was gab es zu sagen? In der Kabine war außer ihrem trockenen, schluchzenden Atem kein Geräusch zu hören.

Whaley stand auf und kam durch den Raum. Er hatte die Maske der Gleichgültigkeit des Spielers abgelegt. Seine Augen leuchteten seltsam.

„Ich gehe – jetzt – raus in den Sturm. Was ist mit dir? Wenn du hier bist, wenn West zurückkommt, weißt du, was das bedeutet. Triff deine Wahl. Willst du mit mir gehen oder bei ihm bleiben?"

„Du gehst nach Hause?"

"Ja." Sein Lächeln war rätselhaft. Es strahlte weder Wärme noch Überzeugung aus.

Der Mann hatte seine Karten gut gespielt. Er hatte zugelassen, dass West ihr einen Vorgeschmack auf die Hölle gab, die ihr bevorstand. Alles andere als das, dachte sie. Und sicherlich würde Whaley sie nach Hause bringen. Er war kein Gesetzloser, sondern ein verantwortungsbewusster Bürger, der nach Faraway zurückkehren musste, um dort zu leben. Er musste sich ihrem Vater und Winthrop Beresford von den Berittenen stellen – und Tom Morse. Er würde ihr nichts tun. Er wagte es nicht.

Aber sie traf eine vergebliche Vorsichtsmaßnahme. „Du versprichst, mich zu meinem Vater zu bringen. Du wirst nicht – so sein wie er." Ein Anheben des Kopfes deutete auf den Mann hin, der gerade hinausgegangen war.

„Er ist ein Narr. Ich nicht. Das ist der Unterschied." Er zuckte mit den Schultern. „Treffen Sie Ihre eigene Wahl. Wenn Sie lieber hier bleiben möchten –"

Aber sie hatte es geschafft. Sie schlüpfte eilig in ihre Pelze und zog ihre Fäustlinge an. Sie hatte die Schneeschuhe bereits angepasst.

„Wir sollten uns besser beeilen", drängte sie. „Vielleicht kommt er zurück."

„Wenn er das tut, wird er Pech haben", sagte der Spieler kühl. "Bereit?"

Sie nickte, dass sie es tat.

Einen Augenblick später waren sie aus dem warmen Raum heraus und hinein in den Sturm. Der Wind wehte in pfeifenden Böen und trug einen feinen Schneeregen mit sich, der ihm ins Gesicht peitschte und in den Augen brannte. Noch bevor sie fünf Minuten draußen im Sturm war, hatte Jessie jeglichen Orientierungssinn verloren.

Whaley war ein erfahrener Holzfäller. Ohne zu zögern stürzte er sich in den Wald, so sicher, dass sie das Gefühl hatte, er müsse wissen, wohin er ging. Das Mädchen folgte ihm auf den Fersen und senkte den Kopf gegen die Druckwelle.

Vor diesem Tag hatte sie seit Monaten keine längere Reise mit Netzen unternommen. Die Beinmuskeln, die ohne Training beansprucht wurden, schmerzten und waren steif. In der Dunkelheit türmte sich der weiche Schnee auf den Schuhen. Jeder Schritt wurde zur Belastung. Die Schnürsenkel und Riemen zerrissen ihr zartes Fleisch, bis sie wusste, dass ihre Reisetaschen mit Blut getränkt waren. Mehr als einmal fiel sie so weit zurück, dass sie Whaley aus den Augen verlor. Jedes Mal kam er mit aufmunternden und fröhlichen Worten zurück.

„Jetzt ist es nicht mehr weit", würde er versprechen. „Über ein kleines Moor und   dann   campen. Weiterkommen."

Einmal fand er sie im Schnee sitzend, mit dem Rücken zu einem Baum.

„Du gehst besser alleine weiter. Ich bin fertig", sagte sie düster zu ihm.

Er war nicht böse auf sie. Er schikanierte oder schimpfte auch nicht.

„Hartes Schlittenfahren", sagte er sanft. „Aber wir haben es fast geschafft. Wir müssen weitermachen. Wir können jetzt nicht aufhören."

Er half Jessie auf die Beine und ging voran in einen schwammigen Morast. Die Bürste schlug ihr ins Gesicht. Es verfing sich in den Maschen ihrer Schuhe und warf sie zu Boden. Die schlammige Erde, die über die Ränder der Rahmen sickerte, verstopfte ihre Füße und klebte daran wie Pech.

Whaley tat sein Bestes, um zu helfen, aber als sie schließlich auf die höhere Ebene hinter dem Moor kroch, schmerzten alle Muskeln vor Müdigkeit.

Sie hatten es fast erreicht, als sie eine Blockhütte aus der Dunkelheit aufragen sah.

Sie sank erschöpft auf den Boden. Whaley verschwand erneut im Sturm. Schläfrig fragte sie sich, wohin er wollte. Sie musste eingeschlafen sein, denn als ihre Augen das nächste Mal die Meldung an das Gehirn meldeten, brannte dort ein lebhaftes Feuer aus Birkenrinde, und ihr Begleiter schleppte zerbrochene Stücke toten und heruntergefallenen Holzes ins Haus.

„Sieht so aus, als würde sie sich für einen Schneesturm wieder aufraffen. Es ist besser, genügend Treibstoff einzufüllen", erklärte er.

"Wo sind wir?" fragte sie schläfrig.

„Hütte am Bull Creek", antwortete er. „Zieh lieber deine Schuhe aus."

Während sie dies tat, erwachte ihr Geist zu reger Aktivität. Warum hatte er sie hierher gebracht? Sie hatten kein Essen. Wie würden sie leben, wenn ein Schneesturm explodierte und sie einschneite? Und selbst wenn sie Vorräte hätten, wie könnte sie tagelang allein mit diesem Mann in einer acht mal zehn Hütten leben?

Als ob er erraten hätte, was in ihr vorging, beantwortete er eine der Fragen plausibel.

„Keine Chance, Faraway zu erreichen. Zu stürmisch. Es war Hals oder nichts. Wir mussten nehmen, was wir kriegen konnten."

„Was machen wir, wenn – wenn es einen Schneesturm gibt?" sie fragte schüchtern.

„Bleib ruhig."

"Ohne Essen?"

„Wenn es zu lange dauert, muss ich eine Pause abwarten und es mit Faraway versuchen. Es ist sinnlos, sich Sorgen zu machen. Wir können nichts dagegen tun, was kommt. Ich muss mich der Musik stellen."

Ihr Blick schweifte über die leere Kabine. Kein Bett. Kein Tisch. Ein selbstgebauter dreibeiniger Hocker. Ein ramponierter Wasserkocher. Es war eine wenig einladende Aussicht, auch wenn sie nicht mit einem möglichen Hungertod rechnen musste, während sie mit einem Fremden im Käfig war, der jede Minute einen wölfischen Hunger nach ihr entwickeln könnte, wie er es erst achtundvierzig Stunden zuvor getan hatte.

Er sah sie nicht fest an. Sein Blick war ein gutes Stück im roten Schein des Feuers. Sie redete und er antwortete einsilbig. Als er sie ansah, leuchteten seine Augen im heißen roten Licht, das vom Feuer reflektiert wurde. Es schien, als würden glühende Kohlen darin brennen.

Trotz der Hitze lief ihr ein leichter Schauer über den Rücken.

Schweigen wurde zu bedeutsam. Sie hatte Angst davor. Also redete sie beharrlich, manchmal etwas hysterisch. Ihr Gedächtnis war gut. Wenn ihr ein Gedicht gefiel, konnte sie es lernen, indem sie es ein paar Mal durchlas. Also sprach sie in ihrer Verzweiflung mit diesem Mann, dessen Gesicht eine graue Maske war, „ein Wort", so wie es die Mädchen an ihrer Schule in Winnipeg getan hatten.

In Nachtlagern hatte sie oft für ihren Vater rezitiert. Auch wenn sie kein dramatisches Talent besaß, so verfügte sie doch zumindest über eine süße, klare Stimme, einen Ernst, der nie schimpfte, und über eine gewisse angeborene oder erworbene Fähigkeit im Umgang mit Tonarten.

„Magst du Shakespeare?" Sie fragte. „Mein Vater mag ihn sehr. Ich kenne Teile mehrerer Stücke. Jetzt ‚Heinrich V.'. Das ist gut. An einer Stelle spricht er mit seinen Soldaten, bevor sie gegen die Franzosen kämpfen. Würde dir das gefallen?"

„Mach weiter", sagte er schroff, seinen schwülen Blick auf das Feuer gerichtet.

Mit viel Elan warf sie die galanten Zeilen vor. Er begann sie lebhaft, eifrig und so erbärmlich zu beobachten, ihn mit ihrem kleinen Warenvorrat zu unterhalten.

„Aber wenn es eine Sünde ist, nach Ehre zu streben, dann
bin ich die beleidigendste Seele der Welt."

Sie hatte eine sehr feine und einnehmende Qualität an sich. Er verstand es zuerst in diesen beiden Zeilen und dann noch einmal, als ihre volle junge Stimme zu Harrys Prophezeiung auf Englisch anschwoll.

„Und Crispin Crispian wird nie vorbeigehen,
von diesem Tag bis zum Ende der Welt, aber wir darin werden in
Erinnerung bleiben. Wir wenigen, wir wenigen glücklichen, wir Bande von
Brüdern: Für den, der heute sein Blut vergießt." Mit mir wird mein Bruder
sein; sei er noch nie so abscheulich, dieser Tag wird seinen Zustand
mildern. Und die Herren in England, die jetzt im Bett liegen, werden sich
für verflucht halten, dass sie nicht hier waren,
und ihre Männlichkeit für gering halten, solange irgendjemand spricht,
der mit ihnen kämpft uns am Tag des Heiligen Crispin.

Während er sie beobachtete, wachsten alte Erinnerungen in ihm auf. Er stammte aus einer guten Familie im Western Reserve, wo er sich durch die Schuljahre bis zur High School mühsam hochgearbeitet hatte. Nach einem Jahr hier war er auf eine katholische Schule, das Sacred Heart College, gegangen und hatte für das Priesteramt studiert. Er erinnerte sich an seine

Mutter, eine sanfte, weißhaarige alte Dame, die voller Stolz auf ihn war; sein Vater, der die Seele der Ehre gewesen war. Durch einen seltsamen Zufall hatte sie genau die Zeilen angesprochen, die er am letzten Tag vor den Ferien vom Vorleser der alten Schule gelernt und vor Publikum vorgetragen hatte.

Er erwachte aus seinen Träumereien und entdeckte, dass sie ihm Tennyson gab, das Fragment aus „Guinevere", als Arthur ihr von dem Traum erzählte, den ihre Schuldgefühle getrübt hatten. Und während sie sprach, erwachten in ihm die längst vergessenen Sehnsüchte seiner Jugend.

„...denn in der Tat kannte ich
keinen subtileren Meister unter dem Himmel als die mädchenhafte Leidenschaft für eine Magd, nicht nur um die Basis im Menschen niedrig zu halten, sondern um hohes Denken und liebenswürdige Worte und Höflichkeit und den Wunsch nach Ruhm und Liebe zu lehren der Wahrheit und allem, was einen Menschen ausmacht.

Seine Augen waren nicht länger teilnahmslos. Zumindest im Moment wirkten sie gejagt und ausgezehrt. Er sah sich selbst so, wie er war, in einem Lichtschein, der bis in seine Seele brannte.

Und er sah auch sie verwandelt – kein Mischling, die schöne Beute der Leidenschaft eines Mannes, sondern ein reines, stolzes, übermütiges weißes Mädchen, das sowohl im Geiste als auch im Fleisch lebte.

„Du bist müde. Leg dich besser hin und schlafe", sagte er sehr sanft zu ihr.

Jessie sah ihn an und wusste, dass sie in Sicherheit war. Sie könnte ohne Angst schlafen. Dieser Mann würde ihr nicht mehr Schaden zufügen als Beresford oder Morse. In seinen Gedanken war eine chemische Veränderung eingetreten, die sie schützte. Sie wusste nicht, was es war, aber ihr Lobgesang stieg in einem kleinen Ansturm der Dankbarkeit in den Himmel auf.

Sie äußerte ihre Dankbarkeit ihm gegenüber nicht. Aber der Blick, den sie ihm zuwarf, war ausdrucksvoller als Worte.

Aus dem Sturm drang leise eine rauhe und profane Stimme zu ihnen.

„Ah, scheiß Wulf, pren ' garde . Yeu-oh! (Nach rechts!) Mach dich an die Arbeit, Fox. Heiliger Dämon! Cha! Cha! (Nach links!)"

Dann der Knall einer Peitsche und eine Salve von Flüchen.

Die beiden in der Kabine sahen sich an. Einer war weiß bis an die Lippen. Der andere lächelte grimmig. Es war der Spieler, der ihren gemeinsamen Gedanken äußerte.

„Bully West, bei allem, was heilig ist!"

KAPITEL XXIV

WEST TRIFFT EINE ENTSCHEIDUNG

Zu den Leuten in der Kabine drangen eine Reihe von Flüchen, der Knall einer wild um sich schlagenden Peitsche und das Jaulen von Hunden eines geduckten, kauernden Gespanns.

Whaley steckte einen Revolver aus seinem Gürtel in die rechte Tasche seines Pelzmantels.

Die Tür sprang auf. Auf der Schwelle stand ein Mann, eine riesige, schneeverkrustete Gestalt, deren Bart und Augenbrauen mit Eis bedeckt waren. Er sah aus wie der Sturmkönig, der den Sturm aus dem Norden überstanden hatte. Dies nur äußerlich, auf den ersten Blick. Denn der finstere Blick, den er seinem Partner zuwarf, war so tödlich, dass es schien, als käme er glühend heiß aus einem Ofen des Hasses und der bösen Leidenschaft.

„Lauf zur Erde!" er brüllte. „Ich dachte, du würdest dich verkriechen, du verdammter Fuchs, wo ich dich nicht finden würde. Ich dachte, du würdest Bully West entkommen, du bist diese kleine Höllenkatze. Redest du über Porcupine Creek, oder? Ich habe versucht, mich dorthin zu schicken , während du sie bist ...“

Was der Kerl sagte, ließ eine heiße Welle über das Gesicht des Mädchens bis zu den Haarwurzeln laufen. Der Spieler sagte kein Wort, aber sein Blick, gefilmt und misstrauisch, löste sich nie von dem aufgedunsenen Gesicht des anderen.

„Ich dachte, ich würde den alten Whiskey-Vorrat vergessen, oder? Dachte ich, du könntest den Doppelgänger damit austricksen ? Scheiße, Bully West ist kein Idiot! Er hat mehr vergessen, als du jemals wusstest.“

Der Mann stolzierte vorwärts, der Peitschenhieb schleifte über den Schlagboden. Triumph ritt in seiner Stimme und spreizte seinen Gang. Er stand mit dem Rücken zum Kamin und nahm die Hitze auf, die Hände auf dem Rücken und die Füße weit auseinander. Seine Augen freuten sich über die Opfer, die er gefangen hatte. Bald würde er sich mit beiden zufrieden geben.

„Kein Wort für euch selbst , keiner von euch", spottete er. „Gut genug. Ich werde tun, was nötig ist, und dann werde ich euch beiden die Haut abziehen . " Mit einem flirtenden Arm schickte er den Peitschenhieb der Hundepeitsche auf Jessie zu.

Sie wich unnötigerweise gegen die Wand zurück. Es war eine Drohung, kein Angriff; ein Versprechen dessen, was kommen würde.

„Lass sie in Ruhe." Es waren die ersten Worte, die Whaley gesprochen hatte. Mit seiner sanften, schnurrenden Stimme führten sie die Andeutung seiner geduckten Anspannung aus. Wenn West der Grizzlybär war, war der andere der Waldpanther, eher katzenartig, aber genauso gefährlich.

Der Sträfling sah ihn mit zusammengekniffenen Augen an, den Kopf nach vorne und unten geworfen. "Was ist das?"

„Ich sagte, ich solle sie in Ruhe lassen."

Wests Gesicht spiegelte Erstaunen wider. „ Meinst du –?"

„Das meine genau das, was ich sage. Du wirst sie nicht anfassen."

Es dauerte einen Moment, bis dieser flache Trotz durch den Halbschatten seines mentalen Nebels das Gehirn des großen Mannes erreichte. Als es soweit war, schritt er mit dem Gebrüll eines wilden Tieres durch den Raum und schnappte sich das Mädchen. Er würde zeigen, ob irgendjemand zwischen ihn und seine Frau kommen könnte.

In drei langen Schritten trottete Whaley über den Boden. Etwas Kaltes und Rundes drückte gegen den Rücken des harten roten Halses des Gesetzlosen.

„Lass die Peitsche fallen."

Der Befehl kam in einem leisen Imperativ. West zögerte. Dieser Mann – sein Partner – würde ihn wegen einer solchen Kleinigkeit sicherlich nie erschießen. Trotzdem-

„Was frisst dich?" er knurrte. „Nimm die Waffe hoch. Du bist nicht dumm genug, um zu schießen."

„Denken Sie das gründlich genug nach, und Sie werden es nie mehr besser wissen. Finger weg von dem Mädchen."

Das langsame Gehirn von West funktionierte. Er war völlig überrascht gewesen, aber als sein schlauer Verstand die Situation durchschaute, erkannte er, wie sehr es Whaley nützen würde, ihn loszuwerden. Der Spieler würde das Mädchen und die Belohnung für Wests Zerstörung bekommen. Er würde seinen Anteil an ihrem gemeinsamen Geschäft erben und sich wieder als guter Bürger bei den Mounted und McRaes Freunden etablieren.

Der Desperado gab mürrisch nach. „In Ordnung, wenn du so darauf festgelegt bist."

„Lass die Peitsche fallen."

Die Finger von West öffneten sich und der Griff fiel zu Boden. Geschickt zog der andere einen Revolver aus seinem Platz unter der linken Achselhöhle des Gesetzlosen.

West starrte ihn böse an. In diesem Moment beschloss der Flüchtling, Whaley bei der ersten guten Gelegenheit zu töten. Eine Welle giftigen Hasses strömte durch seine Adern. Sein Ausdruck, aber nicht seine Virulenz, wurde vorübergehend durch heilsame Angst gehemmt. Er muss aufpassen, dass der Spieler ihn nicht zuerst erwischt.

Seine Stimme nahm ein Jammern an, das auf gute Kameradschaft abzielte. „Ich schätze, ich war zu voreilig . Natürlich tat es mir weh, wie ihr beide mich zurückgelassen habt , als ihr den Sack hieltt. Das wäre jetzt jeder gewesen, nicht wahr? Aber es hat keinen Sinn, dass Freunde zerstritten sind . Wir Ich muss das Beste aus den Dingen machen.

Whaleys kaltes Gesicht wurde nicht warm. Er kannte den Mann, mit dem er es zu tun hatte. Als er anfing, seine Phrasen zu schmieren, war es an der Zeit, nach ihm Ausschau zu halten. Er würde vergessen, dass sein Partner ihm aus Faraway ein Hundegespann mitgebracht hatte, mit dem er fliehen konnte, und dass er ihn mit Geld versorgte, um ihn durch den Winter zu tragen. Er würde sich nur daran erinnern, dass er ihn zurückgehalten und gedemütigt hatte.

„Besser bringt das Zeug vom Schlitten ins Haus“, sagte der Spieler. „Und wir werden Holz rascheln lassen. Keine Ahnung, wie lange dieser Sturm anhalten wird.“

„ Das stimmt“, stimmte West zu. „Als ich die Sonnenhunde heute sah, dachte ich, dass uns ein Schneesturm bevorsteht. Schade, dass du mich nicht für eine längere Reise ausgerüstet hast.“

Ein Sturm wehte von Norden und trug mit seinem pfeifenden Atem einen feinen, harten Schneeregen mit sich, der in die Augäpfel schnitt wie Glaspulver. Die Männer kämpften sich zum Schlitten vor und kämpften mit den Knoten der gefrorenen Seile, die die Ladung festhielten. Die Eisklumpen, die sich um diese herum angesammelt hatten, mussten mit Hämmern abgeschlagen werden, bevor sie befreit werden konnten. Als sie mit ihren Rucksäcken ins Haus taumelten, waren beide Männer halb erfroren. Ihre Hände waren so steif, dass die Finger keine Gelenke mehr hatten.

Sie hörten nur lange genug auf, um die Muskeln zu lockern. Whaley reichte Jessie den Revolver, den er West mitgenommen hatte.

„Behalten Sie das“, sagte er. Sein Blick war bezeichnend. Es sagte ihr, dass er auf der Suche nach Holz vom Schneesturm geblendet und verloren werden könnte. Wenn er nicht zurückkehrte und West allein zurückkam, würde sie wissen, was sie damit anfangen sollte.

In den Sturm stürzten sich die beiden ein zweites Mal. Sie trugen Seile und eine Axt. Seit West angekommen war, hatte der Sturm stark zugenommen.

Der Wind dröhnte jetzt in tiefem, düsterem Brüllen und die Temperatur war bereits um zwanzig Grad gefallen. Von den Schlittenhunden war weder etwas zu sehen noch zu hören. Sie hatten sich im Schnee eingegraben, wo das Haus sie so gut wie möglich vor dem Hurrikan schützen sollte.

Die Männer erreichten den Rand des Baches. Sie kämpften in den gefrorenen Schneeverwehungen mit so kleinen toten Bäumen, wie sie finden konnten. In der Dunkelheit benutzte Whaley die Axt, so gut er konnte, und riskierte dabei seine Beine. Obwohl sie nur wenige Meter voneinander entfernt arbeiteten, mussten sie schreien, um ihren Stimmen Gehör zu verschaffen.

„Wir gehen besser zurück ", rief West durch seine offenen Handflächen. „Wir haben alles, was wir schleppen können."

Sie banden das Holz fest und zogen es über den Schnee in die Richtung, in der sie wussten, dass das Haus lag. Bald darauf fanden sie den Schlitten und lenkten ihn zum Haus.

Bei Jessie wartete heißer Tee auf sie. Sie warfen ihre Netze ab und stapelten das geborgene Holz am anderen Ende der Hütte. Anschließend hockten sie sich vor dem Feuer nieder, um Tee zu trinken und Pemmikan und Bannocks zu essen .

Sie hatten etwa fünfzig Pfund gefrorenen Fisch für die Hunde bei sich und genug Proviant für vier oder fünf Mahlzeiten zu dritt. Whaley hatte West genug Vorräte mitgebracht, um ihn nur nach Lookout zu bringen, wo er Vorräte für eine lange Reise in die Wildnis anlegen sollte.

Im Laufe der Stunden entwickelte sich zwischen dem Spieler und dem Mädchen eine stillschweigende Partnerschaft der gegenseitigen Verteidigung. Es wurde kein Wort darüber gesprochen, aber jeder wusste, dass das mürrische Tier in der Kaminecke gefährlich war. Ihn würden keine Gewissensskrupel, keine Gesetze der Freundschaft oder des Anstands kennen. Wenn sich die Gelegenheit dazu bot, würde er zuschlagen.

Der Sturm tobte und heulte. Es stürzte sich mit scheinbar hungriger und unerbittlicher Wut auf die Hütte. Sein Kreischen war jetzt wie das Geklimper von tausend Dudelsäcken, wiederum wie das Wehklagen zahlloser verlorener Seelen.

Drinnen schnarchte West laut und ließ seinen unförmigen Kopf auf die große, tonnenförmige Brust des Mannes sinken. Jessie schlief, während Whaley Wache hielt. Später würde sie ihrerseits zuschauen.

Es gab Momente, in denen der Sturm nachließ, aber nur um dann wieder mit zunehmender Heftigkeit zu tosen.

Der graue Tag brach an und der Schneesturm erreichte seinen Höhepunkt.

KAPITEL XXV

Für das verlorene kleine Lamm

Beresford beobachtete vor dem Handelsposten von CN Morse & Company, wie sein Pferd auf der Suche nach Gras darunter im Schnee herumscharrte. Es war ein Zeichen dafür, dass das Tier in der Prärie gezüchtet wurde. Auf den Ebenen in der Nähe der Grenze härtet das Gras so aus, wie es steht, und behält seine Nährstoffe als Heu. Mit dem Vorderfuß schiebt das heimische Pony den Schnee beiseite und findet so sein Futter. Aber im Waldland des Nordens wächst das Gras lang und grob. Wenn sein Saft austrocknet, verrottet es.

Der Offizier überlegte, dass es besser sei, Pferd und Kariole für den Winter einzustellen. Jetzt war es Zeit für Hunde und Schlitten. Selbst im Sommer war dies kein Land für Pferde. Es gab so viele Seen, dass ein Kanu aus Birkenrinde die Kilometer schneller zurücklegte.

Die Dunkelheit fegte über das Land und mit ihr die ersten Flocken eines kommenden Sturms. Beresford hatte damit gerechnet, denn früher am Tag hatte er zwei helle Scheinsonnen am Himmel gesehen. Die Indianer hatten ihm gesagt, dass diese Sonnenhunde Warnungen vor starker Erkältung und wahrscheinlich einem Schneesturm seien.

Aus dem Waldrand kam ein Mann auf Schneeschuhen. Er bewegte sich schnell. Beresford, der ihn untätig beobachtete, bemerkte, dass er nach vorne ging. Daher war er wahrscheinlich ein Cree-Fallensteller. Aber die Crees waren normalerweise träge Reisende. Sie gingen nicht so weit wie dieser Mann.

Der Mann war ein Inder. Der Soldat bestätigte nun seine erste Vermutung darüber. Doch erst als der Eingeborene fast beim Laden war, erkannte er ihn als Onistah .

Der Blackfoot verschwendete keine Zeit mit dem, was er zu sagen hatte. „Sleeping Dawn ist die Gefangene von Bully West und Whaley. Sie sagt , bring ihren Vater. Sie sagt mir, bring ihn schnell.“

Beresfords Körper verlor sofort seine leichte Anmut und wurde steif. Seine Stimme klang mit scharfer Autorität.

"Wo ist sie?"

„Sie in Jaspers Hütte am Cache Creek. Sie hatte Angst.“

Als hätte ihn die Erwähnung des Namens von Sleeping Dawn durch einen telepathischen Prozess erreicht, war Tom Morse herausgekommen und stand in der Tür des Ladens. Der Soldat drehte sich zu ihm um.

„Besorg mir ein Hundegespann, Tom. Dieser West hat Jessie McRae auf Cache Creek dabei. Wir müssen schnell handeln."

Dem Ladenbesitzer war es, als wäre ihm der Boden aus dem Herzen gefallen. Er blickte in die sinkende Nacht hinauf. „Sturm braut sich zusammen. Wir fangen gleich an." Ohne einen Moment zu zögern verschwand er im Laden, um seine Vorbereitungen zu treffen.

Onistah überbrachte McRae die Nachricht.

Das Blut war aus dem rötlichen Gesicht des Schotten verschwunden, aber sein einziger Kommentar war ein biblischer Glaubensbeweis. „Ich war jung und jetzt bin ich alt; doch habe ich die Gerechten nicht verlassen gesehen…"

Weniger als eine halbe Stunde später fuhren vier Männer und ein Hundezug die Hauptstraße von Faraway hinauf und verschwanden im Wald. Morse brach die Spur und McRae fuhr das Tandem. Onistah , der bereits viele Meilen zurückgelegt hatte, bildete das Schlusslicht. Nach einer Stunde Fahrt tauschte der Soldat den Platz mit Morse.

Sie nahmen eine Abkürzung, die sie durch totes und heruntergekommenes Waldstück führte, was die Party verzögerte. Tom war ein guter Axtkämpfer und musste mehr als einmal störende Baumstämme wegschlagen. Zu anderen Zeiten hoben oder zogen die Männer mit voller Kraft den Schlitten über schlechte Stellen.

Der wirbelnde Sturm machte es schwierig, zu wissen, wohin sie gingen, oder den besten Weg zu wählen. Sie stapften durch tiefen Schnee und dichtes Unterholz, ihre Gesichter bluteten von der Peitsche plötzlich losgelassener Weidenruten und ihre Füße waren von den Riemen der Schneeschuhe so zerrissen, dass der Weg Blutflecken zeigte, die von den Mokassins durchnässt waren.

Onistah , bereits müde, begann zurückzubleiben. Sie wagten es nicht, auf ihn zu warten. Sie hatten das Gefühl, dass es keinen Augenblick zu verlieren galt. McRaes glattrasierte Oberlippe war eine gerade, grimmige Oberfläche. Er äußerte keine Ängste, keine Zweifel, aber die anderen wussten an ihrer eigenen Angst, wie sehr er leiden musste.

Der Sturm nahm zu. Es fuhr in bitteren Schwallen feinen, stechenden Schneeregens dahin. Als sie sich ein paar hundert Meter weit aus dem dichten Wald in ein offenes Wäldchen zurückzogen, schlug es so heftig auf sie ein, dass sie sich in seinen Zähnen kaum bewegen konnten.

Die Hunde wimmerten bei ihrer Aufgabe. Mehr als einmal blieben sie stehen, erschöpft vom Wind, gegen den sie ankämpften. Ihre Augen wandten sich stumm und weisungssuchend McRae zu. Er konnte sie nur zu der Spur zurücktreiben, die Morse brach.

Der Zug war einer der besten im Norden. Der Anführer war ein großer Bernhardiner, etwa hundertsechzig Pfund schwer, intelligent, treu und voller Mut. Er war an der Vorderschulter etwa 90 Zentimeter hoch. Cuffy geriet kein einziges Mal ins Wanken. Selbst als die anderen aufhörten, war er bereit, sein ganzes Gewicht in die Waagschale zu werfen.

Durch das Heulen des Windes schrie Beresford Morse ins Ohr. „Kann jetzt nicht mehr weit sein. Die Frage ist, ob wir Jaspers in diesem Schneesturm finden können."

Morse schüttelte den Kopf. Es schien unwahrscheinlich. Fern und nah waren Worte, die keine Bedeutung hatten. Ein weißes, kreischendes Monster schien sie einzudrängen. Ihre Welt schrumpfte auf den Raum zusammen, den ihre ausgestreckten Arme erreichen konnten. Der einzige Führer, den sie hatten, war Cache Creek, an dessen Ufer sie entlang reisten. Jaspers verlassene Hütte lag ein paar hundert Meter davon entfernt, aber Tom hatte keine Daten, die ihm sagen könnten, wann er den Bach verlassen sollte.

Cuffy hat das Problem für ihn gelöst. Der St. Bernard hielt an und verweigerte die Spur, die Beresford und Morse in den tiefen Schnee schlugen. Er hob den Kopf, schien einen Zufluchtsort zu wittern, jammerte und versuchte, nach links zu springen.

McRae trat vor und rief seinen Freunden zu. „Wir geben Cuffy seinen Kopf. Er wird vielleicht mehr wissen , als wir es tun . "

Die Wegbereiter wandten sich vom Bach ab und hielten gelegentlich an, um sich zu vergewissern, dass Cuffy zufrieden war. Durch dichtes Gestrüpp drangen sie in eine Rinne vor . Der Bernhardiner führte sie prall an die Wand einer Hütte.

Drinnen war ein Licht, der unregelmäßige, zuckende Schein von Feuerflammen.
Die Männer stolperten durch Schneeverwehungen zur Tür, McRae an der Spitze. Der Schotte fand den Riegel und öffnete die Tür. Die anderen beiden folgten ihm hinein.

Der Raum war leer.

Zuerst konnten sie ihren Augen nicht trauen. Es war nicht vernünftig anzunehmen, dass ein vernünftiger Mensch ein komfortables Haus verlassen hätte, um einem solchen Sturm zu trotzen. Aber genau das mussten sie getan haben. Der Zustand des Feuers, das bis auf heiße Kohlen erstarb, verriet ihnen, dass es seit Stunden nicht wieder aufgefüllt worden war. West und Whaley hatten offensichtlich entschieden, dass sie hier nicht sicher waren, und hatten sich auf den Weg zu einem anderen Versteck gemacht.

Die Männer sahen einander schweigend an. Derselbe Gedanke ging allen durch den Kopf. Vorerst müssen sie die Verfolgung aufgeben. Bei einem solchen Schneesturm wäre es unmöglich, weiterzukommen. Doch die jüngeren Männer warteten darauf, dass McRae seine Entscheidung traf. Wenn er sie aufforderte, mehr zu tun, würden sie es mit ihm versuchen.

„Wir bleiben hier", sagte Angus leise. „Macht Feuer, Jungs, und wir werfen zurück für Onistah ."

Keiner der anderen sprach. Sie wussten, dass es dem Schotten einen Schmerz gekostet haben musste, selbst für die Nacht aufzugeben. Er hatte es nur getan, weil er erkannte, dass er kein Recht hatte, ihr ganzes Leben umsonst zu opfern.

Die Hunde folgten widerwillig der Hinterspur. Der Schlitten war entladen und leichter. Darüber hinaus folgten sie einer Spur, die bereits unterbrochen war, bis auf die Stellen, an denen der Wind sie aufgefüllt hatte. McRae lobte sie für ihre Arbeit.

„Auf mit dir , Koona ! Blindenhund . Cha, cha! Du wirst die Großarbeit erledigen , Cuffy. Marché!"

Morse stolperte über Onistah , der auf der Spur lag. Der Schwarzfuß war noch bei Bewusstsein, obwohl er in den Schlaf verfiel, der für arktische Reisende, die in einen Schneesturm geraten, tödlich ist. Er war auf Händen und Füßen durch den Schnee gekrochen, nachdem seine Knie versagt hatten. Es muss nur wenige Minuten nach seinem völligen Zusammenbruch gewesen sein, als sie ihn fanden.

Er bekam ein oder zwei Schluck Whisky und wurde auf den Schlitten gesetzt. Wieder gaben die Hunde dem Zug nach. Eine Viertelstunde später erreichte die Gruppe die Hütte.

Onistah erhielt Erste Hilfe. Füße und Gesicht wurden mit Schnee eingerieben, um die Durchblutung wiederherzustellen und Erfrierungen vorzubeugen. Er war rechtzeitig gerettet worden, um bleibende Folgen zu vermeiden.

Im Hinterkopf all ihrer Gedanken lag eine quälende Angst. Was war aus Jessie geworden? Es bestand die Möglichkeit, dass der Schneesturm die Gruppe erfasst hatte, bevor sie ihr Ziel erreichte. Weder West noch Whaley waren unerfahrene Musher. Sie kannten die Schwierigkeiten einer subarktischen Reise und wussten, wie man damit umgeht. Doch der Sturm war mit ungewöhnlicher Schnelligkeit aufgekommen.

Auch wenn die Gruppe sich in Sicherheit gebracht hatte, waren die Probleme des Mädchens noch nicht beendet. Mit dem Einbruch der Dunkelheit würde ihre Gefahr zunehmen. Solange Whaley bei West war, gab es Hoffnung. Der Spieler war kaltblütig wie ein Fisch, aber er hatte den rettenden Sinn für geistige Gesundheit. Wenn er vorhatte, nach Faraway zurückzukehren – und es gab keinen Grund, warum er das nicht tun sollte –, durfte er nicht zulassen, dass dem Mädchen etwas zustoßen würde. Aber West war ein ungezügelter Raufbold. Seine rücksichtslose Leidenschaft könnte ihn zu allem Bösen treiben.

Vor dem Feuer diskutierten sie über Wahrscheinlichkeiten. Wohin hatten die beiden Freihändler das Mädchen gebracht? Nicht weit, angesichts eines solchen Sturms. Sie durchsuchten Orte, die West als Rückzugsorte dienen könnten.

Einmal machte McRae, der aus seinem gequälten Herzen sprach, eine indirekte Anspielung auf das, was sie alle dachten. Während er sprach, blickte er düster ins Feuer.

„Ja, die Dunkelheit verbirgt sich nicht vor dir, sondern die Nacht scheint wie der Tag: Dunkelheit und Licht sind dir gleich."

Er fand in seiner Religion Halt und Trost. Wenn er wüsste, dass böse Menschen im Schutz der Dunkelheit böse Taten begehen, könnte er sich mit dem Versprechen beruhigen, dass die Haare auf dem Kopf seiner Tochter gezählt seien und dass sie unter göttlichem Schutz stünde.

Aus einer Tasche neben seinem Hemd zog er ein kleines Päckchen aus Ölzeug. Es war eine Bibel, die er viele Jahre lang bei sich trug. Im Licht der zuckenden Flammen las er ein Kapitel aus dem Neuen Testament und dem dreiundzwanzigsten Psalm, woraufhin die vom Sturm gebeutelten Männer niederknieten, während er betete, dass Gott „das kleine Lamm, das im Sturm in der Ferne verloren gegangen war", beschützen und beschützen möge die Falte."

Morse und Beresford waren hart wie Hickoryholz. Niemand in den nördlichen Wäldern hatte mehr Eisen im Blut als sie. Notfälle hatten sie immer wieder auf die Probe gestellt. Aber keiner von ihnen schämte sich, mit dem großen, rauen Schotten zu knien, während er sein Herz ausschüttete, um für sein Mädchen zu bitten. Die Sicherheit des Mädchens, das alle vier auf seine Weise liebten, lag außerhalb der Hände ihrer Freunde. Zu wissen, dass McRae einen sicheren Fels gefunden hatte, auf den er sich stützen konnte, brachte auch den jüngeren Männern ein gewisses Maß an Frieden.

KAPITEL XXVI

EINE RETTUNG

Der graue Tag verschwand in der tieferen Dunkelheit der frühen Dämmerung. Wie ein wildes Tier, das seine Beute angreift, sprang der Hurrikan immer noch mit tiefem und düsterem Gebrüll auf die kleine Hütte am Bull Creek zu. Es schlug in wilden, wirbelnden Böen darauf ein. Es schleuderte mit Schnee und Graupel beladene Windböen gegen die Blockwände und türmte Schneeverwehungen um sie herum fast bis zur Traufe auf.

Längst war Whaley gezwungen, die Hunde mit in die Hütte zu nehmen, um sie vor dem Erfrieren zu bewahren. Es war für keinen der drei Menschen möglich, sich länger als ein paar Minuten am Stück hinauszuwagen. Auch damals mussten sie sich in der Nähe der Mauern aufhalten, um den Kontakt zum Haus nicht zu verlieren.

Als die Fütterungszeit kam, machten die Hunde ein Chaos. Sie waren halb ausgehungert, wie es bei Teams in den Einsamen Landen normalerweise der Fall ist, und der Geruch des gefrorenen Fisches, der vor dem Feuer auftaut, versetzte sie in Panik. West und Whaley beschützten Jessie, während sie den Fisch umdrehte. Das war nicht einfach. Die herabstürzenden Tiere hätten die Männer fast umgehauen. Sie mussten grausam mit den Peitschenstöcken zurückgeschlagen werden, denn sie waren wild wie Wölfe und nur der stärkste Schmerz konnte sie zurückhalten.

Der Reihe nach wurden ihnen die halb aufgetauten Fische zugeworfen. Es gab ein Knurren, ein Schnappen der Kiefer, ein Schlucken, und der Fisch war verschwunden. Über ein oder zwei, die im Rudel fielen, machte sich der Zug Sorgen und kämpfte mit scharfem Jaulen und Knurren, bis das letzte Fragment in Stücke gerissen und verschwunden war.

Danach trank das vom Sturm geplagte Trio Tee und aß Pemmikan, während es sich immer noch gegen das Rudel zur Wehr setzte. West riss einem von ihnen mit dem eisenbeschlagenen Ende seines Peitschenkolbens die Nase auf, die eine hässliche Schnittwunde hatte. Vielleicht war nicht allein er schuld. Vielen Hundeführern des Nordens wird beigebracht, nichts anderes als den Stachel der Peitsche zu verstehen und nur auf brutale Behandlung zu reagieren.

Die zweite Nacht war eine Wiederholung der ersten. Die drei wurden in zwei Lager aufgeteilt. Whaley oder Jessie McRae schauten West jede Minute zu. In seinen Augen lag ein Ausdruck, dem sie misstrauten, eine schmollende Bosheit, in der sich das Feuer mörderischen Verlangens zu rauchen schien.

Er lag auf dem Boden und schlief in kurzen Nickerchen viel. Anscheinend waren seine Träume nicht angenehm. Er knurrte unzusammenhängend durch zusammengebissene Zähne und ballte in Wutanfällen große, haarige Fäuste. Als er daraus erwachte, starrte er die anderen misstrauisch an. Es war klar, dass er den Gedanken im Hinterkopf hatte, dass sie ihn zerstören könnten, während er schlief.

Den ganzen dritten Tag über hielt der Sturm unvermindert an. Whaley und West besprachen die Situation. Bis auf ein paar Pfund Fisch waren ihre Vorräte verschwunden. Wenn der Schneesturm nicht nachlassen würde, würden sie bald verhungern.

In der Nacht ließ der Wind nach. Der Tag brach an, eine schwache, winterliche Sonne stand am Himmel.

Der andere Mann machte West einen Vorschlag. „Muss raus und auf Nahrungssuche   gehen.
Wir werden in einigen Schluchten am Bach Karibus finden. Was soll ich sagen?"

Der Sträfling sah ihn mit listiger List an. „Wie wäre es mit diesem Mädchen? Glaubst du, ich lasse sie raus und schicke die Polizei auf meine Spur? Nein, Sir. Ich nehme ihre Schneeschuhe mit."

Whaley zuckte mit den Schultern. „Sie könnte den Weg nach Hause nicht finden, wenn sie Schuhe hätte. Aber freuen Sie sich darüber."

Wests zwielichtiger Blick glitt über ihn. Der Vorschlag einer Jagd passte zu ihm. Er muss einen Vorrat an Lebensmitteln haben, um nach Lookout zu gelangen. Whaley war ein guter Schütze und ein Experte im Trailer. Wenn Karibus oder Elche in der Nähe waren, war es wahrscheinlich, dass er einen erlegte. Auf jeden Fall würden Hunderte von weißen Kaninchen durch den Wald huschen. Er beschloss schlau, den Spieler auszunutzen, und nachdem er mit ihm fertig war –

Die Männer nahmen einen Teil des Tees und genug Fisch mit, um die Hunde einmal zu füttern. Sie erwarteten, genug Wild zu finden, um sich selbst zu versorgen und für ein paar Tage Vorräte anzulegen. Whaley bestand darauf, Jessie ihr Gewehr zu lassen, damit sie ein oder zwei Kaninchen erschießen konnte, falls sich eines in die Nähe der Hütte wagte. Sie hatte drei gefrorene Fische und eine Handvoll Tee.

Bevor sie begannen, zog Whaley Jessie beiseite. „Ich kann nicht sagen, wie lange wir weg sein werden. Vielleicht zwei Tage – oder drei. Du musst mit dem auskommen, was du hast, bis wir zurückkommen." Er zögerte einen Moment, dann hielten seine kalten, harten Augen fest an ihrem. „Vielleicht kommt nur einer von uns zurück. Halten Sie die Augen offen. Wenn nur einer von uns da ist – und es ist Westen –, lassen Sie ihn nicht ins Haus. Erschießen Sie ihn. Nehmen Sie seine Schneeschuhe und das Team mit. Folgen Sie dem Bach Gehen Sie etwa fünf Meilen hinunter und dann nach Südwesten, bis Sie Clear Lake erreichen. Von dort aus kennen Sie den Weg nach Hause.

Ihre dunklen Augen weiteten sich. „Glauben Sie, dass er – zu – vorhat?"

Der Mann nickte. „Er hat Angst vor mir – denkt, ich will die Polizei auf seine Spur bringen. Wenn er kann, wird er mich loswerden. Aber noch nicht – nicht, bis wir ein paar Karibus haben. Ich werde ihn alle im Auge behalten." die Zeit."

„Wie kannst du ihn beobachten, während du jagst?"

Er hob achselzuckend die Schultern. Es stimmte durchaus, dass West ihm während der Jagd in den Rücken schießen konnte. Aber Whaley kannte den Mann ziemlich gut. Er würde für Fleisch sorgen, bevor er zuschlug. Nachdem der Schlitten beladen war, hatte Whaley nicht vor, dem Kerl den Rücken zu kehren.

Jessie war nicht umsonst in den Wäldern des Nordens aufgewachsen. Sie hatte gesehen, wie ihr Bruder Fergus viele Kaninchenschlingen baute. Jetzt gelang es ihr, aus einigen alten Hautstreifen, die sie in der Hütte gefunden hatte, eines zu basteln. Nachdem sie einen jungen Schössling niedergebogen und an einem umgestürzten Baumstamm befestigt hatte, machte sie sich daran, einen zweiten zu machen.

Ohne Schneeschuhe war es ihr nicht möglich, weit zu reisen, aber es gelang ihr, einen Fuchs zu erschießen, der in der Nähe der Hütte ein Abenteuer machte, in der Hoffnung, etwas zu finden, um seinen mageren und leeren Bauch zu füllen.

Bevor Whaley ging, hatte er einen Holzvorrat ins Haus gebracht, aber Jessie stockte den Vorrat tagsüber auf, indem sie Birkenstangen vom Bachufer schleppte.

Die Dunkelheit brach früh herein. Das Mädchen machte ein loderndes Feuer und stapelte das Holz vor der Tür, damit niemand hineinkommen konnte, ohne sie zu wecken. Das Gewehr lag griffbereit. Sie hat lange und tief geschlafen. Als sie die Schläfrigkeit aus ihren Augen schüttelte, schien die Sonne durch das Fenster.

Sie frühstückte mit Eintopf aus einem Hinterviertel eines Fuchses. Nachdem sie ihre Fallen besucht und eine entsprungene zurückgesetzt hatte, sammelte sie Balsamzweige für ein Bett und trug sie zum Haus, um sie vor dem Feuer zu trocknen. Whaley hatte ihr ein kleines Beil hinterlassen und damit begann sie, aus einem Stück des Puncheon-Bodens einen Schneeschuh zu formen.

Den ganzen Tag arbeitete sie daran und hatte nachts einen groben Holzski, der bei Bedarf nützlich sein konnte. Mit glühenden Kohlen brannte sie während des langen Abends Löcher hinein, durch die die Riemen gesteckt werden konnten. Als Riemen eignete sich die in lange Streifen geschnittene Haut des Fuchses. Es wäre ein grobes, primitives Gerät, aber sie dachte, dass sie im Notfall ein paar Meilen damit zurücklegen könnte. Morgen würde sie einen Partner dafür finden, beschloss sie.

Bis auf das Bett aus Balsamzweigen waren ihre Arrangements für die Nacht genauso wie am ersten Tag. Wieder machte sie ein großes Feuer, stapelte das Holz vor der Tür und legte das Gewehr in Reichweite. Wieder schlief sie fast augenblicklich ein, nur eine Minute nachdem sie sich hingelegt hatte, um eine weiche Stelle in der federnden Matratze zu finden, die sie gemacht hatte.

Jessie hat hart am zweiten Ski gearbeitet. Gegen Mittag hatte sie es ziemlich gut geformt. Leider hat sich aus einem kleinen Spalt im Holz ein größerer Spalt entwickelt. Sie war gezwungen, es beiseite zu legen und mit einem anderen Stück zu beginnen.

Hundert Mal hatte sie den Blick gehoben, um das Schneefeld nach Anzeichen für die Rückkehr der Jäger abzusuchen. Als sie nun aus dem Fenster schaute, ohne viel zu erwarten, sie zu sehen, fiel ihr Blick auf einen Reisenden, einen schwarzen Fleck auf einem weißen Meer. Ihr Herz begann vor Aufregung zu trommeln. Sie wartete mit gefesseltem Blick und erwartete, eine zweite Gestalt und ein Hundegespann auf der Anhöhe zu sehen und als Silhouette auftauchen zu sehen.

Keiner erschien. Der Mann kam stetig voran. Er blickte nicht zurück. Offensichtlich hatte er keinen Begleiter. War dieser einsame Reisende im Westen?

Jessie nahm das Gewehr und vergewisserte sich, dass es in gutem Zustand war. Ein stürmischer Fluss schien durch ihre Schläfen zu schlagen. Der Puls in ihren Fingerspitzen pochte .

Konnte sie diese schreckliche Tat tun, auch nur um Ehre und Leben zu retten, obwohl sie wusste, dass der Mann zweimal ein Mörder sein musste? Einmal hatte sie es versucht und war gescheitert, während er dastand und sie mit seinem schrecklichen Grinsen mit abgebrochenen Zähnen verspottete. Und einmal hatte sie ihn im Stress des Kampfes verwundet, als er angriff.

Der sich bewegende schwarze Fleck wurde größer. Bald wurde ihr klar, dass dies nicht West war. Er bewegte sich anmutiger, leichter, ohne das schwere, krumme Rollen ... Und dann wusste sie, dass er auch nicht Whaley war. Einer ihrer Freunde! Ein kleiner Gebetsstoß strömte aus ihrem Herzen.

Sie verließ die Hütte und ging auf den Mann zu. Er winkte ihr zu und sie machte als Antwort eine freudige Geste. Denn ihr Retter war Onistah .

Jessie hatte beide Hände in seinen und biss sich auf die Unterlippe, um die Tränen zurückzuhalten. Sie konnte wegen der Emotionen, die in ihr aufstiegen, nicht sprechen.

„Ist alles in Ordnung?" fragte er mit der unerschütterlichen Gesichtsmaske seiner Rasse, die alle Emotionen verbarg.

Sie nickte.

„Gut", fuhr er fort. „Dein Vater bete, dass der Große Geist dich beschütze."

"Wo ist Vater?"

Er blickte in die Richtung, aus der er gekommen war. „Wir gehen zu Jaspers Hütte – deinem Vater, dem roten Soldaten, dem amerikanischen Händler, Onistah . Du bist weg. Großer Sturm – Schnee – Graupel. Keiner kann weiter gehen. Dann betet er zu deinem Vater . Wir warten, bis der Große Geist sagt : ‚Kein Wind mehr.' ‚Schnee' Dann verlegen wir das Lager. Alle suchen – geh raus und finde dich." Er zeigte nach Norden, Süden, Osten und Westen. „Der Große Geist sagt mir, ich soll hierher kommen. Ich sage: ‚Die schlafende Morgenröte ist bei Gott, um Jesu willen, Amen.'"

„Du lieber, lieber Junge", schluchzte sie.

„ Also finde ich dich. Hungrig?"

„Nein. Ich habe einen Fuchs erschossen."

„Dann gehen wir jetzt." Er blickte auf ihre Füße. „Wo sind deine Schneeschuhe?"

„West hat sie genommen, um mich hier zu behalten. Ich mache ein Paar. Komm. Wir machen sie fertig."

Sie gingen auf das Haus zu. Onistah blieb stehen. Das Mädchen folgte seinem Blick. Sie wurden an einen beladenen Hundezug gebunden, an dem sich zwei Männer über einen See in der Nähe des Ufers bewegten, an dem die Hütte gebaut worden war.

Ihr angsterfüllter Blick richtete sich wieder auf den Indianer. „Hier sind West und   Mr.
Whaley. Was machen wir?"

Er kniete bereits und fummelte an den Riemen seiner Schneeschuhe herum. „Du gehst und suchst deinen Vater. Folg der Spur zum Lager. Dann schickst du ihn hierher. Ich verstecke mich im Wald."

„Nein – nein. Sie werden dich finden und dass West dich erschießen würde."

„ Onistah kennt Tricks. Sie finden ihn nicht."

Er befestigte die Schneenetze an ihren Füßen, während sie noch protestierte. Sie warf noch einmal einen Blick auf den Hundezug, der stetig vorwärts joggte. Wenn sie ging, musste es sofort sein. Bald würde es für einen von beiden zu spät sein, zu fliehen.

„Du wirst dich im Wald verstecken, nicht wahr, damit sie dich nicht finden können?" sie flehte.

Er lächelte beruhigend. „Geh", sagte er.

Noch einen Moment, und sie drängte sich über die Kruste entlang des Pfades, auf dem der Blackfoot gekommen war.

KAPITEL XXVII

APACHE-ZEUG

Die Jäger brachten drei Karibus und zwei Säcke voller Kaninchen mit, genug Vorräte, um West zu ermöglichen, Lookout zu erreichen. Die Hunde waren stärker als bei ihrem Aufbruch, denn sie hatten sich an den Teilen des Wildes gefressen, die für den menschlichen Gebrauch unbrauchbar waren.

Keiner der Männer hatte gesagt, was mit Jessie McRae geschehen sollte, aber die Frage stand im Hintergrund beider Gedanken, ebenso wie die wachsende Wut aufeinander, die sie verzehrte. Sie sprachen selten. Keiner von ihnen ließ den anderen hinter sich fallen. Beide hatten in der Nacht zuvor kein Auge zugetan. Stattdessen hatten sie sich mit heißem Tee wach gehalten. Nach einem anstrengenden Jagdtag waren beide erschöpft und davon überzeugt, dass ihr Leben vom Wachsein abhing. Wests eiserne Kraft hatte der Belastung ohne äußere Anzeichen eines Zusammenbruchs standgehalten, aber Whaley stolperte vor Müdigkeit, als er sich neben dem Schlitten herschleppte.

Das schlechte Gefühl zwischen den Partnern war nahe dem Explosionspunkt. Es musste passieren, bevor der Flüchtling seine lange Reise nach Norden antrat. Der Kerl hatte eine eingleisige Denkweise. Er hatte immer noch vor, das Mädchen mitzunehmen. Wenn Whaley sich einmischte, würde es einen Kampf geben. Für West konnte es nicht zu früh kommen. Sein Grübeln hatte einen Punkt erreicht, an dem er sich moralisch sicher war, dass der Spieler vorhatte, ihn an die Polizei zu verraten und sie auf seine Spur zu bringen.

Aus dem Schornstein der Hütte stieg Rauch auf. Zweifellos war das McRae-Mädchen drinnen und wartete mit einem Herz voller Angst in ihrer Brust auf sie. Whaleys schmale Lippen verzogen sich grimmig. Bald würde es zum Showdown kommen.

An der Tür gab es einen Moment Verzögerung, und jeder blieb unter dem Vorwand zurück, am Schlitten zu arbeiten. Es bestand immer die Möglichkeit, dass derjenige, der zuerst ging, einen Schuss in den Rücken bekam.

West warf einen Blick auf die großen Fäustlinge an den Händen des anderen, lachte hart und drängte in die Kabine. Ein erschrockenes Grunzen entfuhr ihm.

„Sie ist weg", rief er.

„Wahrscheinlich im Wald hier hinten – wahrscheinlich beim Kaninchenschießen. Ohne Schneeschuhe kann sie nicht weit gekommen sein", sagte Whaley.

Der große Mann nahm den Ski, den Jessie gemacht hatte. „ Sehen Sie mal her."

Whaley untersuchte es. „Vielleicht hat sie ein Paar davon gemacht und ist entkommen.
Ich hoffe es."

Die gelben Zähne des Sträflings kamen knurrend zum Vorschein. „Glaubst du, ich sehe dein Spiel nicht ? Ich spiele gegen McRae und die Rotröcke. Ich würde es dir nicht zutrauen, mich zu verkaufen."

Die eiskalten Augen des Spielers bohrten sich in West. Sollte es jetzt sein?

West war noch nicht ganz bereit. Seine Hände waren kalt und steif. Außerdem war der andere auf der Hut und der Flüchtling suchte nicht nach einer gleichmäßigen Pause.

„Na ja, es hat keinen Sinn , darüber zu streiten . Das tue ich nicht Ich werde mit dir den Lappen kauen. Bald wirst du es sein, so wie ich es bin", fuhr er fort und wich mit zwielichtigen Augen aus.

„Über das Mädchen – leicht herauszufinden, sage ich. Sie ist sicher nicht weggeflogen.
Muss Spuren hinterlassen haben. Wir schauen mal nach."

Wieder wartete Whaley ehrfürchtig, mit einem sardonischen und freudlosen Grinsen, um dem anderen den Vortritt zu lassen. In der Nähe der Hütte gab es viele Spuren, auf denen sie selbst und das Mädchen hin und her gegangen waren . Ihre umherschweifenden Blicke reichten weiter.

So schlicht, wie das wirbelnde Wasser im Kielwasser eines Bootes die Spuren eines Schneeschuhwanderers über das untere Ende des Sees zog.

Sie drängten sich hinüber, um sie näher zu untersuchen, und folgten ihnen ein Dutzend Meter bis zum Rand des Eisfeldes. Das dort auf dieser weißen Seite geschriebene Schild erzählte beiden Beobachtern eine Geschichte, aber es sagte dem einen mehr als dem anderen.

„Jemand war hier", rief West mit einem erschrockenen Fluch.

„Ja", stimmte Whaley zu. Er hatte nicht die Absicht, unnötige Informationen zu geben.

„Ein' ist wieder ausgeleuchtet. Muss ‚a' gegangen sein, um dem Mädchen zu helfen."

„Ja", stimmte der Spieler zu und meinte „Nein".

Aus der Schrift auf dem Schnee las er Folgendes: Jemand war gekommen und jemand war gegangen. Aber derjenige, der gekommen war, war nicht derjenige, der gegangen war. Ein Indianer hatte die ersten Spuren gemacht. Er konnte es an der Form der Netze und an der Art und Weise erkennen, wie der Reisende hineingeschritten war. Der Hinweg war anders. Jemand von leichterer Statur trug die Schneeschuhe, jemand , der kürzere Schritte machte und sich auf Zehenspitzen bewegte.

„Siehst du. Sie rannte ihm entgegen. Hier versank sie immer wieder", sagte West.

Der andere nickte. Ja, sie war ihm entgegengeeilt, aber das war nicht alles, was er sah. Es entstand der Eindruck eines Knies im Schnee. Man konnte leicht vermuten, dass der Mann sich hinkniete, um die Schuhe auszuziehen und sie an die Füße des Mädchens anzupassen.

„Und hier ist sie in den Wald abgezweigt", fuhr der Sträfling fort. „Sie versteckt sich jetzt da oben. Ich mache mich auf die Suche nach ihrem heißen Fuß."

Whaleys spöttisches Lächeln verschwand fast, bevor es auftauchte. Was er wusste, war seine eigene Sache. Wenn West einen Spaziergang im Wald machen wollte, brauchte er ihm nicht zu sagen, dass dort hinter einem Baum ein Mann auf ihn wartete.

„Ich denke, ich werde diesem Kerl folgen", sagte Whaley und hob die Hand in Richtung der Gleise, die über den See führten. „Wir müssen herausfinden, wohin er gegangen ist. Wenn uns die Berittenen auf der Spur sind, wollen wir es wissen."

"Sicher." West stimmte listig zu und kniff die Augen zusammen, um die Gedanken zu verbergen, die durch sein mörderisches Gehirn krochen. „ Das müssen wir wissen."

Er glaubte, dass Whaley ihm in die Hände spielte. Der Mann wollte ihn an die Polizei verraten. Er würde sie nie erreichen. Und er, Bully West, würde endlich mit dem Mädchen allein sein, ohne dass ihn jemand störte.

Der Spieler war es gewohnt, Risiken einzugehen. Jetzt machte er einen Fehler und machte seinen ersten Fehler in dem langen Duell, das er mit West geführt hatte. Der Eifer des Kerls, ihn verschwinden zu lassen, war offensichtlich. Der Sträfling wollte ihn aus dem Weg räumen, damit er das Mädchen suchen konnte. Offensichtlich glaubte er, dass Whaley so würdevoll wie möglich nachgeben würde.

„Ich fange gleich nach ihm an. Bald zurück", sagte der Spieler beiläufig.

„Ja, bald", stimmte West zu.

Ihre maskierten Augen hingen immer noch aneinander, wachsam und wachsam. Wie ohne Absicht wich Whaley zurück und redete immer noch mit dem anderen. Er wollte außer Reichweite des Revolvers sein, bevor er sich umdrehte. Auch West wich ungeschickt zurück und bewegte sich auf den Schlitten zu. Der Sträfling drehte sich um und glitt schnell darauf zu.

Whaley erkannte jetzt seinen Fehler. Wests Gewehr lag auf dem Schlitten und der Mann griff danach.

Der Mann auf dem Eisfeld tat das einzig Mögliche. Er beugte sich tief und reiste schnell. Als der erste Schuss fiel, war er fast hundertfünfzig Meter entfernt. Er brach im Schnee zusammen und blieb reglos liegen.

Wests Hände waren kalt, seine Finger steif. Er war sich seines Ziels nicht sicher. Jetzt stieß er einen triumphierenden Schrei aus. Das passierte jedem , der sich in Bully West einmischte. Er feuerte erneut auf den immer noch zusammengekauerten Haufen auf dem See.

Bald würde er dorthin gehen und sicherstellen, dass der Mann tot war. Gerade hatte er ein wichtigeres Geschäft, eine Verabredung, ein Mädchen im Wald hinter dem Haus zu treffen.

„Hat ihn gut getroffen", sagte er sich laut. „Er hatte es bestimmt hinter sich, dieser verdammte Verräter."

Das McRae-Mädchen zu finden, könnte nicht schwierig sein. Sie hatte Spuren hinterlassen, als sie im tiefen Schnee davonwatete. Es gab keine Chance für sie, sich zu verstecken. Ohne Netze wäre sie auch nicht weit gekommen. Der kleine Katamount könnte ihn natürlich erschießen. Er musste vorsichtig vorgehen, um ihr keine Chance zu geben.

Als er vorwärts ging , beobachtete er jeden Baum, jedes Holzstück, hinter dem sie Schutz finden konnte, um ihn aufzulauern. Er hatte kein geduldiges Temperament, aber das Leben in der Wildnis hatte ihn gelehrt, seine böige Unruhe zu bändigen, wenn es sein musste. Jetzt ließ er sich viel Zeit. Er hatte es eilig, mit seinem Zug auf die Spur zu kommen und loszufahren, aber er konnte es sich nicht leisten, in so großer Eile zu sein, dass er eine Kugel mit seinem Körper aufhielt.

Er rief sie an. „Wo bist du, Dawn? Ich nicht." Ziel ist es, dir niemanden zu verletzen. Komm raus und hör auf, mich zu verarschen .

Als seine Schmeicheleien dann keine Antwort brachten, ließ er den Wald mit Drohungen erklingen, was er ihr antun würde, wenn er sie erwischte, wenn sie nicht sofort zu ihm käme.

Er bewegte sich langsam vorwärts und erreichte das Ende der Spuren, die im Schnee hinterlassen worden waren. Sie endeten abrupt in einem Dickicht aus Unterholz. Sein erster Gedanke war, dass sie hier versteckt sein musste, aber als er es ein halbes Dutzend Mal durchgebrochen hatte, wusste er, dass das unmöglich war. Wo war sie dann?

Er hatte Whaley gesagt, dass sie nicht wegfliegen könne. Aber was wäre aus ihr geworden, wenn sie nicht geflogen wäre? Es gab keine Bäume in der Nähe, auf die man hätte klettern können, ohne die Abdrücke ihrer Füße im Schnee zu sehen, als sie sich zum Stamm bewegte. Er hatte das unbehagliche Gefühl, dass sie ihn die ganze Zeit von einem versteckten Ort in der Nähe aus beobachtete. Er schaute hinauf in die Äste der Bäume. Sie waren schwer mit Schnee bedeckt, der nicht abgeschüttelt worden war.

West unterdrückte ein Lachen und einen Fluch. Jetzt erkannte er den Trick. Sie musste vorsichtig zurückgegangen sein und bei jedem Schritt ihre Füße genau an die gleiche Stelle gestellt haben, an der sie sich auch vorwärts bewegt hatte. Natürlich! Die Spuren zeigten, wo sie gelegentlich die tiefen Schneeverwehungen berührt hatte, als der Mokassin das zweite Mal hineinging.

Es war ein langsames Geschäft, denn während er das Schild studierte , musste er ein wachsames Auge auf die Möglichkeit eines Schusses seiner verborgenen Beute richten.

Zweimal flog er über den Boden, bevor er merkte, dass er die Stelle erreicht hatte, an der die Rückverfolgung aufhörte. In der Nähe der Stelle stand eine Kiefer. Ein Schneehaufen zeigte, wo eine kleine Lawine niedergegangen war. Das muss gewesen sein, als sie es beim Klettern auf den Ästen störte.

Sein Blick glitt über den Stamm und blieb stehen. Mit seinem Gewehr deckte er die Gestalt ab, die auf der anderen Seite dicht daneben hockte.

„Komm runter“, befahl er.

Ihm stand eine der Überraschungen seines Lebens bevor. Der Baumbewohner rutschte herunter und blieb vor ihm stehen. Es war nicht Jessie McRae, sondern ein Mann, ein Indianer, der Blackfoot, der einmal mit dem Mädchen ausgeritten war, um ihm den Triumph über den Rotrock Beresford zu verderben.

Einen Moment lang stand er benommen da, mit gesenktem Unterkiefer und offenem Mund. „ Was hast du hier gemacht ?“ fragte er schließlich.

„Kein Essen in meinem Lager. Ich jage“, sagte Onistah .

„ Das ist eine Lüge. Wo ist das McRae-Mädchen?“

Der schlanke Inder sagte nichts. Sein Gesicht war ausdruckslos wie eine leere Wand.

West wiederholte die Frage. Bei all der Antwort, die er erhielt, hätte er mit einem Holzklotz reden können. Sein schlauer, grausamer Verstand beschäftigte sich mit der Situation.

„Wir wollen nicht reden, was? Das werden wir ja sehen. Du hast sie irgendwo versteckt und ich werde herausfinden, wo. Ich werde die alten Injun-Tricks nicht dulden. Lass die Waffe fallen und marschiere zurück zur Hütte." . Unverstanden ?

Onistah tat, was ihm gesagt wurde.

Sie erreichten die Hütte. Es gab eine Sache, die West nicht in den Sinn kam. Warum hatte der Schwarzfuß ihn nicht vom Baum aus erschossen? Er hatte eine Menge Chancen gehabt. Der Grund war nicht einer, den der weiße Mann wahrscheinlich ergründen würde. Onistah hatte ihn nicht getötet, weil der Inder ein Christ war. Von Pater Giguère hatte er gelernt , dass er die andere Wange hinhalten musste.

West, Revolver griffbereit, aus Karibufellen geschnittene Riemen. Er fesselte seine gefangenen Hände und Füße und zog dann seine Mokassins und Reisetaschen aus . Er holte glühende Kohle aus dem Feuer und legte sie auf einen flachen Span. Dies brachte er durch den Raum.

„Hast du deine Meinung geändert? Wo ist das Mädchen?" er forderte an.

Onistah sah ihn an, so teilnahmslos, wie es nur ein Inder sein kann.

„Immer noch schmollend, was? Das werden wir sehen."

Der Sträfling kniete auf den Knöcheln des Mannes und drückte die Kohle gegen die nackte Sohle des braunen Fußes.

Ein unwillkürlicher tiefer Schauer ging durch den Körper des Blackfoot. Der Fuß zuckte. Ein beißender Geruch von verbranntem Fleisch erfüllte den Raum. Von den verschlossenen Lippen kam kein Laut.

Der Peiniger entfernte die Kohle. „Ich habe noch nicht angefangen, mit dir zu spielen. Ich werde dir ein paar echte Apache-Sachen geben, bevor ich fertig bin. Wo ist das Mädchen? Ich werde herausfinden , ob ich dich in Fett kochen muss."

Onistah sagte immer noch nichts.

West brachte eine weitere Kohle. „Wir werden es mit dem anderen Fuß versuchen", sagte er.

Wieder stieg der stechende, beißende Geruch in die Nase.

„Wie wäre es jetzt?" der Verurteilte befragt.

Es kam keine Antwort. Diesmal war Onistah ohnmächtig geworden.

KAPITEL XXVIII

„Geht es dir gut, Mädel?"

Jessies Schuhe knirschten auf der Schneekruste. Sie reiste schnell. Trotz Onistahs Zusicherung war ihr Herz um ihn besorgt. West und Whaley würden die Spuren studieren und zumindest annähernd zur Wahrheit gelangen. Sie wagte nicht daran zu denken, was der Gorillamann ihrem Freund antun würde, wenn sie ihn gefangen nehmen würden.

Und wie war es möglich, dass sie ihn nicht finden würden? Seine Schritte würden tief im Schnee gestampft sein. Er konnte nicht schnell reisen. Da er Christ geworden war, nahm der Blackfoot mit der Einfachheit eines Geistes, der nicht an die Komplexität des modernen Lebens gewöhnt war, die Worte Jesu wörtlich an. Er würde kein Menschenleben nehmen, um sein eigenes zu retten.

Sie machte sich selbst Vorwürfe, weil sie auf seine Kosten geflohen war. Das Richtige wäre gewesen, ihn für ihren Vater noch einmal zurückzuschicken. Aber West war so schrecklich von ihr besessen, dass ihr Anblick, selbst aus der Ferne, sie in Panik versetzte.

Vom Ende des Sees aus folgte sie der Spur, die Onistah gemacht hatte. Es führte in den Wald hinein und bog scharf nach rechts ab. Das Holz war offen. Selbst dort, wo der Schnee tief war, war die Kruste fest genug, um zu halten.

In ihrer Angst schien es, als vergingen Stunden. Die Sonne stand noch ziemlich hoch, aber sie wusste, wie schnell sie an diesen Wintertagen unterging.

Sie umging einen Morast, kletterte einen langen Hügel hinauf und sah vor sich einen weiteren See. Am Ufer befand sich ein Lager. Ein Feuer brannte und darüber beugte sich ein Mann.

Als der Mann ihren Ruf hörte, blickte er auf. Er stand auf und rannte auf sie zu. Sie lief mit Schneeschuhen den Hügel hinunter, ein wenig blind, denn der Nebel aus Freudentränen füllte ihre Augen.

Sie ging direkt in Beresfords Arme. Endlich in Sicherheit, begann sie zu weinen. Der Soldat streichelte sie mit sanften, tröstenden Worten.

„Jetzt ist alles in Ordnung, kleines Mädchen. Schluss mit der Sache. Dein Vater   ist   hier. Schau! Er kommt. Wir lassen nicht zu, dass dir etwas passiert."

McRae nahm das Mädchen in seine Arme und hielt sie fest. Sein raues Gesicht war vor Emotionen verzerrt. In seinem Herzen schmolz ein

Eisdamm. Die von Gefühlen gebrochene Stimme, mit der er sprach, verriet, wie sehr er erschüttert war.

„Mein Kind ! Mein kleines Kind ! Gott gebührt der Dank.“

Sie klammerte sich an ihn und versuchte, ihr Schluchzen zu unterdrücken. Er streichelte ihr Haar, küsste sie und murmelte zärtliche gälische Worte. Ein Gedanke durchbohrte ihn wie ein Schwerthieb.

Er hielt sie auf Armeslänge von sich fern, in seinem ausgemergelten Gesicht spiegelte sich große Sorge. „ Geht es dir gut, Mädchen?“ fragte er fast barsch.

Sie verstand seine Frage. Ihr ruhiger Blick begegnete seinem. Sie hatten keinerlei Bedenken, sich zu schämen. „Bei mir ist alles in Ordnung, Vater. Mr. Whaley war die ganze Zeit da. Er hat sich gegen West hervorgetan. Er war mein Freund.“ Sie blieb stehen, genug gesagt.

„Der Herr sei Dank “, wiederholte er noch einmal andächtig.

Tom Morse war mit dem Gewehr in der Hand vom Waldrand gekommen und stand in der Nähe . Er hatte ihren ersten Ruf gehört, hatte gesehen, wie sie wie ein verletztes Kind in die Arme von Beresford ging und in die seiner Mutter, und daraus hatte er vernünftige Schlussfolgerungen gezogen. Denn unter Stress offenbart sich das Herz, argumentierte er, und sie hatte sich einfach und instinktiv dem Mann zugewandt, den sie liebte. Er stand jetzt schweigend außerhalb der Gruppe. Auch in ihm war ein Strom aus Eis geschmolzen. Seine gehetzten, eingefallenen Augen verrieten das Leid, das er erlitten hatte. Das Gefühl, das ihn durchströmte, war tiefer als Freude. Sie war tot und lebte wieder. Sie war verloren gegangen und wurde gefunden.

"Wo bist du gewesen?" fragte Beresford. „Wir haben tagelang gesucht.“

„In einer Hütte am Bull Creek. Mr. Whaley hat mich dorthin gebracht, aber West ist ihm gefolgt.“

„Wie bist du entkommen?“

„Wir hatten kein Essen mehr. Sie gingen auf die Jagd. West nahm meine Schneeschuhe. Onistah kam. Er sah sie zurückkommen und gab mir seine Schuhe. Er ging und versteckte sich im Wald. Aber sie werden seine Spuren sehen. Sie werden sie finden.“ ihn. Wir müssen uns beeilen zurück.“

„Ja“, stimmte McRae zu. „Ich denke , wenn West den Jungen findet, wird er ihm schaden.“

Morse sprach zum ersten Mal mit trockener Stimme. „Wir sollten uns besser beeilen, Beresford und ich. Sie und Miss McRae können den Schlitten mitbringen.“

McRae zögerte, stimmte aber zu. Möglicherweise besteht ein dringender Bedarf an Eile. „Das wird der beste Weg sein. Aber sei vorsichtig , Junge. Yon West ist ein Wolf. Er würde euch genauso gerne töten, wie er euch ansieht."

Die jüngeren Männer waren über der Kuppe des Hügels außer Sichtweite, lange bevor McRae und Jessie die Hunde anschnallten.

„Du wirst reiten, Mädchen", verkündete der Vater.

Sie widersprach. „Wir können schneller fahren, wenn ich laufe. Lass mich fahren. Dann kannst du die Spur brechen, wo der Schnee weich ist."

„Nein. Du wirst reiten, meine Liebe. Es besteht kein Grund zur Eile. Die Jungs werden tun, was zu tun ist. Weiter mit dir ."

Jessie stieg in die Kariole und wurde bis zur Nasenspitze in Büffelroben gehüllt, wobei ihr eigenes Fell über Kopf und Gesicht gezogen war. Denn das Fahren im subarktischen Winter ist eine eiskalte Angelegenheit.

„Marché", befahl McRae.

[Fußnote: Die meisten Hunde des Nordens wurden von Fallenstellern trainiert, die Französisch sprachen und in dieser Sprache Befehle gaben. Daher verwendeten selbst die angelsächsischen Treiber beim Fahren eine ganze Reihe von Wörtern dieser Sprache. (WMR)]

Cuffy führte die Hunde den Hügel hinauf und folgte dabei der bereits unterbrochenen Spur. Der Zug kam gut voran, aber für Jessie schien er zu kriechen. Sie wurde von der Sorge um Onistah gequält . Ein Express hätte sie nicht schnell genug transportieren können. Es war ein kleiner Trost, sich einzureden, dass Onistah eine Blackfoot war und jede List des Waldes kannte. Seine Spuren würden direkt zu ihm führen und selbst das kleinste Kind könnte ihnen folgen. Sie konnte sich auch nicht davon überzeugen, dass Whaley zwischen ihm und Wests Zorn stehen würde. Für den Spieler war Onistah nur ein Trottel .

Der Zug fuhr aus dem Wald zum Ufer des Sees. Hier lief es besser. Die Sonne war untergegangen und die Schneekruste hielt Hunde und Schlitten fest. Hundertfünfzig Meter von der Hütte entfernt zog McRae das Team heran. Er ging vorwärts und untersuchte den Schnee.

Mit einem Stoß warf Jessie die Robe beiseite, die sie umhüllte, und sprang von der Kariole. Eine unsichtbare Hand schien ihren Hals fest zu umklammern. Denn was sie und ihr Vater gesehen hatten, waren purpurrote Spritzer im Weiß. Jemand oder etwas war hier getötet oder verwundet worden. Onistah , natürlich! Er musste seine Meinung geändert haben, versuchte ihr zu folgen und wurde von West erschossen, als er den See überquerte.

Sie stöhnte, ihr Herz war schwer.

McRae spendete Trost. „Er wird wahrscheinlich nur verwundet sein. Die Jungs würden das nicht tun. " „ Hätte ihn noch bewegt, wenn er nicht gelebt hätte . "

Der Zug fuhr vorwärts, Jessie lief neben Angus.

Morse kam zur Tür. Er schloss es hinter sich.

„ Onistah ?" rief Jessie.

„Er ist – verletzt. Aber wir waren rechtzeitig dran. Er wird wieder gesund werden."

„West hat ihn erschossen? Wir haben Flecken im Schnee gesehen."

„Nein. Er hat Whaley erschossen."

„Whaley?" wiederholte McRae.

„Ja. Wollte ihn loswerden. Dachte, deine Tochter wäre hier im Wald versteckt. Ich hatte auch Angst, dass Whaley ihn dem North-West Mounted ausliefern würde."

„Dann ist Whaley tot?" fragte der Schotte.

„Nein. West hatte gerade keine Zeit, den Job zu Ende zu bringen. Allerdings ziemlich schwer verletzt. Schuss in die Seite und in den Oberschenkel."

„Und West?"

„Wir kamen zu früh. Er konnte seine Teufelei nicht beenden. Er flog über den Hügel, sobald er uns sah."

Sie gingen ins Haus.

Jessie ging direkt zu Onistah , der auf den Balsamzweigen lag, und kniete sich neben ihn. Beresford legte ein mit Karibuöl getränktes Tuch um einen seiner Füße.

"Was hat er dir getan?" „, schrie sie, und ihr Herz verkrampfte sich vor Angst.

Der Hauch eines Lächelns huschte über das unbewegliche Gesicht des Eingeborenen. „Apache-Zeug, so nannte er es."

"Aber-"

„West hat sich die Füße verbrannt, damit er sagt, wo du warst", sagte Beresford sanft zu ihr.

"Oh!" sie weinte entsetzt.

„Der gute alte Onistah . Er hat es geschafft. Er wollte kein Wort sagen. West hat uns kommen sehen und ist auf die Spur gegangen.“

„Ist er – ist er –?“

"Er ist weg."

„Ich meine Onistah .“

„Es tut ihm weh, die Band zu besiegen, aber er wimmert nicht mit. Er ist nicht dauerhaft verletzt – er wird in ein oder zwei Wochen herumlaufen.“

" Du armer Junge!" Das Mädchen weinte leise und legte ihren Arm unter den Kopf des Indianers, um ihn in eine einfachere Position zu heben.

Die stummen Lippen des Schwarzfußes dankten ihr nicht, aber die dunklen Augen gaben ihr die Dankbarkeit eines Herzens, das ganz ihr gehörte.

Die ganze Nacht über war das Haus ein Krankenhaus. In diesem Land hatten Männer gelernt, sich ohne große professionelle Hilfe um Verletzungen zu kümmern. In gewisser Weise war Angus McRae so etwas wie ein Arzt. Er versorgte die Wunden der beiden Verletzten mit dem kleinen medizinischen Set, das er mitgebracht hatte.

Whaley war selbst ein bisschen stoisch. Die Philosophie seiner Klasse bestand darin, Glück oder Unglück unauffällig zu akzeptieren. Er hatte Glück, am Leben zu sein. Warum darüber jammern, was sein muss?

Aber als das Fieber mit den länger werdenden Stunden zunahm, geriet er ins Delirium. Manchmal stöhnte er vor Schmerz. Erneut verfiel er in das unzusammenhängende Geschwätz seiner frühen Tage. Er war wieder bei seinem Vater und seiner Mutter und erlebte seine wilde und verirrte Jugend.

„… Erzähl es nicht Mutter. Ich kriege alles in Ordnung, wenn du es ihr vorenthältst… Verdorbenes Kartenspiel. Siebenundneunzig Dollar. Du musst warten, sage ich dir… Mutter, Mutter, wenn…“ Du wirst nicht so weinen …“

McRae nutzte die einfachen Mittel, die er hatte. An sich waren sie, das wusste er, von geringem Wert. Er muss sich auf eine gute Pflege und die robuste Konstitution des Mannes verlassen, die ihm dabei helfen, durchzukommen.

Mit Morse und Beresford besprach er den besten Kurs. Es wurde beschlossen, dass Morse Onistah und Jessie am nächsten Tag nach Faraway zurückbringen und mit einer Ladung Proviant zurückkehren sollte. Das Whaley-Fieber muss seine Periode ablaufen lassen. Es war noch nicht abzusehen, ob er leben oder sterben würde, aber zumindest für einige Tage würde es nicht sicher sein, ihn zu transportieren.

KAPITEL XXIX

NICHT ALLEIN GEHEN

„Morse, ich habe dich vier, fünf Tage lang fast zur Hölle begleitet. Ich weiß nicht, was ich lieber nehmen würde." mit mir als einsamer Begleiter auf der langen Reise. Du bist schlau und mutig. Deshalb vertraue ich mein Mädchen deiner Obhut an. Es ist eine kurze Reise, und soweit ich sehen kann, besteht keine Gefahr. Aber die Angst ist in mir. Das ist die Wahrheit, Mann. Gib mir dein Wort, dass du sie nicht aus deinen Augen lassen wirst, bis du sie meiner Frau in Faraway übergibst .

Angus legte dem jungen Mann eine schwere Hand auf die Schulter. Seine blauen Augen suchten ständig die des Händlers.

„Ich werde sie auf keinen Fall zwanzig Meter von mir entfernt lassen. Das ist ein   Versprechen, McRae", sagte der Händler leise.

Gut vor dem Wind gehüllt saß Onistah im Kariole.

Jessie küsste den Schotten liebevoll und lachte ihn dabei aus. „Du bist eine Gans, Vater. Mir geht es gut. Pass gut auf dich auf. Dass West vielleicht hierher zurückkommt."

„Keine Chance dafür. West wird nie zurückkommen, außer am Ende des Seils. Er ist auf dem Weg zum Rand des Brachlandes oder irgendwo dort oben", sagte Beresford. „Und innerhalb einer Woche werde ich selbst auf seiner Spur in Richtung Norden sein."

Jessie war erschrocken, ziemlich verzweifelt. „Ich würde ihn gehen lassen. Er wird irgendwo ein schlimmes Ende finden. Wenn er nie zurückkommt, wie Sie sagen, wird er uns keine Sorgen machen."

Der Soldat lächelte grimmig. „Das ist nicht die Art der Berittenen. Holen Sie sich den Kerl, den Sie suchen. Das ist unser Motto. Mir wurde die Aufgabe übertragen, West herzubringen, und ich muss ihn schnappen."

„Du meinst nicht, dass du alleine dorthin gehst, um diesen – diesen Wolfsmann zurückzubringen?"

„Oh nein", antwortete der Soldat leichthin. „Ich werde einen Cree als Führer dabei haben."

„Ein Cree", spottete sie. „Was nützt er, wenn du West findest? Er wird dir überhaupt nicht gegen ihn helfen."

„Nicht, weshalb er bei mir ist. Ich sollte keine Hilfe brauchen, um einen Mann zurückzubringen.“

„Es ist einfach Selbstmord, ihn allein zu verfolgen“, beharrte sie. „Sehen Sie, was er dem Gefängniswärter, Mr. Whaley, Onistah angetan hat! Er ist einfach schrecklich – kaum ein Mensch.“

„Der Junge hat Befehl, Mädchen“, sagte McRae zu ihr. „ Gin , sie schicken ihn in den Norden und dann in den Westen, er muss einfach gehen. Er kann nicht streiten aboot es.

Jessie gab widerwillig auf.

Die kleine Kavalkade begann. Morse fuhr. Das Mädchen bildete das Schlusslicht.

Ihre Gedanken waren immer noch bei den Gefahren der Reise, die Beresford auf sich nehmen musste. Als Morse anhielt, um die Hunde für ein paar Augenblicke auszuruhen, hob sie Onistah wieder auf und kam auf das Thema zurück.

„Ich glaube nicht, dass Win Beresford West allein verfolgen sollte, außer mit einem Cree-Führer. Der Inspektor sollte einen weiteren Polizisten mitschicken. Oder zwei mehr. Wenn er diesen Mann kennen würde – wie grausam und wild er ist –“

Tom Morse sprach leise. „Er wird nicht alleine gehen. Ich werde bei ihm sein.“

Sie starrte. "Du?"

„Ja. Als stellvertretender Polizist vereidigt.“

„Aber – er hat nicht gesagt, dass du gehst, als ich vor einiger Zeit mit ihm darüber gesprochen habe.“

„Er wusste es nicht. Ich habe mich seitdem entschieden.“

Tatsächlich hatte er drei Sekunden vor seiner Bekanntgabe eine Entscheidung getroffen.

Ihre sanften Augen applaudierten ihm. „Das wird in Ordnung sein. Seine Freunde werden sich nicht so viele Sorgen machen, wenn du bei ihm bist. Aber du weißt natürlich, dass es eine schreckliche Reise wird – und gefährlich.“

„Kein Picknick“, gab er zu.

Sie blickte ihn weiterhin an, ihre Wangen waren gerötet und ihr Gesicht lebhaft.

„Sie müssen Win sehr mögen. Nicht viele Männer würden hingehen."

„Wir sind gute Freunde", antwortete Morse trocken. „Jedenfalls schulde ich West etwas aus eigener Tasche."

Den wahren Grund für seine Reise hatte er nicht genannt. In den Tagen, in denen sie verschwunden war, war er auf der Folterbank gelegen. Er wollte nicht, dass sie monatelang solch einer seelischen Belastung ausgesetzt war, während der Mann, den sie liebte, allein der Gefahr seiner harten Arbeit in der weißen arktischen Wüste gegenüberstand.

Sie setzten die Reise fort.

Jessie sagte nichts mehr. Sie würde das Thema wahrscheinlich nicht noch einmal erwähnen. Aber in ihren Gedanken würde es eine Menge sein. Sie lebte die meiste Zeit in sich selbst mit ihrer eigenen Fantasie. Dies hatte die Großzügigkeit und den Enthusiasmus der Jugend. Sie wollte glauben, dass die Menschen gut, gut und wahr sind. Es wärmte sie, in ihnen unerwartete Tugenden zu entdecken.

Der Nachmittag brachte sie nach Faraway. Sie fuhren die Hauptstraße des Dorfes entlang zu McRaes Haus, während die Mischlinge von der Tür des Morse-Ladens aus jubelten.

Jessie stürmte in das große Familienzimmer, wo Matapi -Koma saß und sich aus dem einzigen Schaukelstuhl im Nordwald streckte.

„Oh, Mutter – Mutter!" Das Mädchen weinte und umarmte die Cree-Frau mit der ganzen leidenschaftlichen jungen Wildheit ihrer Natur.

Das fette Gesicht der Inderin verzog sich zu einem breiten Lächeln. Sie hatte selbst treue Söhne, aber außer diesem Adoptivkind keine Töchter. Jessie lag ihr sehr am Herzen.

In einem Dutzend Sätzen erzählte das Mädchen ihre Geschichte, wobei die Worte in rasender Eile durcheinander wirbelten.

Matapi -Koma watschelte zum Schlitten hinaus. „ Onistah , bleib hier", sagte sie und strahlte ihn an. „Blackfoot alle gleichen Cree zu Matapi -Koma, als er sich mit Jessie anfreundet. Angus schickt ihm eine Krankenpflege, bis er wieder gesund ist."

Tom trug den Indianer ins Haus, damit seine Füße den Boden nicht berührten. Jessie war zu Hause geblieben, um die Couch einzurichten, auf der Fergus normalerweise schlief.

Sie folgte Morse zur Tür, als er ging. „Wir müssen ein paar Sachen an Vater zurückschicken, wenn du gehst. Ich bringe sie morgen früh in den Laden", sagte sie. „Und Mutter möchte, dass du heute Abend zum Abendessen kommst. Sag nicht, dass du zu beschäftigt bist."

Er lächelte über die intime weibliche Wildheit der einstweiligen Verfügung. Die letzten Stunden hatten sie auf eine etwas andere Grundlage gestellt. Er würde jede Großzügigkeit annehmen, die sie bereit war zu bieten. Er erkannte den Geist, in dem es gegeben wurde. Sie wollte ihre Wertschätzung dafür zeigen, was er für sie getan hatte und was er für den Mann tun würde, den sie liebte. Auch würde Morse ihrer Großzügigkeit nicht mit einer unhöflichen Haltung begegnen.

„Ich werde hier sein, wenn der Gong läutet", sagte er ihr herzlich.

„Mal sehen. Es ist jetzt fast drei. Sagen wir fünf Uhr", entschied sie.

klopfe ich an die Tür."

Sie warf ihm einen zugleich schüchternen und verwegenen Blick zu. „Und ich werde es öffnen, bevor du durchbrichst, und es mitbringen."

Der Händler ging mit einer seltsamen Wärme im Herzen weg, die er schon seit vielen Tagen nicht mehr gekannt hatte. Die Tatsachen rechtfertigten dieses Hochgefühl, dieses schnelle Hochgefühl des Blutes nicht, aber jemand, der schon lange gehungert hat, ist für jede Nahrung dankbar.

Jessie flog zurück ins Haus. Sie hatte zwei arbeitsreiche Stunden vor sich. „Mutter, Mr. Morse kommt zum Abendessen. Was ist im Haus?"

„Fergus hat gestern einen Schwarzschwanz mitgebracht."

„Gut. Ich weiß, was ich haben werde. Aber zuerst möchte ich ein Bad. Viel heißes Wasser und alles mit Seife schaumig. Ich muss mich beeilen. Du kannst die Kartoffeln schälen, wenn du möchtest. Und etwas zubereiten von diesen jungen Zwiebeln. Sie sind schön. Und Mutter – ich lasse dich die Kekse backen. Das ist alles. Den Rest mache ich."

Das Mädchen berührte ein Streichholz mit dem Feuer, das in ihrem Zimmer angezündet worden war. Sie brachte eine Blechwanne, heißes Wasser und Handtücher mit. Schlank und nackt stand sie vor den tosenden Baumstämmen und genoss ihr Bad. Das Gefühl der Sauberkeit war ein Luxus, köstlich. Als sie sich von den Fußsohlen an in saubere Kleidung gekleidet hatte, fühlte sie sich wie eine neue Frau mit Selbstachtung.

Sie schenkte der Psychologie der Kleidung nicht viel Aufmerksamkeit, aber sie wusste, dass sie doppelt so viel sexuelles Selbstvertrauen verspürte, wenn sie das hübsche Plaid trug, das aus Fort Benton gekommen war, und wenn ihr dichtes schwarzes Haar genau richtig frisiert war in alten Klamotten.

Jessie hätte entrüstet bestritten, dass sie eine Kokette sei. Dennoch war sie auf Eroberung bedacht. Sie wollte, dass dieser ruhige, unabhängige Amerikaner sie mochte.

Der Ausdruck, den sie manchmal in seinen rotbraunen Augen gesehen hatte, faszinierte sie. Sie konnte es nicht lesen. Sie ahnte, dass tief in ihm ein Gefühlsstrom um sie herum raste, aber sie wusste nicht, was es war. Er hatte eine Art, seinen festen Blick beunruhigend auf ihr ruhen zu lassen. Was dachte er? Verachtete er sie? War er, außer Sichtweite, der Typ Mann gegenüber Frauen, der West und Whaley waren? Sie würde es nicht glauben. Er hatte noch nie eine indische Frau bei sich aufgenommen. Es gab nicht einmal das Gerücht, dass er sich jemals für ein Cree-Mädchen interessiert hätte. Natürlich mochte sie ihn nicht – nicht so wie Win Beresford oder sogar Onistah –, aber sie war froh, dass er sich distanzierte. Es wäre für sie eine große Enttäuschung gewesen, von irgendeiner schmutzigen Intrige zu erfahren, in die er verwickelt war.

Jessie krempelte die Ärmel hoch und zog eine große Schürze an. Sie sah, dass die Zwiebeln und Kartoffeln angesetzt waren und das Wildbret zum Grillen bereit war. Aus einer Kommode holte sie eine der neuen weißen Leinentischdecken, auf die sie außerordentlich stolz war. Sie traute niemandem außer sich selbst zu, den Tisch zu decken. Morse stammte aus einer guten Familie. Er wusste von solchen Dingen. Sie würde ihn nicht gehen lassen, weil sie dachte, Angus McRaes Familie sei Barbaren, obwohl seine Frau eine Cree und seine Kinder Halbblut waren.

Auf den Tisch stellte sie eine Glasschale mit Walderdbeermarmelade. Im Sommer hatte sie die Früchte selbst gepflückt, gerade als sie die Saskatoon-Beeren gepflückt hatte, die über den Pemmikan gestreut waren, den sie für den Rubaboo verwenden wollte .

KAPITEL XXX

„M" FÜR MORSE

Zwei im Dorf badeten an diesem Tag. Der andere war Tom Morse. Er legte seine brauchbaren Mokassins, seine Capote aus Karibufell mit Pelzbesatz, seine Hosen aus Elchfell und sein malerisches Deckenhemd ab. Er ersetzte diese durch die unscheinbare Kleidung der Zivilisation, ein Paar Stiefel mit eckiger Spitze, einen Ladenanzug und ein weißes Hemd.

Dies war nicht die Art und Weise, wie Faraway sich bei Gala-Anlässen kleidete, aber in mancher Hinsicht entschied sich der Händler nicht dafür, den Gewohnheiten des Nordens zu folgen. Manchmal erinnerte er sich gern daran, dass er ein Amerikaner und kein im Wald geborener französischer Mischling war.

Wie er versprochen hatte, war er zur vereinbarten Stunde bei den McRaes . Jessie öffnete auf sein Klopfen hin.

Dem Mädchen stockte fast der Atem. Er hatte nicht erkannt, wie attraktiv sie war. In ihren rauen Outdoor- Kostümen hatte sie eine gewisse naive Jungenhaftigkeit, eine sehr einnehmende Lebensenergie, die geschlechtslos war. Aber in dem Hauskleid, das sie jetzt trug, war Jessie völlig weiblich. Das kleine Gesicht, fein und klar geschnitten, der schlanke, weidengerade Körper hatte die sanften, runden Kurven, die eine Freude für das Auge waren. Er hatte sie immer für dunkel gehalten, aber zu seiner Überraschung fand er, dass sie für einen Métis-Blut erstaunlich schön war.

Ein grübchenförmiges Lächeln begrüßte ihn. „Du bist also gekommen?"

„Ist es die falsche Nacht? Hast du mich nicht erwartet ?" fragte er in gespielter Beunruhigung.

„Das war ich und das war ich auch nicht. Es hätte mich nicht überrascht, wenn du entschieden hättest, dass du zu beschäftigt bist, um zu kommen."

„Nicht, wenn Miss Jessie McRae mich einlädt."

„Sie hat dich schon einmal eingeladen", erinnerte ihn das Mädchen.

„Dann hat sie mich gefragt, weil sie dachte, sie sollte es tun. Werde ich dieses Mal deshalb gefragt?"

Sie lachte. „Man darf einem geschenkten Abendessen nicht in den Mund schauen."

Sie befanden sich inzwischen im großen Familienzimmer. Sie nahm ihm seinen Mantel ab. Er ging zu der Couch, auf der Onistah lag.

„Wie läuft's? Hartes Rodeln ?" er hat gefragt.

Das bronzene Gesicht des Blackfoot war unbeweglich. Er muss immer noch große Schmerzen wegen der verbrannten Füße gehabt haben, aber er ließ sich davon nichts anmerken.

„ Onistah , finde gute Freunde", antwortete er schlicht.

Tom schaute sich im Raum um, und wieder überkam ihn das Gefühl, zu Hause zu sein. Im großen Kamin brüllten und knackten Holzscheite. Der Tisch, gedeckt mit dem Geschirr und dem plattierten Silber, das McRae aus den Staaten importiert hatte, löste in ihm ein fast ergreifendes Vergnügen aus. Die Bücher, die Orgel, die urigen alten Stiche, die Angus mitgebracht hatte, als er den Ozean überquerte: All das berührte den Händler fast. Er lebte im Exil und lebte ein Junggesellenleben unter primitivsten Bedingungen. Die Atmosphäre dieses Hauses durchdrang jede Faser seines Wesens. Es erfüllte ihn mit einem akuten Hunger. Hier gab es Liebe und freundschaftlichen Verkehr und all die alltägliche, häusliche Routine, die das Leben schön machte.

Und hier war das Mädchen, das er liebte, lebendig, vital, voller Charme. Die schnelle Geschicklichkeit und Anmut ihrer Bewegungen verführte ihn. Der Tonfall ihrer warmen, jungen Stimme ließ seinen Puls höher schlagen, wie es Musik manchmal tat. Ein sehnsüchtiges Verlangen nach ihr durchströmte ihn. Sie war das gewinnendste Geschöpf unter dem Himmel – aber sie war nichts für ihn.

Matapi -Koma saß am Kopfende des Tisches, eine lächelnde und gütige Matrone in Kupfer. Sie trug ihr bestes Kleid, ein perlenbesetztes Seidenkleid mit violetten Satinbesätzen, das von einem Red-River-Karren aus Winnipeg gebracht worden war, begleitet von der Garantie des Händlers, dass Königin Victoria kein besseres hatte. Die Garantie war ihren Preis wert, aber Matapi -Koma war zufrieden. Noch nie hatte sie etwas so Großartiges gesehen. Dass Angus McRae es sich leisten konnte, es für sie zu kaufen, bewies, dass er ein großartiger Häuptling war.

Jessie wartete selbst am Tisch. Sie bereitete ein Abendessen zu, wie es seit Jahren keiner ihrer Gäste mehr gegessen hatte. Wild gegrillt, saftige, saftige Stockenten aus der Kühlkammer ihrer Speisekammer, Kartoffelpüree mit Soße, junge gekochte Zwiebeln von Whoop-Up, hausgemachte Rubaboo mit köstlichem Geschmack, heiße Kekse und Walderdbeermarmelade! Und schließlich zum Tee ein Plumpudding mit Brandygeschmack, dessen Zubereitung eine alte englische Dame in Winnipeg Jessie beigebracht hatte.

Onistah aß auf der Couch liegend. Anschließend stopften die beiden jungen Männer, satt und mit dem Gefühl vollkommener Zufriedenheit, die ein gutes Abendessen mit sich bringt, ihre Pfeifen und bliesen Rauchschichten in

Richtung der Balkenbalken des Raumes. Jessie räumte den Tisch ab, setzte sich dann und machte die letzten Nähte in den Waffenkoffer, an dem sie einen Monat lang mit Unterbrechungen gearbeitet hatte. Es war fertig, aber sie hatte die Initialen noch nicht in den Stoff gestickt.

Während die schnellen Finger des Mädchens hin und her huschten, beobachteten beide Männer, nicht allzu offensichtlich, das Profil, das von dem dunklen, üppigen, glänzenden Haar überschattet wurde. Das Bild von ihr war ein intimes Bild, aber Toms raffinierte Vorstellungskraft quälte ihn mit einem noch engeren persönlichen Bezug. Er sah sie in seinem eigenen Haus, vor seinem eigenen Kamin, mit einem Baby, das sich an ihren Rock klammerte. Dann ließ er entschlossen die geistige Eingravierung hinter sich. Sie liebte seinen Freund Beresford, einen Mann unter tausend, und natürlich liebte er sie. Hatte er nicht gesehen, wie sie nach ihrem schrecklichen Erlebnis mit West direkt in seine Arme fiel?

Matapi -Koma watschelte sofort aus dem Zimmer und sie konnten das Klappern von Geschirr hören.

„Ich habe ihr gesagt, dass ich ihr beim Waschen helfen würde, wenn sie warten würde“, erklärte Jessie. „Aber sie macht sie lieber jetzt und geht ins Bett. Mein Gewissen ist jedenfalls rein.“ Sie fügte mit leichtem Lachen hinzu: „Und ich muss die Arbeit nicht machen. Ist das die Art von Gewissen, das Sie haben, Mr. Morse?“

„Wenn ich du wäre, würde mir mein Gewissen sagen, dass ich meine Gäste nicht verlassen könnte“, antwortete er.

Sie warf ihm einen Blick fröhlichen Spottes zu. „Oh, ich weiß, wie deines funktioniert. Ich würde es um nichts haben. Es ist eine furchtbar herrische Angelegenheit. Es geht darum, dich mit Win Beresford ins Brachland zu schicken, nur weil er dein Freund ist.“

„Nicht ganz. Ich habe auch einen anderen Grund“, antwortete er.

„Ja, ich weiß. Du magst West nicht. Niemand mag West. Mein Vater nicht – oder Fergus – oder Mr. Whaley –, aber sie nehmen nicht den langen Weg hinter ihm her, so wie du. Das kannst du nicht bekommen so raus."

Sie hatte natürlich nicht den wahren Grund für seine Reise herausgefunden, der seine Freundschaft mit dem Polizisten untermauerte, und er hatte auch nicht die Absicht, dass sie das tun sollte.

„Es spielt keine große Rolle, warum ich gehe. Jedenfalls wird es gut für mich sein. Ich werde weich und fett. Nachdem ich ungefähr einen Monat im tiefen Schnee gewesen bin, werde ich es tun.“ Ich habe meinen Gürtel ein oder zwei Stufen höher gelegt. Es ist an der Zeit, dass ich mit einem Schneesturm kämpfe und versuche , von magerem Kaninchen zu leben .[7]“

[Fußnote 7: Kaninchen ist das ärmste Fleisch im Norden. Es ist mager und faserig, liefert sehr wenig Nährstoffe und wenig Fett und ist kein Muskelaufbaumittel. In einem Land, in dem Öl und Fett unverzichtbar sind, sind solche Lebensmittel nicht wünschenswert. Die Indianer aßen große Mengen davon. (WMR)]

Ihr Blick schweifte über seinen schlanken, harten, kompakten Körper. „Ja, du siehst weich aus", spottete sie. „Vater hat so etwas gesagt, als er auf die Tür schaute, durch die du gekommen bist."

Tom hatte ihr beim Nähen zugesehen. Er bot jetzt vielleicht einen Kommentar an, um das Thema zu wechseln. Für einen bescheidenen Mann ist es peinlich, über sich selbst zu sprechen.

„Du arbeitest mit diesem ‚W' verkehrt herum", sagte er.

„Bin ich? Wer hat gesagt, dass es ein ‚W' war?"

„Das habe ich mir schon gedacht."

„Du schätzst schlecht. Es ist ein ‚M'." „M" steht für McRae, nicht wahr?"

„Ja, und ‚W' für Winthrop", sagte er mit einem Anflug von Kühnheit.

Ein Hauch sanfter Farbe zeichnete sich auf ihren Wangen ab. „Und ‚ich' für die Unverschämtheit", erwiderte sie mit einem Lächeln, das den Worten die Beleidigung nahm.

Er achtete darauf, nicht zu riskieren, seinen Empfang zu versäumen. Nach einer Stunde stand er auf, um zu gehen. Sein Abschied von Matapi -Koma und Onistah erfolgte im großen Wohnzimmer.

Jessie folgte ihm zur Außentür.

Er gab ihr ein tröstendes Wort, während er seinen Mantel zuknöpfte: „Mach dir keine Sorgen um Win. Ich werde ein Auge auf ihn haben."

„Danke. Und er wird einen bei dir behalten, nehme ich an."

Er lachte. Diese Umkehrung des Falles war für ihn eine neue Idee. Das hübscheste Mädchen im Norden hielt den Atem nicht an, bis er sicher zurückkam. „Ich schätze", sagte er. „Wir werden gut zusammenarbeiten."

„Seid keiner von euch tollkühn", warnte sie.

„Nein", versprach er und streckte seine Hand aus. „Auf Wiedersehen, wenn ich dich morgen früh nicht sehe . "

Er wusste nicht, dass sie all ihren Mut zusammennahm und war schon seit einer halben Stunde dabei, etwas zu tun, was sie noch nie zuvor getan hatte.

Sie stürzte sich darauf und ein Schwall warmen Blutes strömte ihr unter der Bräune ins Gesicht.

„‚M' steht auch für Morse und ‚T' für Tom", sagte sie.

Mit der gleichen Bewegung drückte sie ihm den Waffenkoffer in die Hand und er verließ die Tür.

Er stand draußen vor einer geschlossenen Tür, das Stück Kunsthandwerk in seinen Fäustlingen. Ein jubelndes elektrisches Kribbeln raste durch seine Adern. Sie hatte ihm einen Freundschaftsbeweis geschenkt, den er sein ganzes Leben lang schätzen würde.

KAPITEL XXXI

DER LANGE WEG

Vier Tage lang lag Whaley zwischen Leben und Tod. Es gab Stunden, in denen der Lebensstrom in ihm so stark nachließ, dass McRae dachte, es sei der Anfang vom Ende. Aber nach dem fünften Tag begann es definitiv zu bessern. Sein Appetit nahm zu. Das Fieber in ihm ließ nach. Das Delirium verschwand. Nur eine Woche nach seiner Verwundung setzte McRae ihn auf die Kariole und brachte ihn über die harte Schneekruste in die Stadt.

Beresford kehrte einige Stunden später aus Fort Edmonton zurück und hatte eine Ernennung für Morse zum Führer und stellvertretenden Polizisten im Gepäck.

„ Maintiens le droit", sagte der Offizier und klopfte seinem Freund auf die Schulter. „Sie sind jetzt einer von uns. Eine große Chance auf ein kurzes Leben, das Sie haben. Es ist Zeit für die Versicherungsgesellschaften, alle Policen zu kündigen, die sie möglicherweise für Sie haben."

Morse lächelte. Er war nur ein vorübergehend ernannter Stellvertreter, aber es freute ihn, auch in dieser Funktion zum Mitglied der effizientesten Polizei der Welt gewählt zu werden. „ Maintiens le droit" war das Motto der Berittenen. Tom hatte nicht die Absicht, dass die Moral dieser Körperschaft durch ihn leiden sollte, wenn er es verhindern konnte.

Angus McRae hatte seinen Hundezug für die Verfolgung angeboten und Beresford hatte sofort zugesagt. Die vier Hunde des schottischen Trappers waren bei weitem besser als alle anderen, die man in Eile aufsammeln konnte. Sie hatten Ausdauer und waren nicht wild und wölfisch wie die meisten der Indianer und sogar der Hudson's Bay Company.

Morse hatte Vorräte für die Reise zusammengestellt. Von den Crees hatte er zweihundert Pfund Trockenfisch für die Hunde gekauft. Ihre eigenen Lebensmittel bestanden aus Pemmikan, getrocknetem Karibufleisch, Mehl, Salz, Tee und Tabak.

All Faraway war draußen, um den Start zu sehen. Die Reisenden würden vor ihrer Rückkehr sicherlich Hunderte, vielleicht Tausende von Kilometern zurücklegen. Selbst in diesem Land der weiten Weiten, in dem die Menschen weit marschierten, wenn die Flüsse und Seen gesperrt waren, würde sich dies wahrscheinlich als epische Reise erweisen.

Beresford ließ den langen Schlag knacken und Cuffy beugte sich in den Spuren nach vorne. Das Gewirr der Hunde richtete sich auf und begann sich zu bewegen. Ein französischer Voyageur hob die Kehle und stieß einen seltsamen Schrei aus, der nur halb einem Bellen glich. Indianer und Mischlinge liefen mit Schneeschuhen neben dem Schlitten die Straße entlang. An der Tür des McRae-Hauses standen Angus, seine Frau und seine Tochter.

„Gott sei mit dir", rief der Fallensteller.

Jessie schwenkte einen Schal, und Beresford, der den Abend zuvor mit ihr verbracht hatte, hob zur fröhlichen Begrüßung die Hand.

Die Calvacade näherte sich dem Waldrand. Morse blickte zurück. Eine schlanke Gestalt, in der Ferne kaum zu erkennen, stand immer noch mit dem Schal flatternd vor dem Haus der McRae.

Eine Biegung auf dem Weg verbarg sie. Faraway war außer Sichtweite.

Vier oder fünf Meilen lang blieben die Fallensteller bei ihnen. Im Norden war es eher Brauch, Reisende auf diese Weise schneller unterwegs zu machen. Am Rande des ersten Sees verabschiedeten sich die Indianer und Mischlinge und kehrten um.

Morse bewegte sich auf das Eis und unterbrach die Spur. Die Hunde folgten im Tandem – Cuffy, Koona , Bull und Caesar. Sie reisten schnell über das Eis und erreichten den Wald dahinter. Das Holz war nicht dick. Dahinter befand sich ein zweiter See, ein größerer. Als sie dies überquert hatten, ging die Sonne unter.

Die Männer suchten nach einem geschützten Platz zum Lagern, und sobald sie einen gefunden hatten, verließen sie den Pfad zum Waldrand und zogen den Schlitten als Windschutz hinter sich her. Sie sammelten Kiefern als Brennstoff und schnitten Balsamzweige für Beete. Es hatte begonnen zu schneien, und sie aßen ihr Abendessen mit dem Rücken zum Flockentrieb, die Kapuzen ihrer Felle über den Kopf gezogen.

Die Hunde saßen im Halbkreis und sahen zu, wie sie und der gefrorene Fisch vor dem Feuer auftauten. Ihre Gesichter, ein wenig zur Seite geneigt, die Ohren aufgestellt und die Augen leuchtend, sahen ängstlich erwartungsvoll aus. Als die Fische halb aufgetaut waren, warf Morse sie der Reihe nach den wartenden Tieren zu, die es schafften, ihr Abendessen mit einem Schnappen und einem Schluck loszuwerden. Danach vergruben sie sich im Schnee und schliefen ein.

Auf die brennenden Baumstämme hatte Beresford zwei mit Schnee gefüllte Kessel gestellt. Diese füllte er nach der Schneeschmelze wieder auf, bis genügend Wasser darin war. In einen Kessel gab er ein Stück fettes Karibufleisch. Das andere war, Tee zu kochen.

Sie benutzten ihre Schneeschuhe als Schaufeln, kratzten eine Stelle frei und streuten Balsamzweige darauf. Darauf breiten sie einen leeren, seitlich aufgeschnittenen Mehlsack aus. Als Geschirr dienten Blechteller und Tassen.

Ihr Abendessen bestand aus matschigen Bannocks , fettem Fleisch und Tee. Während sie aßen, fiel der Schnee weiter. Es war nicht unwillkommen, denn solange dies anhielt, konnte die Kälte nicht unerträglich sein. Darüber hinaus bildet Schnee eine gute weiße Decke und schützt vor plötzlichen Temperaturabfällen.

Sie wechselten ihre Mokassins und Reisetaschen und zogen als Nachtkleidung lange Stiefel aus Büffelleder, eine Kapuze, Schalldämpfer und Pelzmützen an . Hinzu kamen ein schwerer Pelzmantel und eine Decke. In diese Leisten kuschelten sie sich und hüllten sich so vollständig ein, dass ein zarter Fuß vor Luftmangel erstickt wäre.

Bevor sie sich zurückzogen, konnten sie hören, wie das Eis auf dem See wie in der Ferne knackte. Die Bäume hinter ihnen brachen gelegentlich vor der Kälte von Geräuschen ab, die wie Pistolenschüsse klangen.

Nach fünf Minuten waren beide Männer eingeschlafen. Sie lagen mit völlig bedecktem Kopf da, wie es die Indianer taten. Kein einziges Mal in der Nacht rührten sie sich. Wer sein Bettzeug durcheinander bringt und Nase oder Hände der Luft aussetzt, riskiert, zu erfrieren.

Morse wachte als Erster auf. Bald hatte er ein prasselndes Feuer. Wiederum standen darauf zwei Kessel, einer für fettes Fleisch und der andere für starken Tee. Vor der Hitze tauten keine Fische auf, denn Hunde werden nur einmal am Tag gefüttert. Andernfalls werden sie schläfrig und träge und verlieren ihre Leistungsfähigkeit.

Sie hatten einen frühen Start. Es wehte ein kalter Gegenwind, der unangenehm war. Stundenlang hielten sie dem langsamen, schwingenden Schritt der Netze stand. Manchmal führte der Weg durch den Wald, manchmal durch Gestrüpp und kleine Gehölze. Zweimal am Tag überquerten sie Seen und legten ein flottes Tempo an. Einmal kamen sie zu einem Moschusgras mit einem Durchmesser von sechs Kilometern und mussten über die Mooshexe hinwegpflügen, während das Gestrüpp ihre Füße verhedderte und ihnen ins Gesicht schlug.

Cuffy war ein Prinz der Anführer. Er schien mit einem sechsten Sinn zu wissen, wie man sich am besten durch Unterholz und Sümpfe schlängelt. Er war der Zugführer und beherrschte Stärke, Mut und Intelligenz. Bull hatte seine eigenen Ideen, aber nach einer heftigen Auseinandersetzung mit Cuffy, aus der er zerzaust und blutend hervorgegangen war, gab der einheimische Hund den Anspruch auf die Vorherrschaft auf.

Die Reisenden legten vor Mittag etwa fünfzehn Meilen zurück. Sie kamen zu einem einsamen Tipi, das am Rande eines Sees mit einem Hintergrund aus schneebedeckten Fichten gebaut war. Diese Hütte bestand aus kegelförmig nebeneinander angeordneten Stangen, deren Spalten dazwischen mit eingeklemmtem Moos verputzt waren, um jeden Spalt zu füllen. Aus einer offenen Stelle oben stieg eine dünne Rauchwolke auf.

Beim Geräusch der jaulenden Hunde hob ein Mann den Elchfellvorhang hoch, der als Tür diente. Er war ein alter und runzliger Cree. Sein Gesicht war so braun und zäh und mit Nähten übersät, dass es einem Stück Alligatorleder ähnelte. Daraus blickten zwei sehr kleine, helle Augen hervor.

„Ugh! Ugh!" er grunzte.

Das schien alles zu sein, was er an Englisch konnte. Beresford probierte es mit ihm auf Französisch und stellte fest, dass er ein paar Brocken davon beherrschte. Nach vielen Versuchen stellte der Soldat fest, dass er seit vielen Monden keinen weißen Mann mit einem Hundezug gesehen hatte. Die Cree lebten dort offenbar allein und verdienten ihren Lebensunterhalt in der Falle. Warum er von all seinen Verwandten und Stammesverwandten getrennt wurde, konnte der junge Kanadier damals nicht herausfinden. Später erfuhr er, dass der alte Kerl ein Ausgestoßener war, weil er fünfzig Jahre zuvor in einem Kampf mit Blackfeet einmal die weiße Feder gezeigt hatte.

Bevor sie abreisten, stellten die Reisenden fest, dass er noch zwei weitere Wörter Englisch konnte. Einer war Rum, der andere Tabak. Er bettelte um beides. Sie hinterließen ihm einen halben Fuß Tabak. Der knappe Vorrat an Whisky, den sie mitgebracht hatten, war für den Notfall gedacht.

Kurz bevor die Nacht hereinbrach, erschoss Morse zwei Schneehühner im Wald. Diese waren eine willkommene Ergänzung zu ihrem üblichen Essen.

Obwohl beide Männer Erfahrung im Umgang mit Schneeschuhen hatten, waren ihre Füße vom Scheuern der Riemen wund. Vor dem Lagerfeuer fetteten sie die wunden Stellen mit Talg ein. In ein paar Tagen würde die Reizung durch die Spinnweben verschwinden und die Beinmuskeln, die durch diese neue und stetige Bewegung beansprucht wurden, würden sich verhärten und fit werden.

Sie hatten neben dem Schlitten einen Windschutz aus Gestrüpp errichtet und den Boden mit Fichtenzweigen bedeckt, nachdem sie den Schnee weggeräumt hatten. Hier ruhten sie nach dem Abendessen und trockneten vor dem knisternden Feuer schweißnasse Socken, Reisetaschen und Mokassins.

Beresford holte seine englische Bruyere-Pfeife heraus und Tom pflückte eine aus dem Firmenbestand. Rauch umhüllte ihre Köpfe, während sie träge auf dem Fichtenbett herumlungerten und ab und zu eine Bemerkung austauschten. Sie kannten sich gut genug für langes Schweigen. Wenn sie redeten, dann nur, weil sie etwas zu sagen hatten.

Der Kanadier blickte auf den neuen Waffenkoffer seines Freundes und bemerkte mit einem Leuchten in den Augen:

„Dafür habe ich mich zuerst ausgesprochen, Tom. Hätte Bergleute drauf, dachte ich."

Der Amerikaner lachte sardonisch. „Es war ein Geschenk für einen guten Jungen", erklärte er. „Ich vermute, dass sich jemand gefreut hat, dass ich auf dieser Reise mit dir mushine.. Vielleicht kannst du dir vorstellen, warum. Jedenfalls habe ich daraus ein Geschenk gezogen."

„Das sehe ich", antwortete Beresford grinsend.

„Ich soll mich richtig um dich kümmern und dafür sorgen, dass es dir gut geht."

„Oh, das ist es?"

„Genau das ist es."

Der Polizist sah ihn seltsam an, wollte etwas sagen, überlegte es sich dann aber anders.

KAPITEL XXXII

EIN BILD IN EINEM MEDAILLON

Charakteristisch für McRae war, dass er darauf bestanden hatte, Whaley zur Genesung zu sich nach Hause zu bringen. „Es ist Stillen , du brauchst, Mann, ein Leitfutter . Du wirst Köder an der Hose bekommen .“

Der Händler protestierte und wurde überstimmt. Seine Cree-Frau war gerade nicht in der Lage, sich um ihn zu kümmern. McRaes Frau und Tochter hielten sein Versprechen und der verwundete Mann gedieh unter ihrer Obhut gut.

Eines Nachmittags lag Whaley rauchend auf dem Bett in seinem Zimmer. Neben ihm saß Lemoine und paffte ebenfalls an einer Pfeife. Der Fallensteller hatte dem Ex-Spieler eine seltsame Geschichte über ein Medaillon und einen Ring erzählt, die ein Mischling von einer Blackfoot-Squaw gekauft hatte, die behauptete, sie seit achtzehn Jahren zu besitzen. Er hatte es gerade erzählt, als Jessie an die Tür klopfte und mit einer Schüssel Karibubrühe ins Zimmer kam.

Whaley gab vor, ihm diese Fürsorge zu verübeln, aber sein Einwand war Betrug. Er mochte es, wenn das Mädchen so viel Aufhebens um ihn machte. Seine Haltung ihr gegenüber hatte sich völlig verändert. Er betrachtete sie als weißes Mädchen und blickte sie mit Respekt an.

„Keine Slopes mehr“, sagte er. „Bring mir ein gutes Karibusteak und ich sage Danke.“

„Du sollst essen, was Mutter schickt“, sagte sie ihm.

Lemoine war von dem Stuhl aufgestanden, auf dem er gesessen hatte. Er starrte sie an, in seinen Augen lag ein merkwürdiger Ausdruck verwirrten Erstaunens. Jessie bemerkte seinen Blick und warf ihm einen genervten Blick zu.

„Haben Sie einen Geist gesehen, Mr. Lemoine?“ Sie fragte.

„Vielleicht ja , Miss Jessie. Das Bild im Medaillon, es Ich liebe dich einfach – dasselbe Haar, dieselben Augen, dasselbe Lächeln.

„Welches Bild in welchem Medaillon?“

„Das Medaillon, das ich bei Whoop-Up sehe, das Pierre Roubideaux von der Squaw des alten Makoye -Kindes gekauft hat.“

„Ein Bild von einem Blackfoot?“

„Nein-o. Vielleicht Franzose – vielleicht aus dem amerikanischen Land. Ich weiß es nicht."

Whaley nahm die Pfeife aus dem Mund und setzte sich auf, die kalten Augen in seinem weißen Gesicht starr und aufmerksam. „Gehen Sie zurück zu Whoop-Up, Lemoine. Kaufen Sie das Medaillon und den Ring für mich von Pierre Roubideaux. Sehen Sie sich Makoye -kin – und seine Squaw an. Finden Sie heraus, wo sie es hat – und wann. Lesen Sie die ganze Geschichte."

Der Fallensteller nahm eine Pelzmütze ab und kratzte sich am gelockten Genick.
„Mais – pourquois ? Das alles kostet Geld, nicht wahr?"

„Das Geld überlasse ich dir. Gib aus, was du brauchst, aber erstatte mir anschließend die Abrechnung."

Jessie spürte den unregelmäßigen Schlag eines Hammers in ihrer Brust. „Was denken Sie, Mr. Whaley?" sie weinte leise.

„Ich weiß nicht, was ich denke. Wahrscheinlich nichts dran. Aber da ist ein Medaillon. Das wissen wir. Bei einem Bild, das wie du aussieht, denkt Lemoine hier. Wir sollten besser herausfinden, um wessen Bild es sich handelt, nicht wahr? Wir?"

„Ja, aber – meinst du, dass es vielleicht etwas mit mir zu tun hat? Wie kann das sein? Die Schwester von Stokimatis war meine Mutter. Onistah ist meine Cousine. Frag Stokimatis . Sie weiß es. Was könnte diese Frau auf dem Bild sein? Mich?"

Jessie konnte den flatternden Puls in ihrer Kehle nicht verstehen. Sie hatte nicht daran gezweifelt, dass ihre Mutter eine Blackfoot war. Die ganze Romantik ihrer trüben Geburt drehte sich um den unbekannten Vater, der gestorben war, als sie noch ein Baby war. Stokimatis hatte sich darüber nicht ganz im Klaren gewesen. Laut der Geschichte, die sie Sleeping Dawn erzählt hatte, hatte sie den Mann nie getroffen. Weder sie noch die Mitglieder ihrer Stammesgruppe wussten etwas von ihm. Gab es ein Geheimnis um sein Leben? In ihren kindlichen Träumen hatte Jessie eines gewebt. Er war für sie alles Begehrenswerte, denn er war das Band, das sie an alle höheren Lebensstandards verband, nach denen sie sich sehnte.

„Ich weiß es nicht. Wahrscheinlich ist alles ein Stutennest. Finden Sie Stokimatis   ,
Lemoine, und bringen Sie sie mit zurück. Mal sehen, was sie uns erzählen kann.
Und holen Sie sich das Medaillon und den Ring mit der Geschichte von ihnen."

Wieder verwies Lemoine auf die Kosten. Er würde mit seinem Hundezug nach Whoop-Up fahren müssen und von dort aus zum Bach, wo Pierre Roubideaux lebte. Makoye -kin und seine Familie könnten überall im Umkreis von hundert Meilen überwintern. Hatte es irgendeinen Sinn, sich auf so eine wilde Hasenjagd zu begeben?

Whaley glaubte, dass das der Fall sei, und sagte es entschieden. Den wahren Grund nannte er nicht, nämlich dass er McRae und seiner Tochter die Schulden zurückzahlen wollte, die er schuldete. Sie hatten ihm zweifellos das Leben gerettet, nachdem er sie unverschämt behandelt hatte. Natürlich hatte er bereits eine Punktzahl auf seinem Konto. Er hatte sie vor West gerettet. Aber er hatte das Gefühl, dass das Gleichgewicht immer noch stark zu seinen Ungunsten geriet. Und er war ein Mann, der seine Schulden bezahlte.

Es war dieser Faktor seiner Verfassung – die ihm auferlegten Verpflichtungen aus alten Verbindungen –, der ihn mit Geld, Vorräten und einem Hundezug nach West gebracht hatte, um ihm bei der Flucht zu helfen.

Jessie machte sich auf die Suche nach ihrem Vater. Ihr Verlangen, ihn zu sehen, flog über ihre Schritte hinaus. Dies war kein Thema, über das sie mit Matapi -Koma sprechen konnte. Die Cree-Frau würde nicht verstehen, was für einen enormen Unterschied es machen würde, wenn sie beweisen könnte, dass ihr Blut ausschließlich von der überlegenen Rasse stammt. Jessie konnte solch einen Punkt auch nicht taktvoll ansprechen. Dabei ging es nicht nur um das Ansehen von Matapi -Koma selbst, sondern auch um das Ansehen ihrer Söhne.

Das Mädchen fand McRae im Lagerraum und blickte auf ein Bündel verschiedener Felle – Marder, Fuchs, Nerz und Biber. Die Nachricht kam ihr in aufgeregten Ausrufen über die Lippen.

„Oh, Vater, rate mal! Mr. Lemoine hat ein Bild gesehen – eine Blackfoot-Frau hatte es – die Frau des alten Makoye -Kindes – und sie hat es verkauft. Und er sagt, es sah aus wie ich – genau. Vielleicht war es meine Tante – oder jemand anders . Die Schwester meines Vaters! Finden Sie nicht auch?"

„Ich werde wissen, was ich für einen besseren Gin halte, du wirst einfach leise reden und mir sagen, was es bringt , Mädchen."

Sie sagte ihm. Der Schotte nahm das, was sie zu sagen hatte, ohne äußere Anzeichen von Aufregung auf. Trotzdem floss sein Blut schneller. Er wollte keine Veränderung in den Beziehungen zwischen ihnen, die die Liebe, die sie für ihn empfand, beeinträchtigen würde. Für ihn spielte es keine Rolle, ob sie reiner Abstammung oder Métis war. Er hatte den Indianer in ihr immer ignoriert. Sie war ein kostbares Wildtier voller Schönheit und Freude. Von Natur aus gehörte sie zur herrschenden Rasse. In ihr war nichts Unterwürfiges oder Abhängiges, nichts von der Trägheit, die ein so ausgeprägtes geistiges Merkmal der Blackfoot und der Cree war. Ihr schlanker Körper war voller Feuer und Geist. Sie war bis in ihre Fingerspitzen lebendig.

Dennoch freute er sich über sie. Da es ihr wichtig war, dass sie ein Halbblut war, würde er sich auch freuen, wenn sie das Gegenteil beweisen könnte. Oder, wenn sie die Familie ihres eigenen Vaters ausfindig machen könnte, würde er versuchen, sich für sie zu freuen.

Mit seinem rauen Zeigefinger berührte er sanft die zarte Wange des Mädchens. „Ich denke , dass der alte Angus McRae sein Kind verlieren wird, wenn man Verwandte auf der anderen Seite der Grenze findet ."

Sie flog in seine Arme und drückte ihr warmes, junges Gesicht an seine faltige Wange.

„Niemals – niemals! Du bist mein Vater – immer das, egal was ich finde. Du hast mir das Lesen beigebracht und mich gepflegt, als ich krank war. Du hast dich immer um mich gekümmert und warst gut zu mir. Das werde ich nie tun." „Jeder richtige Vater außer dir", rief sie leidenschaftlich.

Er streichelte liebevoll ihr dunkles, üppiges Haar. „Mein Mädchen, ich habe dir all die Liebe geschenkt , die jeder Yin ihm geben kann Kind . Ich weiß nicht , dass ich manchmal hart zu dir war, aber ich bin ein mürrischer, alter Mann, und gut , du weißt, mein Herz war traurig für dich, als ich am strengsten war.

Sie konnte an den Fingern einer Hand abzählen, wann er das gesagt hatte. Von Natur aus war er äußerlich ein Stück schottischer Granit. Er war sentimental. Die meisten seiner Rasse sind. Aber er hütete sich davor, es zum Ausdruck zu bringen, als wäre es ein Laster.

„Vielleicht hat Onistah gehört, wie seine Mutter etwas dazu gesagt hat", schlug Jessie vor.

„Genau genug. Es wird nicht schaden, den Jungen zu fragen ."

Aber der Blackfoot hatte wenig zu erzählen. Stokimatis hatte ihm erzählt , dass Sleeping Dawn seine Cousine sei, aber er hatte es nie ganz geglaubt. Als er seine Mutter einmal mit Fragen bedrängt hatte, hatte sie tief gelächelt und das Thema gewechselt. Er hatte schon immer das Gefühl, dass die Geburt des Mädchens ein Geheimnis umgab. Stokimatis wusste entweder, was es war, oder hatte eine Ahnung davon.

Seine Aussage bestätigte zumindest die wilden Hoffnungen, die im Herzen des Mädchens flammten.

Bei Tagesanbruch machte sich Lemoine auf den Weg nach Süden zum Whoop-Up.

KAPITEL XXXIII

IN DAS EINSAME LAND

In die Nordlichter fuhren die Verfolger nach einer viertägigen Überquerung. Manders von den Berittenen begrüßte sie mit dem Besten, was er hatte. Mehr als zwei Monate lang hatte er keine Neuigkeiten von außen erreicht, und nachdem seine Besucher gefüttert und gewärmt worden waren, saßen sie vor einem knisternden Kaminfeuer, während er ihnen Fragen darüber zuwarf, was die Welt und ihre Nachbarn machten.

Manders war ein dunkelbärtiger Mann, groß für die Nordwestpolizei. Er hatte zwei Hobbys. Einer davon waren die Unruhen auf dem Balkan, die er immer prophezeite. Das andere war eine Leidenschaft für Sophokles, die er im Original aus einer Taschenausgabe las. Starten Sie ihn beim Wagenrennen in „Elektra" und er stößt den Spruch aus, während er in der Kabine auf und ab geht und mit blitzenden Augen gestikuliert. Denn er war ein Rugby- und Oxford-Mann, obwohl er mit dem Fernweh im Herzen geboren wurde. Eines Tages würde er Erbe eines großen Anwesens in England werden, einer alten Baronetz, die Herrenhäuser, Wildparks und rasierte Rasenflächen mit sich brachte, deren Wachstum hundert Jahre gedauert hatte. Mittlerweile ernährte er sich von Pemmikan und sauren Bannocks . Manchmal murrte er, aber sein Murren war Betrug. Er war hier, weil er ein Wildesel der Wüste war und seine Ohren nur den Ruf des Abenteuers hörten. Dazu gehörte auch das North-West Mounted.

Als der Strom seiner Neugier auf die Außenwelt zu versiegen begann, stellte Beresford selbst einige Fragen. Manders konnte ihm keine Auskunft geben. Er stand mit den Fallenstellern in einem Umkreis von hundert Meilen in Kontakt, wobei Northern Lights das Zentrum bildete, aber er hatte keine Nachricht von einem einsamen Reisenden mit einem Hundezug erhalten, der nach Norden fuhr.

„Wahrscheinlich westlich von hier", schlug der große schwarze Engländer vor.

Beresfords Gesicht verzog sich zu einer ironischen, humorvollen Grimasse. Ob Osten, Westen oder Norden, sie mussten den Kerl finden und ihn zurückbringen.

Die Menschenjäger verbrachten einen Tag bei Northern Lights, um die Hunde auszuruhen und ihre Vorräte aufzufüllen. Sie überholten sorgfältig ihr Stauholz, reparierten das kaputte Elchfellgeschirr und kümmerten sich um eines der Tiere, das aufgrund einer wunden Wunde ein wenig lahm geworden war. Von einem französischen Mischling kauften sie zusätzliche Ausrüstung, die für den Trail dringend benötigt wurde. Er war ein fröhlicher, gutaussehender Jugendlicher in einem neuen Jagdhemd aus Leder mit Fransen, einer blauen, mit Bändern besetzten Saskatchewan-Mütze und einem Kreuzgürtel aus scharlachrotem Stoff. Sein Handelsbestand bestand aus Hundeschuhen, die seine Frau aus Karibuleder angefertigt und während des Bräunungsprozesses mit einer Flüssigkeit getränkt hatte, die verhindern sollte, dass die Hunde sie von ihren Füßen fressen.

Als sie den Posten verließen, herrschte eine Temperatur von minus dreißig Grad, und am Himmel waren Sonnenhunde zu sehen. Manders hatte vorgeschlagen, dass sie lieber ein oder zwei Tage warten sollten, aber die Menschenjäger wollten unbedingt auf der Spur sein. Sie hatten eine gefährliche, unangenehme Aufgabe vor sich. Beide wollten es so schnell wie möglich hinter sich bringen.

Sie machten sich auf den Weg in die Wildnis. Die Straße, die sie bauten, war ein krummer Pfad durch den weißen, ununterbrochenen Wald. Sie sahen viele Spuren von Pelztieren, hörten aber nicht auf, auf die Jagd zu gehen. Die starke Kälte und das Erscheinen des Himmels trieben sie wie Peitschenhiebe an. In den nächsten zwei oder drei Tagen passierten sie fünfzehn oder zwanzig Seen. Über diese reisten sie schnell, aber in den Portagen und in den Wäldern mussten sie den Schnee packen, manchmal störendes Gestrüpp herausschneiden und den Hunden wiederum über raue oder schwere Stellen helfen.

Am dritten Tag erwischte sie der Schneesturm. Sie kämpften sich durch den aufziehenden Sturm über einen ziemlich großen See bis zum Waldrand. Hier rodeten sie eine Fläche von etwa drei Quadratmetern und schnitten immergrüne Zweige von den Bäumen, um sie zu bedecken. Auf der einen Seite davon machte Morse das Feuer, während Beresford die Hunde abschnürte und einen Haufen gefrorener Fische für sie auftaut. Jetzt brodelten die Kessel auf dem Feuer. Die Männer aßen zu Abend und zogen den Schlitten als Barrikade gegen den Wind hoch.

Die Kälte hatte sich etwas abgeschwächt und es hatte geschneit. Die ganze Nacht über prasselte ein eisiger, windgetriebener Nieselregen auf sie ein. Sie stiegen aus einer ungemütlichen Nacht zu einem düsteren Tag auf.

Sie berieten darüber, was am besten zu tun sei. Ihr Lager befand sich an einem ärmlichen Ort, zwischen ein paar wasserreichen Bäumen, die ein dürftiges, rauchendes Feuer machten. Es gab kaum Schutz vor dem Sturm und es gab keine Anzeichen für schönes Wetter.

„Besser die nächste Querung in Angriff nehmen", riet Morse. „Sobald wir den See überquert haben, kann es uns nicht schlechter gehen als hier."

„Richtig!" stimmte Beresford zu.

Sie packten ihre Vorräte, spannten die Hunde an und machten sich auf den Weg. Sie fuhren mit gesenktem Kopf in den Sturm hinein und wurden von einem heulenden Wind heimgesucht, der mit stechenden Schneeregen beladen war und heulend über den See fegte. Überall um sie herum hörten sie die scharfen Geräusche knackenden Eises. Jeden Moment könnte sich ein Spalt öffnen, und seine Breite könnte einen Zoll oder mehrere Meter betragen. In dem blendenden Sturm konnten sie nichts sehen. Im wahrsten Sinne des Wortes mussten sie sich ihren Weg ertasten.

Morse ging voran, um das Eis zu testen, Cuffy folgte ihm dicht auf den Fersen. Nach einem Spalt strömt das Wasser empor und gefriert bald. Die Gefahr besteht darin, dass man zu früh dazu kommt.

Das ist passiert. Morse überquerte auf seinen Schneeschuhen sicher das dünn gefrorene Eis. Cuffy, ein oder zwei Schritte hinter dem Wegbereiter, stürzte sich ins Wasser. Die schnelle Energie von Beresford rettete die anderen Hunde. Er stoppte sie sofort und warf sein ganzes Gewicht zurück, um den Schlitten zu halten. Der St. Bernard zappelte einige Augenblicke im Wasser und versuchte, Morse zu erreichen. Das Geschirr hielt Cuffy zurück. Beresford rannte zum Rand der Pause und rief ihn. Ein oder zwei Sekunden später half er, den Hund zurück auf das feste Eis zu ziehen.

In der bitteren Kälte erstarrte das verfilzte Fell des Bernhardiners. Cuffy war sich seiner Gefahr bewusst. Kaum hatte der Schlitten den Spalt überquert, stürzte er sich auf die Last und raste mit solcher Geschwindigkeit vorwärts, dass es fast schien, als würde er die anderen Hunde mit sich ziehen.

Glücklicherweise war die Küste nahe, nicht mehr als drei oder vier Meilen entfernt. Innerhalb einer halben Stunde war Land erreicht. Bis zum Ufer des Sees erstreckte sich ein Wald. Von den näheren Bäumen schnitt Morse Birkenrinde ab. Es war ausreichend trockenes Holz im Überfluss vorhanden. Vor einem prasselnden Feuer lag Cuffy in einem Büffelmantel und dampfte. Innerhalb einer Stunde kuschelte er seine zufriedene Nase an Beresfords streichelnde Hand.

Erschöpft gingen die Reisenden früh zu Bett. Lange vor Tagesanbruch waren sie oben. Der Schneesturm hatte in der Nacht nachgelassen. Es hinterließ eine verkrustete Spur, über die sich die Hunde schnell bewegten. Das Thermometer war wieder stark gesunken und das Wetter war bitterkalt. Bevor ihnen die Lichter eines Indianerdorfes durch die Bäume entgegenzwinkerten, hatten sie fast vierzig Meilen zurückgelegt. In der winterlichen Nachmittagsdunkelheit fuhren sie vor.

Die einheimischen Hunde bellten zur Begrüßung, lange bevor sie klirrend in die Mitte der Tipis kamen. Böcke, Squaws und Papos stürzten heraus, um sie mit gutturalen Begrüßungsrufen zu sehen. Einige der Jugendlichen und ein oder zwei der Mädchen hatten noch nie zuvor einen Weißen gesehen.

Ein schnelles und wütendes Handgemenge unterbrach das Gespräch. Die wölfischen Hunde des Dorfes stellten den Mut der vier Fremden auf die Probe. Das Knurren und Jaulen übertönte alle anderen Geräusche, bis die hagere Horde von Scharfmännigen; steifhaarige Rohlinge waren durch heftige Peitschenhiebe und schnelle Stöße mit dem Gewehrkolben zurückgeschlagen worden.

Der Anführer der Gruppe lud die beiden Weißen in die größte Hütte ein. Morse und Beresford setzten sich vor ein rauchendes Feuer und führten einen schwierigen Dialog. Sie teilten einen halben Meter Tabak unter den anwesenden Männern auf und gaben jeder der Frauen eine kleine Handvoll verschiedenfarbiger Perlen.

Sie aßen sparsam von einem Eintopf aus Fisch, dem Geschenk ihrer Gastgeber. Im Gegenzug hatten die Beamten der Speisekarte ein großes Stück fetten Elch hinzugefügt, das mit Gier verschlungen wurde.

Die befragten Indianer hatten die Geschichte eines weißen Mannes gehört, der allein mit einem Hundezug durch die Einsamen Lande reiste. Er war ein Riese von einem Kerl und mürrisch, das hatte sich herumgesprochen. Wer er war oder wohin er ging , wussten sie nicht, aber er schien auf den großen Fluss im Norden zuzugehen. Das war die Summe und der Inhalt dessen, was Beresford durch beharrliche Nachforschungen von ihnen über West erfuhr.

Nach dem Abendessen schliefen die Menschenjäger im Tipi des Häuptlings, da es draußen so bitterkalt war. Auch dreizehn Indianer schliefen dort. Zwei von ihnen waren die Ehefrauen des Oberhauptes, sechs waren seine Kinder, eines war ein Enkelkind. Wer der Rest der Gruppe war und welche Beziehung sie zu ihm hatte, erfuhren die Gäste nicht.

Der Ort war dreckig und die Luft war abscheulich. Vor dem Morgen bereuten beide jungen Weißen, dass sie draußen kein Risiko eingegangen waren.

„Nie wieder", sagte Beresford mit offenem Abscheu, nachdem sie am nächsten Tag aufgebrochen waren. „Ich werde verhungern, wenn es sein muss. Ich werde frieren, wenn es sein muss. Aber, bei Gott! Ich werde keinen Indianer-Eintopf essen und auch nicht in einem Potpourri voller Kleinigkeiten schlafen . Nicht gut genug."

Tom grinste. „Während ich den Eintopf aß , dachte ich, ich könnte dort schlafen , selbst wenn ich beim Essen würgen würde, und während ich versuchte zu schlafen, beschloss ich, dass ich mich für einen Eintopf entscheiden müsste . Wenn wir das nächste Mal mit einem Schneesturm zu kämpfen haben, werden wir genug wissen, um für unsere Gnade dankbar zu sein. Wir werden uns vorstellen können, dass es noch viel schlimmer sein könnte."

An diesem Nachmittag töteten sie ein Karibu und besorgten sich und den Hunden dringend benötigtes frisches Fleisch. Unglücklicherweise rutschte Beresford aus, als er die Hinterhand zum Schlitten trug, und zog sich eine Sehne im linken Bein zu. Damals bemerkte er es nicht besonders, aber nach einer Stunde Fahrt wurden die Schmerzen stärker. Es fiel ihm schwer, mit den Hunden Schritt zu halten.

Sie überquerten einen zehn Meilen langen See. Morse schlug vor, dass sie ihr Lager aufschlagen sollten, sobald sie den Rand erreicht hätten.

„Steigen Sie besser auf den Schlitten und fahren Sie bis dahin", fügte er hinzu.

Beresford schüttelte den Kopf. „Nein, ich mache schon weiter. Ich muss grinsen und es ertragen. Der Schlitten ist sowieso überladen. Du trottest mit und ich folge dir. Sobald du die Feuer angezündet und die ganze Arbeit erledigt hast, werde ich herumlungern." ins Lager."

Tom protestierte nicht weiter. „In Ordnung. Bleib ruhig. Ich werde ausladen und zu dir zurücklaufen."

Der Montaner fand einen guten Lagerplatz, warf die Vorräte ab und ließ Cuffy als Wache zurück. Mit den anderen Hunden fuhr er zurück und traf den Beamten. Beresford hinkte immer noch beharrlich vorwärts. Jeder Schritt jagte einen Schmerz durch ihn hindurch, aber er biss die Zähne zusammen und ging weiter.

Dennoch war er froh, den leeren Schlitten zu sehen. Er stolperte weiter und überließ die anderen die Arbeit.

Im Lager kratzte er mit einem Schuh den Schnee weg, während Morse Fichtenzweige schnitt und Holz für das Feuer hackte.

Beresford erlitt in dieser Nacht schwere Knieverletzungen. Er schlief nicht viel, und als der Tag kam, war klar , dass er nicht reisen konnte. Der Campingplatz war gut. Es gab jede Menge Holz, und die Form des Schachts, in dem sie standen, schützte vor dem kalten Wind. Den Hunden würde es nicht schlechter gehen, wenn sie ein oder zwei Tage Ruhe hätten. Die Reisenden beschlossen, so lange wie nötig hier zu bleiben.

Tom ging auf die Jagd. Am späten Nachmittag brachte er eine Tüte mit vier Schneehühnern zurück. Gebraten, sie waren köstlich. Die Hunde standen im Halbkreis und fingen die ihnen zugeworfenen Knochen auf. Knirschen – Knirschen – Knirschen. Die Knochen waren nicht mehr da. Die Hunde warteten mit zur Seite geneigten Köpfen erwartungsvoll auf weitere zarte Leckerbissen.

„Ich habe Hirschspuren gesehen. Morgen werde ich versuchen, eine zu finden", sagte Morse.

Der lahme Mann humpelte am nächsten Tag zum See hinunter, brach das Eis und fischte Hecht. Er nahm alles, was er tragen konnte, mit ins Lager.

Am vierten Tag ging es seinem Knie so gut, dass er langsam reisen konnte. Sie waren froh, in dieser Nacht die Lichter von Fort Desolation zu sehen, wie einer der Berittenen den Posten wegen seiner Einsamkeit genannt hatte.

KAPITEL XXXIV

DIE MENSCHENJÄGER LASEN DAS SCHILD

Im weißen Norden gibt es nur wenige Reisende. Es ist unmöglich, durch das Land zu reisen, ohne eine Aufzeichnung seiner Fortschritte im Gelände und in den Köpfen der Eingeborenen zu hinterlassen. Der Flüchtige versuchte nicht, sich zu verstecken. Er hatte nun einen indianischen Führer bei sich und drängte in die Ödlande vor. Es gab keine Unsicherheit über seine Bewegungen. Von Fort Chippewayan aus war er entlang der großen zugefrorenen Seen nach Nordwesten geschwenkt, hatte Athabasca umgangen und war dem Great Slave River bis zum gleichnamigen See gefolgt. Diese überquerte er an der engsten Stelle, etwa dort, wo der Fluss in ihn mündet, und machte sich auf den Weg zum östlichen Ende des La-Martre -Sees .

Ihm auf den Fersen, immer noch weit zurück, folgten ihm die beiden Verfolger, geduldig, beharrlich und unerbittlich. Sie hatten die Außenfestungen der Berittenen und die kleinen Siedlungen der Freihändler weit im Rücken gelassen. Sie befanden sich bereits tief im Fanggebiet der Hudson's Bay Company. Vor ihnen lag das Brachland, das sich bis zu den Buchten des Arktischen Ozeans erstreckte.

Die Tage wurden länger und die Nächte kürzer. Die ungebremste Sonne des Nordlandes brannte auf die kalten Schneekristalle und reflektierte eine Million Lichtfunken. In diesem weißen Feld war die Blendung fast unerträglich. Beide trugen eine Rauchbrille, aber selbst damit brannten ihre Augen immer wieder. Sie wurden rot und geschwollen. Wenn die Zeit auf ihrer Reise nicht eine so große Rolle gespielt hätte, hätten sie versucht, erst nach Sonnenuntergang zu reisen. Aber das konnten sie sich nicht leisten. West würde so lange und so schnell weitermachen, wie er konnte.

Jeder von ihnen fürchtete sich vor der Schneeblindheit. Sie kannten die Anzeichen dafür – einen schrecklichen Schmerz, ein Brennen in den Augäpfeln, als würde heißer, brennender Sand gegen sie geschleudert. Nachts im Lager badeten sie ihre geschwollenen Lider und trugen eine kühlende und heilende Salbe auf.

Mittlerweile waren aus den Wochen Monate geworden, und noch immer hielten sie wie Bulldoggen an der Spur des Mannes fest, den sie suchten.

Die Stille der weiten, leeren weißen Einöden umgab sie, bis auf ein gelegentliches Wort, das Winseln eines Hundes und das schlitternde Knirschen der Schlittenkufen. Von unfreundlichen gefrorenen Wüsten gelangten sie durch ewige Stille in die Schneewildnis, die sich endlos auszudehnen schien. Als sie in die Wälder kamen, die jetzt dünner, kleiner und seltener waren, begrüßten sie sie wie einen alten Freund.

„Er ist auf dem Weg nach Great Bear, wie es aussieht", schlug Morse eines Morgens nach einer Stunde vor, in der keiner von ihnen gesprochen hatte.

„Ich habe mich gefragt, wann du aufmachst, Tom", grinste Beresford fröhlich. „Manchmal denke ich, dass ich das Zischen der Schneeschuhläufer für immer satt habe. Die menschliche Stimme klingt hier oben wirklich gut. Ja, Great Bear Lake. Und danach, wohin?"

„Den See hinauf, hinüber zum Mackenzie und hinunter zum Meer, würde ich sagen. Er macht sich auf den Weg zu den Walfanggewässern. Herschel Island vielleicht. Er hofft, einem Walfänger zu begegnen und damit nach Frisco zu gelangen." "

„Ihre Vermutung ist genauso gut wie jede andere", gab der Kanadier zu. „Er hat sich einen gewaltigen Job gemacht. Das sage ich für ihn. Es ist eine Fünf-zu-Eins-Wette, dass er nie lebend durchkommt, selbst wenn wir ihn nicht schnappen."

„Was kann er sonst noch tun? Er muss weitermachen, sonst wird er zurückgeschleppt und gehängt. An seiner Stelle würde ich auch reisen."

„ Das würde ich auch tun. Er macht sie auf jeden Fall fertig. Ich wünschte, er würde sich ein oder zwei Wochen lang das Bein brechen", sagte der Polizist leichthin.

Sie schwangen sich in einen dichten Fichtensumpf und sprangen auf einen halb ausgewachsenen Bären. Er war so nah bei ihnen, dass Tom, der die Spur bahnte, seine kleinen leuchtenden Augen sehen konnte. Morse trug sein Gewehr in der Hoffnung, einen Luchs oder Elch zu sehen. Der Bär drehte sich um und flüchtete davon, aber die Absicht wurde nie Wirklichkeit. Eine Kugel durchschlug den Kopf und brachte das Tier zu Fall.

Eine Stunde später erreichten sie ein Indianerlager am Rande eines Sees. Auf Bühnen, die gut aus dem Boden gebaut waren, hingen trocknende Fische außerhalb der Reichweite der Hunde. Diese Tiere stürmten wie immer auf die Reisenden zu, magere, struppige, wölfische Kreaturen, die nie halb gezähmt worden waren.

Beresford schlug sie mit der Peitsche zurück. Indianer kamen mit verfilzten Haaren, die ihnen über die Augen hingen, aus den Hütten. Nach den üblichen Begrüßungen und kleinen Geschenken stellten die Menschenjäger Fragen.

„Great Bear Lake – wah -he-o- che (wie weit)?"

Der Schulleiter öffnete die Augen. Niemand, der bei klarem Verstand war, ging zu dieser Jahreszeit zum großen Wasser. Die Reise dauerte vielleicht fünfzehn, vielleicht zwanzig Tage. Wer könnte es sagen? Waren alle hellen Häute verrückt? Es waren erst drei Tage vergangen, seit wieder ein Hundezug durchgefahren war, gefahren von einem großen, struppigen Mann, der ihnen keine Geschenke hinterlassen hatte, nachdem er Fisch gekauft hatte. Drei Weiße in ebenso vielen Tagen und davor nur Voyageur-Mischlinge in doppelt so vielen Jahren.

Der Soldat stieß einen jungenhaften Schrei aus. „Wir nehmen schnell zu. Nur drei Tage hinter ihm, Tom. Wenn unser Glück Bestand hat, wird er den Großen Bären nie erreichen."

Beresfords jubelnder Schrei hatte seinen Grund. Mindestens einer von Wests Hunden hatte blutende Füße. Das verriet ihnen der fleckige Schnee auf dem Weg. Entweder hatte der große Mann keine Schuhe für die Tiere oder war zu nachlässig, sie bei Bedarf zu benutzen, hatte der Polizist seinem Freund nahegelegt.

„Es ist keine Nachlässigkeit", sagte Morse. „Das liegt an seiner tyrannischen Natur. Wahrscheinlich hat er die richtigen Schuhe, aber er will sie nicht anziehen. Stattdessen schlägt er dem armen Kerl eins auf den Kopf und verflucht sein Glück, wenn er zusammenbricht. Er ist zu dickköpfig, um einer zu sein Guter Fahrer."

Am vierten Tag danach erlebten sie eine der kleineren Tragödien der subarktischen Reise. Neben dem Weg lag das Skelett eines Hundes. Seine Knochen waren von seinen gefräßigen Kannibalengefährten gesäubert worden.

„Noch drei übrig", kommentierte Beresford. „Er wird darüber nachdenken, sich einen anderen zu holen, wenn er Indianer oder Eskimos trifft."

„Wenn er es tut, ist es nicht gut, mit seinem Zug zu arbeiten. Ich glaube, wir haben ihn. Er ist im Moment keine 25 Meilen vor uns."

„Ich würde es auf zwanzig schätzen. In etwa drei Tagen beginnt das Feuerwerk."

Am zweiten Tag danach bemerkten sie etwas Merkwürdiges an der Spur, der sie folgten. Bisher war es eine gerade Linie gewesen, es sei denn, das ungünstige Gelände machte einen Umweg ratsam. Jetzt schwankte es unsicher, so wie ein betrunkener Mann eine Straße entlang taumelt.

„Was ist los mit ihm? Es kann kein Alkohol sein. Aber wenn er nicht betrunken ist, was ist dann in ihn gefahren?" fragte der Soldat laut und erwartete keine Antwort, die dieses Phänomen erklären würde.

Tom schüttelte den Kopf. „Sehen Sie. Der Indianer fährt jetzt. Er folgt einer ziemlich geraden Linie. An der Form der Schwimmhäute kann man erkennen, dass er am Heck ist. Und West torkelt immer noch auf verrückte Weise. Er ist hier heruntergefallen. Ist er krank? , meinst du?"

„Gib es auf. Wie dem auch sei, er ist in Schwierigkeiten. Wir werden bald genug erfahren, was es ist. Vielleicht sehen wir sie noch vor Einbruch der Dunkelheit."

Bevor sie eine weitere Meile zurückgelegt hatten, zeigte die Spur im Schnee eine weitere Besonderheit. Es machte einen weiten Halbkreis und fuhr wieder nach Süden.

„Er hat aufgegeben. Was soll das heißen? Kein Futter mehr, meinst du?" fragte Beresford.

„Nein. Wenn sie es gewesen wären, hätte er sein Lager aufgeschlagen und wäre auf die Jagd gegangen. Wir haben heute das Moschusochsenschild überquert, wissen Sie?"

„Richtig. Das kann nicht sein. Er muss krank sein."

Sie hielten die Augen offen. Jeden Moment würden sie wahrscheinlich eine Entdeckung machen. Da sie sich in einem Land voller Buschwerk befanden , gingen sie vorsichtig vor, um einen Hinterhalt zu verhindern. Es bestand lediglich die Möglichkeit, dass der Flüchtling sie entdeckt hatte und eine unwillkommene Überraschung vorbereitete. Aber es war eine Möglichkeit, die nicht wie eine Wahrscheinlichkeit aussah.

„Irgendetwas ist in seinen Plänen schiefgegangen", sagte Morse, nachdem sie eine Stunde lang auf dem Südpfad unterwegs gewesen waren. „Sieht aus, als wüsste er nicht , was er tut. Ist er verrückt geworden?"

„Könnte daran liegen. Männer tun es in diesem Land oft. Wir wissen nicht, was für eine schwere Zeit er durchgemacht hat."

„Ich wette, er hat in den letzten zwei Monaten zahlreichen Schneestürmen getrotzt. Beachten Sie eines: West folgt dem Führer wie ein Lamm und warf ihn zu Boden. Der Cree stoppte den Schlitten sofort, damit West aufstehen konnte. Warum hat er das getan? Und warum weicht West nie auch nur einen Fuß vom Pfad ab, der kaputt ist? Das sieht ihm nicht ähnlich. Er ist immer der Boss „Das Outfit – immer führend ."

Auch Beresford war verwirrt. „Ich verstehe die Situation nicht. Es ist fast tausend Meilen her, dass wir dieser Spur gefolgt sind – achthundert jedenfalls. Die ganze Zeit über hat Bully West als Chef seinen großen Fuß darauf getreten. Jetzt belegt er den zweiten Platz." . Der Grund ist mir ein Rätsel.

Der Verstand seines Freundes kam zu einem Schluss. „Ich glaube, ich weiß, warum er dem geraden und schmalen Pfad folgt . Der Führer hat eine Leine um seine Taille und West ist daran festgebunden."

"Warum?"

Die Sonnenstrahlen, die vom Schnee in einem blendenden, strahlenden Glanz reflektiert wurden, trafen Morse voll in die Augen. Seit Tagen waren die weißen Felder sehr anstrengend für den Anblick. Es hatte Momente gegeben, in denen schwarze Flecken vor ihm geflackert waren, in denen rotglühender Sand gegen seine Augäpfel geschleudert worden war, wenn er dem brennenden Gefühl nach schließen konnte.

Jetzt wusste er blitzschnell, was mit West los war.

Beresford erzählte er es in zwei Worten.

Der Polizist schlug ihm auf den Oberschenkel. „Natürlich. Das ist die Antwort.“

Die Nacht brach herein, die Flüchtlinge waren immer noch nicht zu sehen. Das Land war so rau, dass sie vielleicht nur ein oder zwei Meilen entfernt waren und dennoch nicht gesehen wurden.

„Ich denke, das Lager ist besser“, schlug Morse vor.

„Ja. Hier. Wir werden sie morgen besorgen.“

An diesem Abend wurden sie mit einem unbeschreiblich brillanten pyrotechnischen Schauspiel am Himmel verwöhnt. Ein Polarlicht blitzte über den Himmel, wie sie keiner von ihnen jemals zuvor gesehen hatte. Das Gewölbe erstrahlte in Wellen aus Rot, Violett und Lila, die tanzten und wirbelten, mit flüchtigen, unbeständigen Blitzen aus Gold und grünen und gelben Balken. Eine strahlende Glühlampe von großer Kraft erleuchtete den Bogen und durchflutete ihn mit Licht, das durch die Fenster der Kathedrale des Allerhöchsten strömte .

Bei Tagesanbruch standen sie auf. Schnell frühstückten sie und beluden. Der Weg, dem sie folgten, war vor Mittag aufgrund eines plötzlichen Temperaturanstiegs faul, aber er führte immer noch stetig nach Süden.

Sie erreichten das Lager, in dem West und sein Führer die Nacht verbracht hatten.
Hier wurde ein weiteres Kapitel der langen Geschichte des Weges geschrieben. Thesled und der Führer waren weiter nach Süden gegangen, aber West war nicht bei ihnen gewesen. Seine Netze wanderten zögernd und unsicher schräg davon. Manchmal überquerten sie den Weg, den er bereits zurückgelegt hatte.

Beresford bahnte sich den Weg. Seine Hand schoss gerade heraus. In der Ferne war ein winziger schwarzer Fleck in der weißen Weite zu sehen. Es bewegte sich.

Dennoch ließen die Männer, die gekommen waren, um das Gesetz in die Einsamen Lande zu bringen, ihre Wachsamkeit nicht nach. Sie kannten Wests listigen, listigen Verstand. Das könnte ein Trick sein, um ihnen eine Falle zu stellen. Als sie den Schlitten verließen und weitergingen, waren die Regeln bereit. Die Jäger verfolgten ihre Beute wie einen Moschusochsen. Langsam und lautlos näherten sie sich.

Die Figur war die eines riesigen Mannes. Er saß zusammengekauert im Schnee, mit dem Rücken zu ihnen. Verzweiflung lag im gesenkten Kopf und den gesenkten Schultern.

Einer der Hunde heulte. Der große Oberkörper richtete sich sofort auf. Der zottelige Kopf kam hoch. Bully West hörte aufmerksam zu. Er drehte sich um und sah sie direkt an, ließ aber nicht erkennen, dass er wusste, dass sie da waren. Der Polizist machte einen Schritt und das Zischen des Schuhläufers ertönte.

„Ich beobachte dich, Stomak -o-sox", knurrte die schwere Stimme des Sträflings. „Kann mich nicht täuschen. Ich sehe jeden Schritt, den du machst."

Es war eine leere Prahlerei, fast erbärmlich in ihrer Sinnlosigkeit. Morse und Beresford kamen näher, immer noch wortlos.

West brach in heftiges, ohnmächtiges Fluchen aus. „Du bist da, du verdammter Holz-Cree! Glaubst du, ich weiß es nicht? Glaubst du, ich kann dich nicht sehen? Nun ja, ich kann. Klar, wie du mich sehen kannst. Du kommst her und holst mich, oder ich werde es tun." Häute dich bei lebendigem Leibe ab, so wie ich es letzte Woche getan habe. Hörst du mich?"

Die Stimme steigerte sich zu einem Schrei. Es verriet Schrecken – die schreckliche, tödliche Angst davor, allein gelassen zu werden und in den eisigen Wüsten des Nordens umzukommen.

Beresford kroch näher und wedelte vor den Augen des großen Mannes mit der Hand. West wusste es nicht. Er plapperte seinem Führer vergebliche und törichte Drohungen zu.

Der Sträfling war blind geworden – schneeblind, und Stomak -o-sox hatte ihn in Ruhe gelassen, damit er, solange noch Zeit war, um sein eigenes Leben kämpfen konnte.

KAPITEL XXXV

SCHNEEBLIND

West grinste den Beamten an, seine gelben Eckzähne sahen aus wie Stoßzähne. Sein verfilztes Gesicht war ein unschöner Anblick. Darin kämpfte die nackte Angst mit List und Grausamkeit.

„Gut, dass du zurückgekommen bist – gut für dich. Ich bin nicht blind. Ich habe dich die ganze Zeit verarscht . Wollte dich ausprobieren. Jetzt machen wir uns auf den Weg. Geradeaus zum großen See. Von Norden nach Westen, so wie wir es waren . Verstehst du , Stomak -o-sox? Diesmal werde ich dir nicht den Kopf verdrehen, aber wenn du jemals wieder irgendwelche Affentricks mit Bully West versuchst …" Er ließ die Drohung in einem Geräusch knirschender Zähne verklingen.

Beresford sprach. Seine Stimme war sanft. Obwohl dieser Mörder abscheulich war, hatte sein Zustand doch etwas Bedauernswertes. Man kann einen Koloss aus Kraft und Energie nicht ohne ein gewisses Maß an Mitgefühl in Ohnmacht fallen sehen.

„Es ist nicht Stomak -o-sox. Wir sind zwei von den North-West Mounted. Sie sind wegen Gefängnisbruchs und der Ermordung von Tim Kelly verhaftet."

Die Informationen verblüfften West. Er starrte aus blinden Augen nach oben. Soweit er wusste, befand sich kein Mitglied der Berittenen im Umkreis von fünfhundert Meilen um ihn. Doch das Gesetz hatte seinen langen Arm ausgestreckt, um ihn aus dieser arktischen Wüste zurückzuholen, nachdem er fast fünfzehnhundert Meilen gereist war. Es war unglaublich, dass es eine solche Polizei auf der Erde geben konnte.

„Hast du mich erwischt, oder?" er knurrte. Er fügte noch die Prahlerei hinzu, dass er sich nicht zurückhalten könne. „Nun, du hättest mich nie erwischt, wenn ich nicht erblindet wäre – niemals auf dieser Welt. Es gibt keine zwei dieser verdammten Spione, die Bully West erwischen könnten, wenn er auf sich allein gestellt ist."

"Gefrühstückt?"

Er brach in eine Reihe von Flüchen ein. „Nein, unsere Beute geht zur Neige. Dieser Wald-Cree ist mit allem, was wir hatten, entwischt. Ich wünschte, ich hätte ihn letzte Woche getötet, als ich ihn mit der Hundepeitsche gehäutet habe."

„Wie lange bist du schon blind?"

„Es kommt schon seit zwei, drei Tagen. Dieser verdammte brennende Glanz vom Schnee. Gestern haben sie völlig aufgegeben. Ich habe mich mit einer Leine an den Indianer gefesselt. Ich wusste, dass ich ihm nicht vertrauen konnte. Nach allem, was ich für ihn getan habe.“ zu."

„Wussten Sie, dass er mit Ihnen nach Süden reiste – schon seit gestern Nachmittag?“

„Nein, war er?“ Wieder verfiel West in seine natürliche Beschimpfungsrede. „Wenn ich ihn treffe, werde ich ihn ganz sicher mit Schnecken vollstopfen“, schloss er wütend.

„Sie werden ihn wahrscheinlich nicht wiedersehen. Wir sind gekommen, um Sie zurück ins Gefängnis zu bringen.“

Morse brachte den Zug herauf und der hungrige Mann wurde gefüttert. Sie behandelten seine Augen mit den einfachen Heilmitteln, die der Norden kennt, und banden sie mit einem Taschentuch zusammen, um das grelle Licht fernzuhalten, das vom Schnee reflektiert wurde.

Anschließend banden sie ihn mit einer Leine am Fahrer fest. Er stolperte hinterher. Manchmal blieb er mit dem Fuß hängen oder rutschte aus und stürzte in den Schnee. Niemand hatte ihn jemals einen geduldigen Mann genannt. Wann immer ein Missgeschick passierte, verpestete er die Luft mit seinen abscheulichen Reden.

Sie kamen langsam voran, denn das Tempo musste an den Gefangenen angepasst werden.

Tag folgte auf Tag, jeder mit seinem Ablauf, der dem vorherigen sehr ähnlich war. Sie machten Frühstück, brachen das Lager ab, packten und machten Mush. Das Rauschen der Läufer ertönte vom Morgen bis zum Einbruch der Nacht. Das Essen begann knapp zu werden. Einmal ließen sie den Blinden im Lager zurück, während sie Waldbüffel jagten. Es war ein langes, hartes Geschäft. Nach einer zweitägigen Verfolgungsjagd kamen sie mit leeren Händen zurück, aber weniger als eine Meile vom Lager entfernt sichteten sie einen halb ausgewachsenen Eisbären und ließen ihn fallen, bevor das Tier sich bewegen konnte.

In einer glücklichen Stunde kamen sie durch das Land der kleinen Stöcke und machten sich erneut auf den Weg in die Wälder.

Zum ersten Mal seit sechs Wochen hatten sie wieder ein loderndes Feuer. Gestrüpp, Stöcke und Holzscheite gingen hinein, bis es wütend brüllte.

Morse drehte sich gerade um und bemerkte, dass West den Verband von seinen Augen entfernt hatte.

„Lass es besser an“, riet der junge Mann.

„Ich habe es gewechselt . Zu eng. Da bekomme ich Kopfschmerzen", antwortete der Sträfling schmollend.

„Kannst du überhaupt schon etwas sehen?"

„Kein Ding. Für mich sieht es so aus, als würde ich es nie tun."

Tom drehte seinen Kopf zu ihm, so dass er direkt in die Flammen blickte. „Überhaupt kein Licht?"

„Nein. Ich glaube nicht, dass ich es jemals sehen werde."

„Vielleicht wirst du das. Ich habe Fälle von Schneeblindheit erlebt, bei denen sie einen Monat lang nichts sehen konnten und wieder gesund wurden."

„Es tut weh wie ein Feuer", knurrte der große Kerl.

„Ich weiß. Aber nicht so schlimm wie es war, oder? Diese Salbe hat einigen geholfen."

Die beiden jungen Burschen kümmerten sich um den Mann, als wäre er ein Bruder. Sie badeten seine Augen, fütterten ihn, führten ihn und ermutigten ihn. Er war ein schlimmer Kerl – der Schlimmste, den sie je erlebt hatten. Aber er war in Schwierigkeiten und voller Selbstmitleid. Noch nie war er krank, ein Riese an Kraft und Energie, sein Zustand erfüllte ihn nun offenbar mit Verzweiflung.

Er saß gebeugt vor dem Feuer, den Kopf in die Hände gestützt, ein Berg voller Leid und Leid. Manchmal redete er und gab jedem außer sich selbst die Schuld an seinem Zustand. Er hatte noch nie einen fairen Deal gehabt. Alle waren gegen ihn. Es war eine verrottete Welt. Dann verfiel er darauf, Gott und die Menschen zu verfluchen.

In gewisser Weise machte er ihm weniger Probleme, als wenn er hätte sehen können. Er war hilflos und musste sich auf sie verlassen. Seine Sicherheit hing von ihrer Sicherheit ab. Er konnte sie nicht angreifen, ohne sich selbst zu verletzen. Ganz gleich, wie sehr er bei dem Gedanken, zur Strafe zurückgezerrt zu werden, erschauderte, die Aussicht auf den Tod in der Schneewüste schreckte ihn noch mehr zurück. Die Situation ärgerte ihn. Jedes anständige Wort, das er ihnen gab, kam widerwillig, und er knurrte immer noch und beschwerte sich und schikanierte gelegentlich, als hätte er die Peitschenhand.

„Ein schönes Exemplar von *Ursus horribilis* ", murmelte Beresford eines Tages seinem Begleiter zu. „Ich dachte jedenfalls, dass er bereit ist, aber er ist ein Gelb-Aufsteiger. Er tut so, als ob wir für seine Blindheit verantwortlich wären und für das, was ihn am Ende der Reise erwartet. Ich mag es, wenn ein Mann die Lücke aushält, wenn sie ihn antreibt." "

Morse nickte. „Pass auf ihn auf. Ich habe das Gefühl, dass er wieder zu sehen beginnt. Er würde uns in einer heiligen Minute töten, wenn er es wagen würde. Nur seine Blindheit hält ihn davon ab. Was willst du? sagen? Sollen wir ihm nachts Handschellen anlegen?"

„Nicht notwendig", sagte der Polizist. „Er kann nichts sehen. Schauen Sie zu, wie er nach dem Stock tastet."

„Sein ganzes Gehirn läuft auf List. Vergiss das nicht. Warum sollte er sich so sehr nach diesem Stock sehnen müssen? Er hat ihn vor einer Minute selbst niedergelegt. Er versucht vielleicht, uns einen unterzuschieben."

Der Kanadier blickte auf das schmale, braune Gesicht seines Freundes und grinste. „Ich habe das Gefühl, dass auch unsere Vorstellungskraft ein wenig nervös wird. Wir haben auf dieser Reise eine schwierige Zeit erlebt – mit dem umgekehrten Englisch. Es gehört zu unserer täglichen Arbeit, Schneestürmen zu trotzen und zu verhungern und zu frieren, obwohl ich das nicht tun würde Seien Sie überrascht, wenn unsere Systeme die Trauer ziemlich satt hatten, bevor wir Mr. Bully West erwischten. Seitdem – nun ja, einen fröhlichen Reisebegleiter kann man ihn doch nicht nennen, oder? Ein Dutzend Mal am Tag möchte ich mich austoben und Sag ihm, wie sehr ich nicht an ihn denke.

"Trotzdem-"

„Wir werden ihn im Auge behalten. Wenn nötig, werden es die Armbänder für ihn sein. Ich würde es hassen, wenn der Inspektor einen Bericht an das Hauptquartier schicken würde: ‚Constable Beresford wird im Dienst vermisst.' Ich habe ein Vorurteil dagegen, in den Rücken geschossen zu werden.

„Das ist einer der Gründe, warum ich hier bin – um zu sehen, dass du es nicht bist, wenn ich es verhindern kann."

Beresfords jungenhaftes Gesicht leuchtete auf. Er verstand, was sein Freund meinte. „Sagen wir, Faraway ist nicht New York oder London oder gar Toronto. Aber wie wäre es mit einem Abendessen von Jessie McRae? Ein Stück gebratenes Wildbret, saftig zubereitet, Kartoffeln, Rüben und heißer Keksaufstrich mit Himbeermarmelade. Bei Gott , da läuft einem das Wasser im Mund zusammen."

„Und als Krönung ein Stück Pflaumenpudding " , schlug Morse vor und brachte dabei seine eigene Erinnerung ins Spiel. „Fragen Sie mich nicht, wie es mir gefallen würde. Das ist eine berechtigte Entschuldigung für einen Mord. Beschäftigen Sie sich mit diesem Rubaboo . Unser Gast heult nach seinem Abendessen."

Der schwache Verdacht von Morse machte die Beamten vorsichtiger. Sie beobachteten ihren Gefangenen etwas genauer. Keiner von ihnen glaubte wirklich, dass er sein Augenlicht wiedererlangte. Es war lediglich eine Möglichkeit, vor der man sich hüten musste.

Aber die Vermutung von Morse hatte sich bewahrheitet. Es war eine Woche her, seit West zum ersten Mal schwache Lichtblitze erreicht hatten. Er begann, Gegenstände verschwommen zu unterscheiden. Jeden Tag konnte er besser sehen. Jetzt konnte er Morse von Beresford unterscheiden, einen Hund vom anderen. Geben Sie ihm noch ein paar Tage und er würde genauso gut sehen wie vor seiner Erblindung.

All dies verbarg er listig, wie ein Geizhals sein Gold. Denn sein verzerrtes, grausames Gehirn plante den Tod dieser beiden Männer. Danach ein weiterer Sprung in den Norden für Leben und Freiheit.

KAPITEL XXXVI

Das wilde Biest springt

Tom Morse hackte Holz. Er wusste, wie man mit einer Axt umgeht. Seine Schläge waren sicher und kraftvoll, mit dem vollen Kreisschwung des Experten.

Der junge Baum stürzte um und er begann, seine Äste abzuschlagen. Auf halber Höhe des Stammes blieb er stehen und hob den Kopf, um zu lauschen.

Es war kein Ton zu ihm gekommen. Jetzt kam keiner. Aber glockenhell hörte er die Stimme von Win Beresford, die rief.

" *Hilfe Hilfe!* "

Es war kein Schrei, der aus der Kehle seines Freundes kam. Tom wusste das. Aber es war real. Es war aus seiner größten Not heraus aus dem Herzen entsprungen, vielleicht in dem einen Augenblick, der ihm noch Zeit blieb, und es war lautlos durch den Raum direkt ins Herz seines Freundes gesprungen.

Tom schlüpfte in seine Schneeschuhe und begann zu rennen. Er hielt die Axt in der Hand und hielt sie am Stiel fest. Vielleicht lagen ein paar hundert Meter zwischen ihm und dem Lager, das knapp über der Kuppe eines kleinen Hügels lag. Die Büsche flogen vorbei, als er seinen Schritt machte. Noch nie war er schneller über die Kruste geglitten, aber seine Füße schienen mit Blei beschwert zu sein. Dann, als er die Anhöhe erreichte, sah er die Katastrophe, vor der er sich gefürchtet hatte.

Der Polizist brach mit schlaffem und reglosem Körper zu Boden, während der Riese mit einem Stück Brennholz, das er vom Boden gerissen hatte, auf ihn einschlug. Der erhobene Arm des Soldaten wehrte die Wucht des Schlags ab, aber Morse vermutete anhand der Art und Weise, wie der Arm nach unten fiel, dass der Knochen gebrochen war.

Als West das Geräusch der scharrenden Läufer hörte, wirbelte er herum. Er machte einen wilden Satz. Noch während Tom sich duckte, durchzuckte die Wucht des flüchtigen Schlags einen stechenden Schmerz durch sein Bein. Der Axtkopf schwang wie ein Kreis aus Stahl. Es traf die Pelzmütze des Verurteilten. Der Kerl ging zu Boden wie ein Ochse im Schlachthaus.

Tom warf einen Blick auf ihn und rannte zu seinem Freund. Beresford war ein trauriger Anblick. Er lag bewusstlos da, Kopf und Gesicht waren zerschlagen, das Blut aus seinen Wunden verfärbte sich auf dem Schnee.

Die Menschenjäger waren auf Notfälle vorbereitet in die Wildnis gekommen. Jessie McRae hatte einen kleinen Medikamentenkoffer als Geschenk für den Polizisten vorbereitet. Morse rannte zum Schlitten und fand diesen. Er rollte die Verbände ab und verband sie, nachdem er die Wunden gewaschen hatte. Als er den Arm untersuchen wollte, blickte er auf.

Für den Bruchteil einer Sekunde starrten ihn Wests Wolfsaugen an, bevor sie wieder den Blick der Blindheit annahmen. Der Mann war umgezogen. Er hatte sich einige Meter näher an ein Gewehr herangezogen, das gegen einen Balsam gelehnt stand.

Der Revolver des stellvertretenden Polizisten kam zum Vorschein. „Bleiben Sie genau dort stehen, wo Sie sind. Machen Sie keinen weiteren Schritt.“

Der Sträfling knurrte vor Wut, rührte sich aber nicht. Ein sicherer Instinkt warnte ihn, was das kalte Licht in den Augen seines Entführers bedeutete: dass er auf der Stelle sterben würde, wenn er sich nur einen Zentimeter weiter auf die Waffe zubewegte.

„Er – er hat mich angegriffen“, sagte der Mörder heiser.

„Lügner! Du hast eine Woche lang getäuscht , um eine Chance auf uns zu bekommen. Ich würde dich jetzt gerne erschießen und damit Schluss machen.“

"Nicht." West befeuchtete trockene Lippen. „Ehrlich gesagt , er hat mich angegriffen. Er ist über irgendetwas sauer geworden “, sagte ich. Ich würde dich nicht anlügen, Tom.“

Morse hielt ihn in Deckung, umkreiste ihn zum Gewehr und von dort zum Schlitten. Er hatte den Desperado immer noch im Auge und suchte nach den Stahlhandschellen. Sie waren nicht mehr da. Er wusste sofort, dass West irgendwann in den letzten ein oder zwei Tagen die Chance gehabt hatte, sie in den Schnee fallen zu lassen.

Er fand Riemen aus Rohleder.

„Leg dich mit dem Gesicht nach unten in den Schnee“, befahl er. „Hände auf dem Rücken und an den Handgelenken gekreuzt.“

Jetzt war der Gefangene sicher gefesselt. Morse befestigte ihn am Schlitten und kehrte nach Beresford zurück.

Der Arm war oberhalb des Handgelenks gebrochen, genau wie er befürchtet hatte. Er richtete es so gut er konnte auf und fesselte es mit Schienen.

Der junge Offizier stöhnte und öffnete die Augen. Er machte eine Bewegung zum Aufstehen.

„Steh nicht auf“, sagte Morse. „Du wurdest verletzt.“

"Verletzt?" Beresfords verwirrter Blick wanderte zu dem Gefangenen. Ein Blitz des Verständnisses erhellte es. „Er bat mich, seine Pfeife anzuzünden, und als ich mich umdrehte, schlug er mit einer Keule auf mich ein", flüsterte der misshandelte Mann.

„Wie ich es mir vorgestellt habe."

„Angst – ich bin – erledigt."

„Noch nicht, alter Kumpel. Wir werden dafür kämpfen", antwortete der Montananer.

"Ich bin krank." Der Kopf des Soldaten sank nach unten. Seine Augen schlossen sich.

Die ganze prächtige, geschmeidige Kraft seiner athletischen Jugend war aus ihm geprügelt worden. Für Morse sah es so aus, als wäre er erledigt. War es möglich, dass jemand solch eine furchtbare Verletzung ertragen konnte, ohne zu erliegen? Wäre er in einem Krankenhaus, unter der Obhut erfahrener Chirurgen und Krankenschwestern, mit angemessener Ernährung und Pflege, hätte er vielleicht eine Chance von hundert. Aber in dieser arktischen Wüste, viele hundert Meilen vom nächsten Arzt entfernt, kein Essen außer dem gröbsten Essen, wäre es ein Wunder, wenn er überleben würde.

Die bittere Nacht brach herein. Morse fuhr vor ihm nach Westen, um das Holz zurückzubringen, das er gefällt hatte. Er ließ den Mann das Rubaboo für ihr Abendessen zubereiten. Nachdem der Verurteilte gegessen hatte, fesselte er ihm erneut die Hände und ließ ihn in seinen Decken neben dem Feuer liegen.

Morse schlief nicht. Er saß neben seinem Freund und sah zu, wie das Fieber in ihm anstieg, bis er völlig im Delirium war. Er gab ihm so viel Pflege wie möglich.

Der Gefangene starrte ihn wie ein angekettetes wildes Tier hungrig an. Tom wusste, dass West zuschlagen würde, wenn er eine Chance zum Töten fände. Kein Skrupel würde ihn abschrecken. Der Kerl war ohne Gewissen, getrieben von der Angst vor dem Schicksal, das mit jedem Schritt nach Süden näher rückte. Seine Sicherheit und der Wunsch nach Rache gingen Hand in Hand. Beresford war aus dem Weg. Als nächstes wäre sein Begleiter an der Reihe.

Nach einer Weile schlief der riesige Mann ein und schnarchte röchelnd . Aber Tom hat nicht geschlafen. Er wagte es nicht. Er musste wachsam sein, um sowohl das Leben seines Freundes als auch sein eigenes zu retten. Denn obwohl Wests Hände gefesselt waren, würde es nur eine Minute dauern, die Riemen, die sie gefesselt hatten, mit glühender Kohle wegzubrennen.

Die Nacht verging. Von Reisen war keine Rede. Beresford hatte ein rasendes Fieber und konnte nicht bewegt werden. Morse ließ West Holz hacken, während er mit dem Gewehr in der Hand über ihm stand. Es fehlte ihnen an Nahrung und sie hatten erwartet, am nächsten Tag auf die Jagd zu gehen. Der Vorrat reicht bestenfalls für sechs bis sieben weitere Mahlzeiten. Was war dann zu tun? Morse konnte den Westen nicht verlassen, wo er den Mann erreichen konnte, der ihn ins Gefängnis gesteckt hatte, und ihn mit einem Hundezug nach Norden bringen. Er konnte West auch kein Gewehr überlassen, mit dem er auf Wildjagd gehen konnte.

Es gab andere Probleme, die die Situation unmöglich machten. Eine weitere Nacht stand vor der Tür, und wieder musste Tom wach bleiben, um sich und seinen Freund vor dem Gorillamann zu retten, der ihn beobachtete, sich über ihn freute und auf den Moment wartete, in dem er sicher zuschlagen konnte. Und danach gab es weitere Nächte — viele davon.

Was sollte er tun? Was könnte er tun? Während er neben dem wahnsinnigen Beamten saß, dachte Tom über diese Frage nach. Auf der anderen Seite des Feuers lag der Gefangene. Der Triumph — ein schrecklicher, grausamer, bedrohlicher Triumph — ritt vor seinen Augen und stolzierte in seinem gespreizten Gang, als er aufstand. Seine Stunde kam. Es kam schnell.

Einmal schlief Tom für ein Nickerchen ein. Er ertappte sich dabei, wie er nickte, und warf mit einem Ruck seinen Kopf zurück und wachte auf. In der Luft lag ein brennender Geruch.

Der Instinkt sagte ihm, was es war. West hatte sich an den Rohlederriemen um seine Handgelenke zu schaffen gemacht und versucht, sie wegzubrennen.

Er vergewisserte sich, dass der Kerl noch schnell war, und trank dann eine Tasse starken Tee. Nachdem er dem Kranken ein wenig Karibubrühe gegeben und ihn mit unendlicher Geduld dazu überredet hatte, sie löffelweise zu sich zu nehmen, setzte sich Morse wieder hin, um die Stunden der Dunkelheit zu ermüden.

Das Problem, das ihn beschäftigte, war nicht mehr zu umgehen. Eine schwere Entscheidung lag vor ihm. Um es aufzuschieben, musste man sich für eine der Alternativen entscheiden. Er wusste jetzt fast ohne jeden Zweifel, dass entweder West sterben musste oder er und sein Freund. Wenn er sich nicht vor einer Stunde so schnell aufgeweckt hätte, wären Win und er bereits tot. Es konnte sein, dass der Polizist sowieso sterben würde, aber er hatte ein Recht auf eine Chance auf Leben.

Andererseits gab es eine strenge Herrschaft der Nordwestberittenen. Die Macht war stolz darauf, ihr im wahrsten Sinne des Wortes gerecht zu werden. Als ein Mann ausgesandt wurde, um einen Gefangenen zu holen, *brachte er ihn lebend herein* . Es war eine Tradition. Die Berittenen wählten nicht den einfachen Weg, Gesetzesbrecher zu töten, weil es schwierig war, sie zu fangen. Sie meisterten die Gefahr meist mit Souveränität, schnappten sich ihren Mann und brachten ihn herein.

Das hatte Beresford mit Pierre Poulette getan, nachdem der Franzose Buckskin Jerry getötet hatte. Er war dem Mann monatelang gefolgt, hatte ihn gefangen genommen, ein Vierteljahr lang allein mit ihm im tiefen Schnee gelebt und ihn zur Strafe zurückgebracht. Es war leicht zu behaupten, dass die Situation völlig anders sei. Pierre Poulette war kein so gefährliches wildes Tier wie Bully West. Win hatte keinen Begleiter bei sich, der fast zu Tode verwundet worden war und wieder gesund gepflegt werden musste, einer, der vom Gefangenen auf heimtückische Weise niedergeschlagen wurde. Es bestand für die Offiziere nur noch eine Chance, nach Desolation zurückzukehren, wenn West aus der Gleichung gestrichen würde. Tom wusste, dass es ihm schwer fallen würde, durchzukommen – ohne die Behinderung des Gefangenen.

Tief in seinem Herzen glaubte er, dass es Wests Leben oder ihres war. Es war menschenunmöglich, diesen Mörder zu bewachen und ihn zur Bestrafung zurückzubringen, zusätzlich zu all den anderen Schwierigkeiten, die ihn belasteten. Tom schien es, als gäbe es keine Alternative. Das Denken konnte die Verhältnisse nicht ändern. Es könnte früher sein, es könnte später sein, aber unter den gegebenen Umständen würde der Desperado seine Chance zum Angriff finden, *wenn er am Leben wäre, um sie zu nutzen* .

Das Leben des Kerls war verwirkt. Sobald er dem Staat übergeben würde, würde dies von ihm verlangt werden. Seit seinem Angriff auf Beresford hatte er sicherlich jeden Anspruch auf Anerkennung als Mensch verloren.

Im Moment gab es für sie nur drei Männer auf der Welt. Diese drei bildeten die Gesellschaft . Beresford, dessen Gedanken immer noch von unzusammenhängendem Gemurmel erfüllt waren, war ein nicht stimmberechtigtes Mitglied. Er, Tom Morse, muss Richter und Geschworener sein. Er müsste, wenn der Gefangene verurteilt würde, eine viel schrecklichere Rolle spielen. In der Stille der kalten subarktischen Nacht kämpfte er den Kampf aus, während er automatisch auf seinen Freund wartete.

West schnarchte auf der anderen Seite des Feuers.

KAPITEL XXXVII

Nahe dem Ende eines langen, kurvenreichen Weges

Als West aufwachte, schnitzte Morse mit seinem scharfen Jagdmesser an einem Stück Holz. Es handelte sich um ein flaches Stück einer Fichte, das mit einer Axt so beschnitten worden war, dass es die Form einer Welle hatte.

Die Neugier des Gesetzlosen überwand schließlich seine Verdrossenheit. Es machte ihn jedenfalls nervös, schweigend da zu sitzen, bis auf das Gemurmel des kranken Mannes.

„ Was macht das ?" er forderte an.

Morse sagte nichts. Er glättete die Tafel zu seiner Zufriedenheit und begann dann, mit einem Bleistift Buchstaben darauf zu schreiben.

„Ich sagte whajadoin "', knurrte West nach einer weiteren Stille.

Der Sonderpolizist sah ihn an, und in den Augen des jungen Mannes lag etwas, das den Mörder zum Schaudern brachte.

„Ich mache einen Grabstein."

"Was?" West spürte, wie es ihm im Herzen eiskalt wurde.

„Eine Markierung für ein Grab."

„Für – für ihn? Vielleicht wird er nicht sterben. Für mich sieht es besser aus. Das Fieber ist nicht so hoch."

„Das ist nichts für ihn."

West befeuchtete seine trockenen Lippen mit der Zunge. „Du wirst früher sein Das ist ein kleiner Scherz, oder? Für wen ist es?"

„Für dich."

"Für mich?" Die Angst des Mannes löste sich in einem Schrei auf. „ Was bedeutet das für mich?"

Aus dem Schriftzug liest Morse laut vor. „„Bully West, hingerichtet, irgendwann
Ende März 1875.'" Und darunter: „'Möge Gott seiner Seele gnädig sein.'"

Auf der feuchten Stirn des Sträflings sammelten sich winzige Schweißperlen. „ Wollen Sie – mich ermorden?" fragte er heiser.

„Um dich hinzurichten."

„Mit – ohne Prozess? Mein Gott, das kannst du nicht machen! Ich habe ein Recht auf einen Prozess.“

„Du wurdest vor Gericht gestellt – und verurteilt. Ich habe das alles in der Nacht geklärt.“

„Aber – es ist nicht legal. Gottmächtiger , du hast kein *Recht* , so zu handeln . Alles, was du tun kannst, ist, mich zurück vor Gericht zu bringen.“ Die schwere Stimme brach erneut in einen Schrei über.

Morse steckte das Jagdmesser zurück in sein Etui. Er sah den Gefangenen fest an. In seinen Augen war keine Wut, kein Hass. Aber hinter der Traurigkeit in ihnen steckte ein unerbittlicher Vorsatz.

„Gerichte und das Gesetz sind tausend Meilen entfernt“, sagte er. „Sie kennen Ihre Verbrechen. Sie haben Tim Kelly auf verräterische Weise ermordet. Sie hatten geplant, das Leben eines unschuldigen Mädchens zu ruinieren, indem Sie sie in schlimmeres als den Tod trieben. Sie haben Ihrem Partner in den Rücken geschossen, nachdem er sein Bestes getan hatte, um Ihnen bei der Flucht zu helfen. Sie haben Onistah gefoltert und würden es tun Ich hätte ihn getötet, wenn wir nicht rechtzeitig gekommen wären. Du hast meinen Freund hier angegriffen und er wird wahrscheinlich an seinen Wunden sterben. Für dich ist das das Ende des langen Weges, Bully West. Innerhalb einer halben Stunde wirst du tot sein. Wenn Sie etwas zu sagen haben – wenn Sie Ihren Frieden mit dem Himmel schließen können – verschwenden Sie keinen Moment.“

Das Gesicht von West wurde grau. Er starrte den anderen Mann an, die entsetzten Augen blickten fasziniert. „Du – du versuchst mir Angst zu machen“, stockte er. „Das würden Sie nicht tun. Das könnten Sie nicht. Der Kommissar erlaubt das nicht .“ Einer der gefesselten Arme zuckte unwillkürlich. Der Verurteilte wusste, dass er verloren war. Er hatte die schreckliche Überzeugung, dass dieser Mann das tun wollte, was er gesagt hatte.

Das Gesicht von Morse war unerbittlich wie das Schicksal selbst, aber in seinem Inneren strömte ein Strom strömenden Mitgefühls aus. Dieser Mann war schlecht. Er selbst hatte die Umstände erzwungen, die es unmöglich machten, ihn am Leben zu lassen. Trotzdem fühlte sich Tom wie ein Mörder. Was er tun musste, war so schrecklich kaltblütig. Wäre dies eine Sache zwischen den beiden gewesen, hätte er dem Kerl zumindest eine Chance für sein Leben geben können. Aber nicht jetzt – nicht mit Win Beresford in dem Zustand, in dem er war. Wenn er seinen Freund retten wollte, konnte er das Risiko eines Duells nicht eingehen.

„Jetzt zehn Minuten“, sagte Morse. Seine Stimme war heiser und leise. Er spürte, wie seine Nerven zuckten und ein angespannter Hals schmerzte.

„Du hast mir immer gut gefallen, Tom", flehte der Sträfling verzweifelt. „Du und ich waren immer gute Freunde. Du würdest mich jetzt nicht mehr belästigen . Wenn du das Richtige wüsstest – wie diese Kelly mich immer wieder verteufelt , wie Whaley mich damals erschießen wollte Er bekam ein Lied davon , wie ich mich für das McRae-Mädchen eingesetzt und sie vor ihm beschützt habe. Gottmächtig , Mann, das bist du nicht Mein Ziel ist es, mich wie einen Wolf zu töten!" Der Schrei unkontrollierbaren Entsetzens klang noch einmal in seiner Stimme. „Ich bin nicht bereit zu sterben. " Gib mir eine Chance, Tom. Ich werde mein Verhalten ändern. Ich schwöre, das werde ich. Ich werde jede Minute tun, was du sagst. Ich werde Beresford pflegen. Ich bin eine gute Krankenschwester. Wenn du mir eine Woche gibst – nur noch eine Woche. Das ist nicht viel verlangt. So kann ich mich fertig machen .

Der Mann rutschte auf die Knie und kroch auf Morse zu. Der junge Mann stand mit zusammengebissenen Zähnen auf . Er konnte so etwas nicht ertragen, ohne zusammenzubrechen.

„Steh auf", sagte er. „Wir gehen dort über den Hügel."

"Nein nein Nein!"

Morse brauchte fünf Minuten, um den Verurteilten auf die Beine zu bringen. Das Gesicht des Kerls war aschfahl. Seine Knie zitterten.

Tom selbst war in einem fast genauso schlechten Zustand.

Beresfords hohe Stimme unterbrach ihn. In seinem Delirium durchlebte er vielleicht noch einmal die Erfahrung mit Pierre Poulette.

„ Maintiens le droit. Holen Sie sich Ihren Mann und bringen Sie ihn herein. Hartes Schlittenfahren. Macht nichts. Gehen Sie durch, alter Kerl. Bringen Sie ihn herein. Dafür werden Sie geschickt. Fesseln Sie ihn. Ziehen Sie ihn mit einem Seil um seinen Hals. Holen Sie sich ihn irgendwie zurück.

Die Worte trafen Tom regungslos. Es war, als würde eine Stimme durch die Lippen des Kranken zu ihm sprechen. Er wartete.

„Gut, Sir", dröhnte der Soldat weiter. „Sehen Sie, was ich tun kann, Sir. Versuchen Sie es trotzdem." Und wieder murmelte er das Motto der berittenen Polizei.

Tom hatte sich für das, was er für seine Pflicht hielt, mit der Begründung entschuldigt, dass es menschenunmöglich sei, seinen Freund zu retten und West zurückzubringen. Ihm wurde blitzartig klar, dass die berittene Polizei zu einer so mächtigen Macht für Recht und Ordnung wurde, weil sie nie fragte, ob der ihnen zugewiesene Auftrag möglich sei. Sie taten es oder starben bei dem Versuch, es zu tun. Es spielte in erster Linie keine Rolle, ob

Beresford und er lebend zurückkamen oder nicht. Wenn West sie ermordete, würden andere Rotröcke die Spur auf sich nehmen und ihn schnappen.

Er, Tom Morse, musste weitermachen. Er konnte sich nicht für den einfachen Weg entscheiden, obwohl dieser für ihn äußerst schwierig war. Er konnte sich nicht zum Richter über diesen Mörder machen, der über Leben und Tod entscheiden konnte. Ihm wurde die Aufgabe übertragen, West nach Faraway zu bringen. Er hatte in dieser Angelegenheit keine Wahl. Ob er gewann oder verlor, er musste die Hand so ausspielen, wie sie ihm ausgeteilt wurde.

KAPITEL XXXVIII

ÜBER EINEM VERFULDETEN WEG

Tom glaubte, dass Beresfords wahnsinnige Worte sie beide zum Tode verurteilt hatten. Er konnte seinen Freund nicht pflegen, Tag und Nacht den Westen beobachten, das Lager mit Lebensmitteln versorgen und die Hunderte von Kilometern kahlen Schneefelder abdecken, die sich zwischen ihnen und der nächsten Siedlung erstreckten. Er glaubte nicht, dass es einen einzigen Mann gab, der in der Lage wäre, eine solche Aufgabe zu bewältigen.

Doch sein erstes Gefühl war sofortige Erleichterung. Die schreckliche Pflicht, die ihm scheinbar auferlegt worden war, war überhaupt keine Pflicht. Er sah seinen Kurs ganz einfach. Alles, was er tun musste, war, das Unmögliche zu erreichen. Wenn er dabei scheiterte, würde er in der täglichen Arbeit wie ein Soldat untergehen. Auf jeden Fall würden ihm bis zum Tag seines Todes keine Gewissensbisse und kein Unglück bevorstehen .

„Du bist begnadigt, West", verkündete er schlicht.

Der Desperado stolperte zum Schlitten und lehnte sich schwach dagegen. Sein riesiger Körper schwankte. Der Abscheu war fast zu groß für ihn.

„Ich – ich – wusste, dass du einen alten Partner nicht so behandeln kannst , Tom", murmelte er.

Morse führte den Mann zu einer Tanne. Er trug eine Decke, ein Büffelgewand und einen Teil des Hundegeschirrs bei sich.

„ Was wolltest du tun?" fragte West unruhig. Er war sich noch nicht sicher, ob er über den Berg war.

„Rollt euch in die Decken ein", befahl Morse.

Der Kerl blickte in sein grimmiges Gesicht und tat, was ihm gesagt wurde. Tom band ihn an den Baum, nachdem er sichergestellt hatte, dass seine Hände fest hinter ihm waren.

„Ich werde hier frieren", beschwerte sich der Sträfling.

Die beiden Offiziere waren durch harte Arbeit und unzureichende Ernährung dürr und abgemagert, aber West war immer noch schlank und gut gepolstert . Er hatte keine Mahlzeit verpasst und war in den letzten Wochen Passagier gewesen. Die ganze harte Arbeit, das Packen beim Transportieren, der Aufbau des Lagers, die langen, anstrengenden Jagdtage waren auf die beiden gefallen, deren Gefangener er war. Er könnte ein bisschen Härte ertragen, entschied Tom.

„Kein Glück", sagte er barsch. „Und an deiner Stelle würde ich nicht versuchen, mich loszureißen. Ich kann dich nicht töten, aber ich werde dich mit der Hundepeitsche verprügeln, wenn du mir Ärger machst."

Morse rief Cuffy und ließ den Hund auf den gefesselten Mann aufpassen. Er wusste nicht, ob der St. Bernard das tun würde, aber er war froh zu sehen, dass der Zugführer es sofort verstand und sich im Schnee niederließ, um zu schlafen, während er ein Auge auf West richtete.

Tom kehrte zu seinem Freund zurück. Er wusste, dass er seine Kräfte darauf konzentrieren musste, das Leben im geschundenen Körper des Soldaten zu erhalten. Er muss ihn vernünftig pflegen und ernähren, bis das Fieber nachlässt.

Während er Win Brühe fütterte, schlief er mit dem Löffel in der Hand ein. Ruckartig warf er den Kopf zurück und öffnete die Augen. Cuffy lag immer noch in der Nähe des Gefangenen und war offensichtlich auf eine Nachtwache mit kurzen, leichten Nickerchen vorbereitet, aus denen ihn die kleinste Bewegung sofort aufwecken würde.

„Ich bin voll dabei. Ich muss etwas schlafen", sagte sich Morse halb laut.

Er wickelte sich in seine Decken. Als er die Augen öffnete, brannte die Sonne vom hohen Himmel herab. Er hatte von einem Tag auf den anderen geschlafen. Sogar im Schlaf hatte er ein Geräusch gespürt, das in seinen Ohren trommelte. Es war die Stimme von West.

„ Wirst du den ganzen Tag schlafen? Bekommen wir kein Essen? Muss ich verhungern , während du dir aufs Ohr hämmerst ? "

Eilig warf Tom seine Umhänge beiseite. Er sprang auf, ein neuer Mann, sein Selbstvertrauen und seine Vitalität waren wiederhergestellt.

Das Feuer war zu Asche erloschen. Er konnte das Jaulen der Hunde in der Ferne hören. Sie waren alle auf privater Kaninchenjagd, bis auf Cuffy. Der St. Bernard lag noch immer im Schnee und beobachtete den Westen.

Beresfords Delirium war verschwunden und sein Fieber war gesunken. Er war sehr schwach, aber Tom glaubte, einen Hauch des alten, jungenhaften Grinsens unbezwingbar in seinen Augen aufflackern zu sehen. Als Tom den umhüllten und bandagierten Kopf betrachtete, erlaubte er sich zum ersten Mal seit dem mörderischen Angriff Hoffnung. Der Mut, niemals zu sterben, und die hervorragende Konstitution, die ein sauberes Leben im Freien mit sich bringt, könnten ihn noch durchhalten.

„West hatte Angst, dass du nie aufwachen würdest, Tom. Es machte ihm Sorgen.
Du weißt, wie sehr er dich liebt", sagte der Polizist schwach.

Morse war reuig. „Warum hast du mich nicht geweckt, Win? Du musst wohl vor Durst sterben."

„Ich könnte einen Drink gebrauchen", gab er zu. „Aber du hast diesen Schlaf gebraucht.
Jede Minute davon."

Tom machte das Feuer und taute den Schnee auf. Er gab Beresford etwas zu trinken und fütterte ihn dann mit mehr Brühe. Er machte Frühstück für den Gefangenen und sich selbst.

Anschließend nahm er eine Bestandsaufnahme ihrer Speisekammer vor. Es war fast leer. „Genug Mehl und Pemmikan für eine weitere Portion Rubaboo
. Ich muss die Vorräte sofort auffüllen, sonst sind unsere Mägen flach wie die eines Büffelbullen nach einem langen Ansturm."

Er sprach fröhlich, doch er und Beresford wussten beide, dass eine Jagd auf Wild möglicherweise erfolglos bleiben würde. Kaninchen würden es nicht tun. Er musste genug bereitstellen, um sowohl die Hunde als auch sich selbst zu ernähren. Wenn er keinen Elch, keinen Bären oder kein Karibu bekäme, würden sie verhungern.

Tom verband die Wunden des Soldaten und untersuchte die Schienen am Arm, um sicherzustellen, dass sie während der Nacht im Delirium des kranken Mannes nicht durcheinander geraten waren.

„Ich muss dich verlassen, Win. Vielleicht für einen Tag oder länger. Ich habe genügend Holz für das Feuer bereit – und Brühe, alles bereit zum Erhitzen. Glaubst du, du kannst es erkennen?"

Für den Verwundeten war die Aussicht sicher nicht gerade einladend, aber er nickte ganz selbstverständlich.

„Mir geht es gut. Nehmen Sie sich Zeit. Verderben Sie sich nicht die Jagd, indem Sie sich Sorgen um mich machen."

Dennoch hatte Tom sich mit äußerstem Widerwillen dazu entschlossen, zu gehen. Er würde den Hundezug mitnehmen – und West, natürlich unbewaffnet. Er musste ihn auf Beresfords Rechnung mitnehmen, weil er es nicht wagte, ihn zu verlassen. Aber als er seinen Freund ansah, dem alle geschmeidige Kraft entzogen war, schwach und hilflos wie ein krankes Kind, verspürte er ein seltsames Ziehen im Herzen. Welche Gewissheit hatte er, dass er ihn bei seiner Rückkehr noch am Leben vorfinden würde?

Beresford wusste, was er dachte. Er lächelte, das sanfte, liebevolle Lächeln der Schwerkranken. „Ist schon in Ordnung, alter Kerl. Du musst dich zusammenreißen und weitermachen, weißt du. Pass auf – auf West. Gib ihm keine Show. Vertraue ihm niemals – nicht für eine Minute. Denk daran, er ist – ein Wolf." " Seine schwache Hand ergriff zum Abschied Toms.

Der Amerikaner wandte sich hastig ab, um die Tränen nicht zu zeigen, die ihm unerwartet über die Augen liefen. Obwohl er die harte Oberfläche der Grenze trug, war er eine sensible Seele. Er mochte diesen fröhlichen, galanten Jungen sehr, der sich dem Abenteuer hingab, als wäre es ein Liebhaber, mit dem er eine Verabredung hatte. Sie waren gemeinsam durch die Hölle gegangen, und die Feuer des Hochofens hatten gezeigt, dass Kanadas wahres Gold war. Schließlich war Tom selbst kaum älter als ein Junge. Er schätzte tief in seinem Inneren die Träume und Illusionen, die ein langer Kontakt mit der Welt wahrscheinlich zerstreuen würde. In New Haven und Cambridge tobten Jungen seines Alters unter den Ulmen und spielten sich gegenseitig kindische Streiche.

West leitete das Team. Entweder hat Tom die Spur abgebrochen oder ist ihm gefolgt. Er stieß auf viele Spuren, aber die meisten davon waren alt. Er erkannte die Spuren von Hirschen, Bären und unzähligen Kaninchen. Gegen Mittag kreuzten frische Karibuspuren ihren Weg. Der Schlitz zeigte nach Süden. Über einen weichen und faulenden Pfad schwenkte Morse um und verfolgte ihn.

Sie haben sich viel Mühe gegeben. Er musste die Spur durch matschigen Schnee brechen. Seine Schuhe durchbrachen die Kruste und verstopften mit dem schlammigen Zeug, so dass seine Füße stark belastet wurden. Die Müdigkeit lastete wie eine Last auf seinen Schultern. Die Hunde und West suhlten sich hinter ihnen.

Bei Nacht wäre der Weg wahrscheinlich viel besser, aber sie wagten es nicht, bis dahin zu warten. Das Karibu ließ sich nicht von der Bequemlichkeit der Jäger leiten. Dies könnte der letzte Schuss im Spind sein. Jeder schleppende Aufstieg der Netze trug Morse weiter vom Lager weg, aber Nahrung musste gefunden werden, und zwar in ausreichender Menge.

Es war kurz vor Einbruch der Dunkelheit, als Tom vermutete, dass sie sich der Herde näherten. Er band den Zug an einen Baum und fuhr mit West weiter. Kurz vor Einbruch der Dunkelheit sichtete er die Herde, die auf Moschusgras weidete. Insgesamt waren es etwa ein Dutzend. Der Wind hatte zum Glück recht.

Tom bedeutete West, ihm nicht zu folgen. Auf Händen und Knien kroch der Jäger vorwärts und nutzte dabei jede Deckung, die er finden konnte. Es war eine langsame, kalte Angelegenheit, aber er war nicht zum Vergnügen hier. Ein Fehler könnte für ihn und Win Beresford den Unterschied zwischen Leben und Tod bedeuten.

Für einen Stalker ist es normalerweise eine gute Entscheidung, den genauen Zeitpunkt zum Schießen zu bestimmen. Vielleicht kann er seiner Beute noch ein Dutzend Meter voraus sein. Andererseits könnte er sie erschrecken und seine Chance verlieren, wenn er näher kommt. Da so viel auf dem Spiel stand, verspürte Tom zum zweiten Mal in seinem Leben die Lähmung, die mit der Bockfieber einhergeht.

Ein Bock warf seinen Kopf hoch und schnüffelte in Richtung der verborgenen Gefahr. Tom kannte die Anzeichen erschrockenen Zweifels. Sofort hörte sein Zittern auf. Er zielte sorgfältig und feuerte. Der Hirsch brach zusammen. Wieder feuerte er – zweimal, dreimal. Der letzte Schuss war ein wilder Schuss, der auf eine Hundertstelchance hin geschickt wurde. Die Herde verschwand in der zunehmenden Dunkelheit.

Tom schwang sich jubelnd vorwärts, seine Netze sausten schnell über den Schnee. Er hatte zwei fallen lassen. Ein zweiter Bock war gefallen, aufgestanden, fünfzig Meter gelaufen und wieder auf die Erde gekommen. Das Gewehr des Jägers war bereit für den Fall, dass eines der Karibus aufsprang. Den ersten fand er tot, den anderen schwer verwundet. Sofort befreite er den Bock von seinen Schmerzen.

Auf Toms Zeichen kam West aus dem Wald geschlendert. Auf Anweisung des Beamten machte er ein Feuer und bereitete sich auf die Arbeit vor. Die Stars waren draußen, als sie das Fleisch anrichteten und ein großes Steak auf den Kohlen brieten. Anschließend hängten sie das Karibu an den Ast einer Fichte und zogen es so hoch, dass keine umherstreifenden Wölfe das Wild erreichen konnten.

Mit Einbruch der Nacht war die Temperatur gesunken und der Schnee wurde hart. Die Kruste blieb unter ihren Netzen hängen, als sie zum Schlitten zurückkehrten. West wollte dort campen, wo das Reh getötet worden war. Er beteuerte mit Flüchen und seinem üblichen wilden Knurren, dass er todmüde sei und keinen Schritt mehr gehen könne.

Aber er tat es. Unter den Sternen marschierten die Jäger zwanzig Meilen zurück zum Lager. Durch den gefrorenen Weg und die gute Mahlzeit, die sie zu sich genommen hatten, kamen sie viel besser voran.

Es war Tagesanbruch, als Morse den Rauch des Lagerfeuers sah. Sein Herz machte einen Sprung. Beresford muss es mit Treibstoff am Leben erhalten haben. Deshalb war er höchstens vor ein oder zwei Stunden am Leben gewesen.

Hunde und Männer trotteten ins Lager, bereit, vor Müdigkeit umzufallen.

Beresford winkte Tom von seinem Platz aus zu. "Etwas Glück?" er hat gefragt.

„Zwei Karibus.“

„Gut. Morgen bin ich bereit für ein Steak.“

Morse sah ihn besorgt an. Die Glasur war aus seinen Augen verschwunden. Er hatte kein Fieber mehr. Sowohl Stimme als auch Bewegungen schienen stärker als vierundzwanzig Stunden zuvor.

„Schläger für dich, Win“, antwortete er.

KAPITEL XXXIX

EIN CREE-LÄUFER BRINGT NACHRICHTEN

„Mach dir keine Sorgen um diesen Jungen, Jessie. Er hat so viele Leben wie eine Katze – und noch mehr. Ich kenne ihn, seit er bis zum Knie einer Heuschrecke gewachsen ist."

Brad Stearns sprach. Er saß im großen Familienzimmer des McRae-Hauses und paffte Tabakwolken, deren Rauch bis zu den Dachbalken reichte.

„Meinst du Mr. Beresford?" fragte Jessie zurückhaltend. Sie war gerade damit beschäftigt, eine Lederhose für Fergus zu flicken, und blickte dabei nicht aus den Augen.

„Ich meine Tom Morse", sagte der Oldtimer. „Nicht, aber Beresford ist auch ein guter Junge. Sand im Nacken und ein Tritt wie ein Maultier in der Faust. Aber er ist irgendwo im Osten aufgewachsen, und natürlich ist er ein bisschen weniger hart als Tom. Nein." , Sir. Tom wird einen dieser Tage so gut wie eh und je überstehen. Machen Sie sich darüber keine Sorgen. Er ist noch nicht weg, aber – mal sehen, eine Woche oder so, besser als vier Monate. Wenn ein Mann vor vier Monaten zum Nordpol muss – "

Unter ihren langen Wimpern warf das Mädchen Brad einen schnellen Blick zu. „Das ist das zweite Mal, dass du mir in zwei Minuten gesagt hast, ich solle mir keine Sorgen um Mr. Morse machen. Sehe ich erschöpft aus? Liege ich nachts wach und denke an ihn, meinst du?" Sie hielt die erneuerte Hose hoch und begutachtete kritisch ihr Werk.

Brad blickte sie durch zusammengekniffene Lider an. „Ich werde verbissen sein, wenn ich weiß, ob du es bist oder nicht . Ich wette, ein Paar Stiefel mit roten Spitzen ist einer von denen, Jungs. Natürlich hat Beresford einen roten Mantel und Sporen, die klimpern und" Eine feine Redewendung. Tom, er hat keinen von den dreien. Aber wenn Sie nach einem Mann suchen , einem Mann mit zwei Fäusten, der …"

Eine Welle der Freude huschte über Jessies Gesicht wie eine Welle auf stillem Wasser. Ihre Stimme ahmte seine nach. „Warum willst du diesem zweifäustigen Mann, den du kennst, seit er kniehoch gegen eine Heuschrecke war, eine alte Jungfer abschneiden? Was hat er dir jemals angetan, das so verbissen und gemein war?"

„Jetzt schau mal, du kannst mich auslachen, so viel du willst. Ich sage nur – "

„Oh, ich lache dich nicht aus", unterbrach sie hastig mit einer unterstellten Besorgnis, die ihre sprudelnden Augen Lügen straft. „Wenn du mir zeigen könntest, wie ich deinen Mann mit den zwei Fäusten bekomme, wenn er zurückkommt – oder sogar den mit dem roten Mantel und den Sporen und der feinen Redensart –"

„ Das bin ich nicht „ Er sagt , er sei auch kein Mann von Grund auf", unterbrach ihn Brad.
„ Wenn man seine Möglichkeiten bedenkt , ist er ein richtig kräftiger junger Kerl." Aber
Tom Morse, er-"

„Das ist es genau. Tom Morse, er-"

„Machen Sie sich weiter über mich lustig. Tom Morse, er ist ein Mann unter zehntausend , und ich weiß es nicht, da ich genug Bevölkerung abdecke ."

„Und Sie sind bereit, einen Squaw-Mann aus ihm zu machen. Oh, Mr. Stearns!"

Er sah sie ernst an. „Du hast keine Lizenz, das wegzureden , Jessie McRae. Du bist Angus McRaes Tochter und bist in Winnipeg zur Schule gegangen. Wie auch immer, nach dem, was Lemoine herausgefunden hat –"

„Was hat er herausgefunden? Pierre Roubideaux konnte ihm nichts über das Medaillon und den Ring sagen. Makoye -kin sagte, er habe es von seinem Bruder bekommen, der zu einer Gruppe gehörte, die eine amerikanische Gruppe von Fallenstellern auf dem Weg nach Peace River massakrierte. Er weiß nicht, ob das Bild der Frau im Medaillon das einer der Frauen im Lager war. Wir haben nur erfahren, dass ich aussehe wie das Bild einer weißen Frau, das vor fast zwanzig Jahren in einem Medaillon gefunden wurde. Das bringt uns nicht sehr weit, oder?"

„Nun, Stokimatis weiß vielleicht etwas. Wenn Onistah mit ihr zurückkommt, werden wir die Fakten klarstellen."

McRae kam ins Zimmer. „Neuigkeiten, Mädchen", rief er und seine Stimme klang klangvoll. „Ein Cree-Läufer ist gerade von Northern Lights heruntergekommen. Er sagt, die Jungs seien von ein paar Fallenstellern in der Nähe von Desolation aufgegriffen worden. Einer von ihnen wurde schwer verletzt, aber er ist auf dem Weg der Besserung. Welches Yin ich nicht weiß. Was ist mit Hunger und Schneestürmen? und Schlachten hatten sie eine harte Zeit. Aber es heißt, dass es ihnen gut geht, nein .

„Westen?" fragte Brad. „Haben sie ihn erwischt?"

„Sie haben ihn erwischt. Sie haben ihn mit einem Seil um den Hals zurück nach Desolation gezerrt. Sie haben sich an ihm festgehalten, während sie durch Schneestürme kämpften und einen Wettlauf mit dem Tod absolvierten, um zurückzukommen, bevor sie verhungerten. Habe ihn oben gefunden Irgendwo im Brachland, heißt es in der Geschichte. Er wird zur richtigen Zeit an einem Ort hängen . Es steht im Wort. „Wer das Schwert nimmt, wird durch das Schwert umkommen." Matthäus 26:52.

Brad stieß den jubelnden Rebellenschrei aus, den er vor Jahren in der Armee der Konföderierten gelernt hatte. „Was habe ich dir über diesen Jungen erzählt? Kenne ich ihn nicht , seit er ein kleines bisschen war? Er ist ein Draufgänger, Tom schon. Wetten !"

Auch Jessies Herz sang, aber sie konnte sich einen freundlichen Spott über ihn nicht verkneifen. „Ich nehme an, Win Beresford war überhaupt nicht da. Er hatte nichts damit zu tun, oder?"

Der alte Cowboy hob protestierend die Hand. „Ich habe kein Wort gegen ihn gesagt. Stimmt das , McRae ?

Das Mädchen lachte. „Du bist verrückt nach dem Jungen, den du eigenhändig   erzogen   hast.
Ich werde nicht mit dir streiten."

„Sie sind beide gute Jungs", fasste der Schotte zusammen und ging zu seiner zweiten Neuigkeit über. „ Onistah und Stokimatis sind aus dem Blackfoot-Land. Sie machen Halt im Laden, aber sie werden gleich wieder da sein. Ich habe mit Onistah gesprochen . Wir werden hier auf ihn warten."

„Hat er gesagt, was er herausgefunden hatte?" Jessie weinte.

„Nur, dass er die Wahrheit zurückgebracht hat. Das wird der Junge sein , der an die Tür klopft ."

Onistah und seine Mutter hereinzulassen . Stokimatis und das Mädchen schmiegten sich in die Arme des anderen, wie es bei Frauen üblich ist, die einander mögen. Der Inder ist stur, aber Jessie hatte die Angewohnheit, ungestüm zu sein und sich von ihren Gefühlen zum Ausdruck bringen zu lassen. Selbst die einheimischen Frauen, die sie liebte, waren nicht immun dagegen.

McRae befragte Stokimatis .

Ohne viele Worte zu verlieren, erzählte die Mutter von Onistah die Geschichte, für die sie Hunderte von Kilometern gereist war.

Sleeping Dawn war nicht das Kind ihrer Schwester. Als der Angriff auf die weißen Fallensteller auf dem Weg zum Peace River verübt worden war, hatte die Mutter eines Babys das Kind unter einen eisernen Kessel gesteckt. Nach dem Massaker hatte ihre Schwester das klagende kleine Atom der Menschheit gefunden. Die Inderin hatte kürzlich ihr eigenes Kind verloren. Sie versteckte das Baby und durfte es anschließend adoptieren. Als sie einige Monate später an den Pocken starb, hatte Stokimatis die Fürsorge für die Kleine übernommen. Sie hatte es „Sleeping Dawn" genannt. Später, als das Jahr der Hungersnot kam, hatte sie das Kind an Angus McRae verkauft.

Das war alles, was sie wusste. Aber es war genug für Jessie. Sie wusste nicht, wer ihre Eltern gewesen waren. Sie würde es nie erfahren, abgesehen von der Tatsache, dass sie Amerikaner waren und dass ihre Mutter ein wunderschönes Mädchen gewesen war, dessen Augen lachten und tanzten. Aber dieses Wissen hat für sie einen enormen Unterschied gemacht. Sie gehörte zur herrschenden Rasse und nicht zu den Métis, ebenso wie Win Beresford und Tom Morse.

Sie versuchte ihre Freude zu verbergen, schämte sich tatsächlich dafür. Denn jeder Ausdruck davon kam Matapi -Koma, Onistah und Stokimatis , ihrem Bruder Fergus und in gewissem Sinne sogar ihrem Vater wie ein Vorwurf vor. Trotzdem pochte ihr Blut schnell. Was sie gerade herausgefunden hatte, bedeutete, dass sie die Zivilisation der Weißen anstreben konnte, dass sie eine Perspektive vor sich hatte und nicht durch die ihr durch die Rasse auferlegten Beschränkungen behindert werden sollte.

Das Herz des Mädchens sang ein Lied vom Sonnenschein, der auf dem Gras tanzte, von Wiesenlerchen, die unbekümmert ihre Freudenklänge ausstoßen. Wie ein goldener Faden verliefen als Motiv kleine Melodien , die von einem Mann handelten, der aus dem eisigen Norden nach Fort Desolation gestolpert war, krank und verhungert und vielleicht verwundet, aber immer noch unbeugsamer Herr seiner Seele.

KAPITEL XL

„MALBROUCK S'EN VA-T-EN GUERRE"

Inspektor MacLean war persönlich anwesend, als die beiden Menschenjäger der North-West Mounted nach Faraway zurückkehrten. Ihr Empfang hatte den Charakter eines Festumzugs. Fröhlich gekleidete Reisende und Fallensteller, die alte Flusslieder sangen, die ihnen von ihren Vätern überliefert worden waren, spannten die Hunde ab und schleppten die Kariole in die Stadt. Darin saß Beresford, noch immer nicht für langes und heftiges Mushing geeignet. Daneben hockte West, den Kopf gesenkt, die Hände auf dem Rücken gefesselt, und die Augen aus dem verfilzten Gesicht schickten flüchtige Hassbotschaften in die umherhuschende Menge. Ihm folgte Morse, grimmig und unermüdlich, eine unromantische Gestalt von dominanter Effizienz.

Lange bevor die erschöpften Reisenden und ihre Eskorte das Dorf erreichten, konnte Jessie den fröhlichen Gesang der Chantey hören, der ihr Kommen ankündigte:

"Malbrouck s'en va -t- en guerre,
   Mironton -ton-ton, mirontaine .

Das Mädchen summte es selbst, ihr Herz klopfte vor Aufregung. Sie ertappte sich dabei, wie sie sich dem Jubel der Begrüßung anschloss, der freudig anstieg, als die Kavalkade in Sicht kam. Auf ihren Wangen flatterten eifrige Begrüßungsfahnen. Tränen füllten ihre sanften Augen, so dass sie Tom Morse und Win Beresford kaum unterscheiden konnte, der eine hager und hager und grimmig, der andere blass und hohläugig vor Krankheit, aber verstreut ein großzügiges Lächeln. Denn ihr Herz weinte, um es mit einer Paraphrase des großen Gleichnisses zu sagen: „Er war tot und lebt wieder; er war verloren und wird gefunden."

Beresford erblickte das Gesicht des Inspektors und kicherte wie ein Schuljunge, der Unfug treibt. Diese fröhliche Prozession mit ihren Mischlingen in dreifarbigen Wollmänteln und ihren fröhlich gefiederten Voyageuren, die an die galanten Troubadours von einst mit aufgeschlitzten Gürteln und Quasten erinnerten, war nicht ganz die Art von Rückkehr, die Inspektor MacLean zum Jubeln brachte. Zumindest äußerlich war er ein Teil der Militärmaschinerie. Ein Soldat erledigte seine Arbeit, und damit war sie erledigt. Im North-West Mounted war es nicht nötig, einen Galatag daraus zu machen, weil ein Polizist seinen Mann hereinbrachte. Wenn er ihn nicht hereinholte – nun, das wäre eine andere und traurigere Geschichte für den Beamten, der bei der Aufgabe scheiterte.

Sobald Beresford und Morse ihren Gefangenen beseitigt und ihre übermütigen Freunde abgeschüttelt hatten, meldeten sie sich beim Inspektor. Er saß an einem Schreibtisch und hörte trocken ihrer Geschichte zu. Erst als sie fertig waren, äußerte er sich zu Wort.

„Sie haben eine Woche Urlaub, um sich zu erholen, Constable Beresford. Danach melden Sie sich bei der Writing-on-Stone-Abteilung für Befehle. Hier ist ein Gutschein für Ihren Lohn, Special Constable Morse. Ich sage Ihnen beiden, dass es ein … war schwierige Arbeit, gut gemacht." Er zögerte einen Moment, dann machte er sich daran, seinen Gedanken freien Lauf zu lassen. „Was dieses römische Triumphgeschäft betrifft – Siegeszug mit an die Räder Ihres Wagens geketteten Gefangenen –, das nenne ich völlig unnötig."

Beresford erklärte lächelnd. „Wir konnten wirklich nichts dagegen tun, Sir. Sie mussten aus uns einen römischen Feiertag machen, ob wir wollten oder nicht. Sie wissen, wie aufgeregt die Franzosen sind. Das musste ihren kleinen Spaß haben."

„Nicht so, wie die Berittenen ihre Geschäfte machen. Das wissen Sie, Beresford. Wir wollen kein Aufhebens und keine Federn – keine Folter – dieses Mironton - Ton-Ton-Zeug. Verdammt, Sir, es hat Ihnen gefallen. Ich Ich konnte sehen, wie du es aufgefressen hast. Glaubst du, ich habe keine Augen im Kopf?

Der Anstrich der Nüchternheit, den Beresford seinem Gesicht auferlegte, weigerte sich, an Ort und Stelle zu bleiben.

MacLean kochte weiter. „ Hmp ! Malbrouck s'en va -t- en guerre, oder? Sehr hübsch. Zweifellos sehr romantisch. Aber trotzdem ein verdammt sentimentaler Tommy.

„Ja, Sir", stimmte der Polizist zu und bellte gerade noch rechtzeitig, um ein Lachen zu unterdrücken.

"Aussteigen!" befahl der Inspektor, und in seinen Augen lag der Schimmer eines freundlichen Lächelns. „Und ich erwarte, dass ihr beide heute Abend bei mir speist. Pünktlich sechs Uhr. Ich werde mir diese wunderbare Geschichte genauer anhören. Und pass auf dich auf, Beresford. Du siehst noch nicht stark aus. Ich Ich werde diese Woche bei Bedarf auf zwei oder drei beschränken.

"Danke mein Herr."

„ Hmp ! Danke mir nicht. Du hast es dir verdient, nicht wahr? Warum hängst du hier herum? Verschwinde!"

Constable Beresford hatte seine Rache. Als er am Fenster vorbeikam, hörte Inspektor MacLean ihn singen. Die Worte, die in das beauftragte Büro gelangten! waren vertraut.

"Malbrouck s'en va -t- en guerre,
  Mironton -ton-ton, mirontaine .

MacLean lächelte den unbändigen Jungen an. Wie die meisten Menschen reagierte er auf den Charme von Winthrop Beresford. Wenn nötig, könnte er ihm einen Anflug von frecher Unverschämtheit verzeihen.

Es geschah, dass sein Herz diesen beiden jungen Burschen gegenüber gerade jetzt sehr warm war. Sie waren durch die Hölle gekommen und hatten die besten Traditionen der Macht aufrechterhalten. Zwischen den Zeilen der Geschichte , die sie erzählt hatten, entnahm er, dass sie ein Dutzend Mal kurz vor der Katastrophe gestanden hatten. Aber sie hatten wie Soldaten an ihren Waffen festgehalten. Sie hatten Woche für Woche dagegen gekämpft und ihrem Mann mit Bulldogge-Zuckern die Treue gehalten. Und als sie schließlich fast verhungert im Lager gefunden wurden, teilten sie gerade ihr letztes Kaninchen mit dem Kerl, den sie zum Erhängen herausbrachten.

Der Inspektor ging zum Fenster und blickte ihnen auf der Straße nach. Seine Lippen bewegten sich, aber es kam kein Ton heraus. Die rhythmische Bewegung hätte, wenn jemand anwesend gewesen wäre und es beobachtet hätte, darauf schließen lassen können, dass seine Gedanken dem alten Flusslied nachschweiften.

"Malbrouck s'en va -t- en guerre,
  Mironton -ton-ton, mirontaine .

KAPITEL XLI

SINN UND UNSINN

Beresford sprach vor einer Zuhörerschaft von einer Person, die mit sanften, dunklen, leuchtenden und funkelnden Augen zuhörte.

„Er ist der beste Scout, der jemals über die Grenze gekommen ist, Jessie. Er ist vertrauenswürdig wie Stahl, hält der Gaffel stand, ohne zu jammern, unterstützt seine Freunde bis zum Äußersten und spielt das Spiel aus, bis die letzte Karte ausgeteilt und der letzte Stich verloren ist. Tom Morse ist einer Mann in fünfzigtausend.

„Ich kenne einen anderen“, murmelte sie. „Jedes Wort, das du gesagt hast, gilt auch für ihn.“

„Er ist ein Wunder, dieser andere.“ gab der Soldat trocken zu. „Aber wir reden jetzt über Tom. Ich sage Ihnen, dass der Eisenmann West und mich am Genick aus den Barrens gezerrt hat Dutzende Male. Als der zehntägige Schneesturm uns erwischte, legte er sich hin und jaulte wie ein Hund. Ich hätte für unsere Chancen keinen verstopften Sechs-Pence gegeben. Aber Tom ging während einer kleinen Flaute hinein und brachte Mit ihm war ein Timberwolf zurück. Wie er ihn fand, wie er ihn tötete, weiß der Himmel allein. Er war von Kopf bis Fuß mit Eis bedeckt. Dieser Wolf hielt uns und die Hunde eine Woche lang am Leben. Jeden Tag, als das Heulen von Der Schneesturm ließ etwas nach, Tom ließ West mit ihm zum Bach gehen und Holz holen. Es muss eine schreckliche Stunde gewesen sein. Sie waren so fertig und durchgefroren zurückgekommen, dass sie kaum mit ihren Schneestürmen hineintaumeln konnten Kiefer für das Feuer. Ich habe den Mann nie beschweren hören – nicht ein einziges Mal. Er hat dem standgehalten, wie es Tom Sayers früher getan hat.“

Das Mädchen spürte, wie ein warmer Strom des Lebens schnell durch sie hindurchströmte. „Ich liebe es, zu hören, wie du so großzügig von ihm sprichst.“

„Von meinem Rivalen?“ sagte er lächelnd. „Wie soll ich sonst reden? Der Schurke hat die Feuerkohlen auf mich gehäuft, von denen wir gelesen haben. Ich habe dir nicht die Hälfte davon erzählt – wie er mich wie eine Frau gepflegt und sich um mich gekümmert hat, damit ich es nicht nehmen würde kalt, wie er mich mit einem heißen Stein zu meinen Füßen in den Schlitten gesteckt und kurze Tagesläufe gemacht hat, um meine Kräfte nicht zu erschöpfen. Bei Gott, es war ein verdammt unfairer Vorteil, den er mir verschaffte.“

„Ist er dein Rivale?“ Sie fragte.

„Ist er das nicht?"

"Im Geschäft?"

„Wie zurückhaltend Miss McRae ist", kommentierte er. „Beobachten Sie, wie diese langen Wimpern bis zu den weichen Wangen flattern."

„In welchem Buch hast du das gelesen?" sie wollte es wissen.

„In diesem Buch des Leidens, das als Erfahrung bekannt ist", seufzte er mit tanzenden Augen.

„Wenn du mir sagen willst, dass du in ein Mädchen verliebt bist –"

„Habe ich nicht schon seit einem Jahr versucht, es dir zu sagen?"

Ihr Blick blickte ihn herausfordernd an. „Seien Sie vorsichtig, Sir. Das erste, was Sie wissen, ist, dass Sie sich auf dünnem Eis befinden. Sie könnten durchbrechen."

„Und wenn ich es täte –"

„ Natürlich würde ich dich schnappen, bevor du mit der Wimper zucken könntest. Gibt es ein lebendes Mädchen, das das nicht tun würde? Und ich bin fast eine alte Jungfer. Vergiss das nicht. Ich soll Rosenknospen sammeln, solange ich kann." , weil die Zeit so schnell vergeht, sagt ein Dichter.

„Für dich steht die Zeit still, meine Liebe", verneigte er sich mit einer fröhlichen Nachahmung der großen Art.

"Danke schön." Ihr Lächeln verspottete ihn. Sie hatte viel mit diesem jungen Mann geflirtet und verstand ihn sehr gut. Er hatte nicht die geringste Absicht, die fröhlichen Gefahren des Lebens für ein so dauerhaftes Abenteuer wie die Ehe aufzugeben. Außerdem wusste er, dass sie es wusste. „Aber bleiben wir beim Thema. Während du vorschlägst –"

„Wie man einem Kerl weiterhilft!" er lachte. „Mache ich einen Antrag?"

„ Natürlich bist du das. Aber ich habe noch nicht herausgefunden, ob es für dich oder Herrn Morse ist."

„Ein guter Vorschlag – auch ein Roman. Sagen wir mal, für uns beide. Du triffst deine Wahl." Er streckte eine Hand in einer fröhlichen, eleganten Geste aus.

„Sie haben seine Verdienste hervorgehoben, aber ich glaube nicht, dass ich Ihre jemals erwähnt habe", entgegnete sie. „Wenn Sie sie bitte aufsagen würden."

„Es ist ein Thema, dem ich nur ansatzweise gerecht werden kann.“ Er
verbeugte sich erneut.
„Sergeant Beresford, zu Ihren Diensten, vom North-West Mounted.“

„Sergeant! Seit wann?“

„Seit gestern. Befördert für verdienstvolles Verhalten im Dienst. Mein Gehalt
ist auf eineinhalb Dollar pro Tag erhöht. Falls Ihre Wahl glücklicherweise auf
mich fällt, verschwenden Sie es nicht für Seide und Satin auf Reisen nach
Paris und London –“

„Wenn ich dich wähle, dann nicht wegen deines Reichtums“, versicherte sie
ihm.

„Beruhigt, schöne Dame. Ich fahre mit der Bestandsaufnahme von Sergeant
Beresfords Ausrüstung als zukünftiger Ehemann fort. Liebevoll, aber leider
launisch. Ein schwarzes Familienschaf, oder wenn nicht schwarz, dann
zumindest gestreift. Wird Sie wahrscheinlich nicht lange plagen, wenn Er
wurde auf viele weitere Jobs wie den letzten geschickt. Angeblich ist er
gutmütig, aber nicht fügsam. Freundlich, wie Männer eben sind, aber ein
Taugenichts, ein Verschwender, ein Verschwender. Etwas flüstert mir ins
Ohr, dass er werde ein besserer Freund sein als ein Ehemann.

„Eine Zwillingsfee flüstert mir dasselbe ins Ohr“, nickte das Mädchen.
„Zumindest ein besserer Freund von Jessie McRae. Aber ich denke, er hat
einen schlechten Fürsprecher in dir. Die Beschreibung ist nicht
schmeichelhaft. Ich erkenne nicht einmal das Porträt.“

„Aber Tom Morse –“

„Genau, Tom Morse. Haben Sie den armen Kerl nicht eher für
selbstverständlich gehalten?“ Sie spürte, wie eine unerwartete Röte in ihre
Wange brannte. Es befleckte das weiche Fleisch an ihrer Kehle. Denn sie
entdeckte, dass der so leichtfertig begonnene Unsinn peinlich war. Sie wollte
nicht über die Gefühle von Tom Morse ihr gegenüber sprechen. „Es ist ja
schön und gut, Witze zu machen, aber –“

„Soll ich ihn fragen?“ er neckte.

Sie geriet in leichte Panik. „Wenn du dich traust, gewinne Beresford!“ Das
Aufblitzen in ihren Augen war keine Freude mehr. „Wir werden über etwas
anderes reden. Ich finde es nicht sehr nett von uns, …“

„Tom hat sich aus dem Konversationszirkel zurückgezogen“, verkündete er.
„Sollen wir über Katzen oder Könige reden?“

„Sagen Sie mir Ihre Pläne, jetzt wurden Sie befördert.“

„Pläne? Bessere Männer machen sie . Ich berühre meinen Hut, sage „Ja, Sir“ und helfe, sie auszuarbeiten. Um kurz auf Tom zurückzukommen: Haben Sie gehört, dass der Colonel ihm einen Dankesbrief geschrieben hat? für die herausragenden Dienste, die er den Berittenen geleistet hat, und für die Annahme, dass für ihn ein dauerhafter und wichtiger Platz in der Truppe gefunden werden kann, wenn er ihn annimmt?“

„Nein. Hat er? Ist das nicht in Ordnung?“ Das sanfte Leuchten war wieder in ihre Augen getanzt. „Er wird es nicht ertragen, oder?“

"Was denken Sie?" Seine Augen forderten ihre kühl heraus. Wenn er konnte, war er bereit herauszufinden, ob Jessie in seine Freundin verliebt war.

„Oh, ich glaube nicht, dass er das tun sollte“, sagte sie schnell. „Er hat ein gutes Geschäft. Es wird immer besser. Er ist ein aufstrebender Mann. Und natürlich würde er schwere Jobs bei den Mounted bekommen, so wie Sie es tun.“

„Das ist ein Kompliment, wenn es wahr ist“, grinste er.

„Das wage ich zu behaupten, aber das macht es nicht sicherer.“

„Sie könnten es ihm nicht härter machen, als Sie es getan haben, als Sie ihn ins Brachland geschickt haben, um West zurückzubringen.“ Seine Augen, voller Humor und dennoch beunruhigend auf Informationen bedacht, waren fest auf sie gerichtet.

Auf den Wangen des Mädchens flogen Farbsignale. „Warum sagst du das? Ich habe ihn nicht gebeten zu gehen. Er hat sich freiwillig gemeldet.“

„War es nicht, weil du es wolltest?“

„Ich glaube, du wärst der Letzte, der das sagt“, protestierte sie empört. „Er war dein Freund und er wollte nicht, dass du alleine ein so großes Risiko eingibst.“

„Dann wolltest du nicht, dass er geht?“

„Wenn ja, dann für dich. Vielleicht macht er mich dafür verantwortlich, aber ich verstehe nicht, wie *du das* kannst. Du hast mir gerade ein Dutzend Mal erzählt, dass er dir das Leben gerettet hat.“

„Habe ich gesagt, dass ich dir die Schuld gebe?“ Sein warmes, liebevolles Lächeln entschuldigte sich, wenn er Anstoß erregt hatte. „Ich habe nur versucht, es klarzustellen. Du wolltest, dass er dieses Mal geht, aber du wolltest nicht, dass er noch einmal geht. Ist es das?“

„Ich möchte nicht, dass einer von euch noch einmal geht. Was meinst du, Win Beresford?“

"Oh nichts!" Er lachte. „Aber wenn du denkst, dass Tom zu gut ist, um ihn an die Berittenen zu verschwenden, sag es ihm besser, solange noch Zeit ist. Er wird sich innerhalb von ein oder zwei Tagen entscheiden."

„Ich sehe ihn nicht. Er kommt nie hierher."

"Ich wundere mich warum."

Jessie fragte sich manchmal selbst, warum.

KAPITEL XLII

Der zwingende Drang

Der Grund, warum Tom nicht zu Jessie ging, war, dass er sich mit jeder Faser seines Wesens danach sehnte. Sein Geist wurde nie für einen Moment von der Routine der Tagesarbeit befreit, ohne dass er sich automatisch ihr zuwandte. Wenn er eine Frau mit dem freien, leichten Schritt die Straße entlangkommen sah, den nur ein Mensch in Faraway besaß, würde sein Herz schneller schlagen. Kurz gesagt, er erlitt die Qual, die man Verliebtheit nennt.

Er wagte es nicht, sie zu besuchen, aus Angst, sie könnte es entdecken. Sie war die Geliebte seines Freundes. Es war so selbstverständlich, dass sie sich mit dem Geschenk ihrer Liebe an Win Beresford wandte . Niemand wie er war jemals in ihr Leben getreten. Sein fröhlicher Mut, seine elegante Anmut, die guten Manieren dieser Außenwelt, nach der sich ein solches Mädchen sehnen muss, der liebevolle Hauch von Freundlichkeit in seinem Lächeln: Wie könnte eine Frau an diesem verlassenen Rand der Arktis ihnen widerstehen?

Das konnte sie natürlich nicht, geschweige denn jemand, der so voller leidenschaftlicher Sehnsucht nach dem Leben war wie Jessie McRae.

Wenn Tom sie ungerührt hätte ansehen können, wenn er das glühende Feuer in seinem Inneren hätte zügeln oder verbergen können, wäre er hin und wieder wie beiläufig vorbeigegangen, um sie zu besuchen. Aber er konnte sich selbst nicht trauen. Er war wie ein Vulkan, der zum Ausbruch bereit war. Er vereinbarte bereits mit seinem Onkel, einen Untergebenen hierher zu schicken und ihn nach Benton zurückkehren zu lassen. Bis das gelang, versuchte er, sie so wenig wie möglich zu sehen.

Aber Jessie war ein Kind des zwingenden Drangs. Sie sagte sich fünfzig Mal, dass es sie nichts angehen würde, wenn er das Angebot einer Stelle im North-West Mounted tatsächlich annahm. Er konnte tun und lassen, was er wollte. Warum sollte sie sich einmischen? Und doch – und doch –

Einen Anflug von Entschuldigung fand sie darin, dass er sich durch sie als Sonderpolizist angeboten hatte. Er könnte denken, dass sie wollte, dass er sich dauerhaft meldet. So viele Mädchen waren dumm, was die roten Mäntel der Soldaten anging. Das hatte sie bei ihren Schulfreundinnen in Winnipeg bemerkt. Wenn sie überhaupt Einfluss auf ihn hatte, wollte sie nicht, dass dieser auf diese Seite der Skala geworfen wurde.

Aber natürlich war es ihm wahrscheinlich egal, was sie dachte. Höchstwahrscheinlich war es ihre Eitelkeit, die ihr zuflüsterte, dass er mit Win Beresford nach Norden gegangen war, teilweise um ihr zu gefallen.

Dennoch, da sie seine Freundin war, sollte sie da nicht einfach beiläufig andeuten, dass er dort, wo er war, ein nützlicherer Bürger war als im Berittenen? Das konnte er doch nicht übel nehmen, oder? Oder halten Sie sie für aufdringlich? Oder vorwärts?

Sie schmiedete kleine Pläne, ihn zu treffen, wenn er allein wäre und sie mit ihm reden könnte, aber sie lehnte diese ab, weil sie befürchtete, er würde sie durchschauen. Für sie war es von größter Bedeutung, dass Tom Morse nicht glauben sollte, sie hätte nur ein oberflächliches Interesse an ihm.

Als sie ihn schließlich traf, war es reiner Zufall. Die Dämmerung brach herein. Sie kam an dem Hof vorbei, in dem sich sein Lagerhaus befand. Er drehte sich um und kam von Angesicht zu Angesicht auf sie zu. Beide waren völlig überrascht. Keiner von beiden konnte sofort mit lockeren Begrüßungsworten daraus hervorgehen.

Jessie spürte, wie ihr Puls pochte. Eine seltsame Bestürzung lähmte die Fähigkeiten, die ihr hätte wachsam zu Hilfe kommen sollen. Sie stand da, unbeholfen stumm, in schüchterner Panik bis zu ihren pulsierenden Fingerspitzen. Später würde sie sich für ihre Torheit verächtlich auspeitschen, aber das half jetzt nicht im Geringsten.

„Ich – ich wollte gerade mit einem kleinen Kleid, das Mutter für das Baby gemacht hat, zu Mr. Whaley gehen", sagte sie schließlich.

„Es ist ein schönes Baby", war das Beste, was er tun konnte.

„Ja. Es ist lustig. Wissen Sie, Mr. Whaley hat sich früher nicht darum gekümmert – als es noch sehr klein war. Aber jetzt findet er es wunderbar. Ich bin so froh, dass er es tut."

Sie begann, sich zu beruhigen und aus der emotionalen Krise herauszukommen, in die sie dieses Treffen gestürzt hatte. Ihr war bewusst geworden, dass er genauso beunruhigt war wie sie, und eine Entdeckung dieser Art bringt eine Frau immer zur Fassung.

„Er behandelt seine Frau auch viel besser."

„Da war Platz dafür", sagte er trocken.

„Sie ist ein nettes kleines Ding."

"Ja."

Das Gespräch, das einen Moment lang lebhaft gewesen war, drohte wegen Treibstoffmangels zu verstummen. Alles war besser als bedeutungsvolle Stille, in der sie fast das Hämmern ihres Herzens hören konnte.

„Win Beresford hat mir von dem Angebot erzählt, das Sie hatten, ins Mounted zu gehen", sagte sie und stürzte sich.

"Ja?"

"Wirst du zustimmen?"

Er sah sie überrascht an. „Hat Win es dir nicht gesagt? Ich habe sofort gesagt, dass ich es nicht annehmen kann. Er wusste das."

„Oh! Ich glaube nicht, dass er es mir erzählt hat. Vielleicht hattest du dich damals noch nicht entschieden." Insgeheim war sie fest entschlossen, sich eines Tages mit Winthrop Beresford abzufinden, der sie in diese Sache geführt hatte. Er hatte absichtlich geschwiegen, das wusste sie jetzt, in der Hoffnung, dass sie mit Tom Morse darüber reden würde. „Aber ich bin froh, dass du dich dagegen entschieden hast, hineinzugehen."

"Warum?"

„Es ist gefährlich und ich glaube nicht, dass es eine große Zukunft hat."

„Win gefällt es."

„Ja, das tut Win. Eines Tages wird er eine Provision bekommen."

„Er hat einen verdient. Ich – ich hoffe, ihr werdet beide sehr glücklich sein."

Er ging neben ihr. Schnell richtete sich ihr Blick auf ihn. War das der Grund, warum er sich so von ihr distanziert hatte?

„Ich denke, wir werden es sehr wahrscheinlich tun, wenn Sie Win und mich meinen. Er ist immer glücklich, nicht wahr? Und ich versuche es zu sein. Es tut mir leid, dass er diesen Teil des Landes verlässt. Writing-on-Stone ist ein... weit weg von hier. Er kommt vielleicht nie zurück. Ich werde ihn sehr vermissen. Natürlich wirst du das auch tun.

Das war klar genug, aber Tom konnte es nicht für bare Münze nehmen. Vielleicht meinte sie, dass sie ihn vermissen würde, bis Win sich bereit machte, nach ihr zu schicken. Eine Idee, die fest im Kopf verankert ist, kann nicht sofort verworfen werden.

„Ja, ich werde ihn vermissen. Er ist ein großartiger Kerl. Ich habe noch nie jemanden wie ihn getroffen, so standhaft und fröhlich und temperamentvoll. Irgendwann möchte ich dir von unserer Reise erzählen. Du wärst stolz auf dich." ihn."

„Ich bin sicher, alle seine Freunde sind es", sagte sie und lächelte ein seltsames kleines Lächeln, das in der Dunkelheit verloren ging.

„Er war ein sehr kranker Mann, der große Schmerzen hatte, und wir hatten eine ziemlich schreckliche Zeit. Natürlich traf es ihn viel härter als West oder mich. Aber von Anfang an gab es kein einziges Wimmern aus ihm." zuletzt. Immer fröhlich, immer hoffnungsvoll, mit einem kleinen Witz oder einem

Liedausschnitt, auch wenn es so aussah, als könnten wir an einem anderen Tag nicht weitermachen. Er ist einer von zehntausend.

„Ich habe gehört, wie er das über einen anderen Mann gesagt hat – ich glaube nur, dass er eins zu fünfzigtausend gesagt hat", bemerkte sie fast murmelnd.

„Jedes Mädchen hätte das Glück, einen solchen Mann zum Ehemann zu haben", fügte er albern hinzu.

„Ja. Ich hoffe, er findet jemanden, der nett ist und ihn zu schätzen weiß."

Dies ließ keinen Raum für Missverständnisse. Toms Gehirn wirbelte herum. „Du – du und er hatte keinen – Streit?"

„Nein. Warum hast du das gedacht?"

„Ich weiß es nicht. Ich glaube, ich bin ein Idiot. Aber ich dachte –"

Er hörte auf. Sie nahm seinen unvollendeten Satz auf.

"Du hast falsch gedacht."